Formation Administration **Concours**

La note administrative

Catégories A et B

R. Bonnery
P. Le Guérinel
Formateurs au CFPP
(ministère des Finances)
Rédacteurs/correcteurs au CNED

S6H
C

La note administrative

Nature de l'épreuve et méthodologie

Nature de l'épreuve

Préparation de l'épreuve

Organisation du travail

L'épreuve de note administrative

La plupart des concours de catégorie A ou B de la fonction publique de l'État ou de la fonction publique territoriale comportent une épreuve sur dossier dont l'intitulé peut varier de façon sensible. Ainsi, certains concours imposent la rédaction d'une « note » tandis que d'autres demandent au candidat de préparer un « rapport » ; d'autres encore exigent parfois la mise en forme d'une « circulaire » (1). En dépit de ces différences de dénomination et de présentation, parfois sans conséquences réelles (nombre de « rapports » ne se distinguent ainsi d'une « note » que par leur titre), les caractères généraux de ces divers exercices demeurent suffisamment voisins pour permettre un traitement méthodologique commun. De fait, ce sont des qualités identiques qui sont requises du candidat, et son travail doit emprunter un même cheminement. Au sens strict cependant, seule la « note » sera traitée dans les pages suivantes.

Nature de l'épreuve

La **définition** la plus classique fait de la note *« un document interne à l'administration utilisé dans un processus de décision »* (Robert Catherine). C'est en fait l'outil de travail le plus couramment utilisé dans les services, qu'il s'agisse de traiter un dossier entre services, d'informer un supérieur ou de formuler des propositions pour régler un problème.
Dans le cadre des concours administratifs, il est demandé au candidat de rédiger une note d'environ quatre pages manuscrites à partir de documents dont la longueur et la difficulté varient en fonction du concours présenté. Il s'agit d'une épreuve très **sélective** qui, du fait de ses difficultés, exigera de vous des **qualités spécifiques** et dont la préparation impose quelques **remarques préalables** afin de vous permettre de traiter tous les **types de notes** rencontrés.

Une épreuve sélective

Il s'agit d'une épreuve très sélective du fait :
- de son importance dans le total des coefficients de l'écrit (souvent 40 % comme le montre l'annexe p. 128) ;
- de l'écart considérable qui peut être relevé entre les notes obtenues par les candidats. L'expérience montre à cet égard que celles-ci peuvent aisément varier de 5/20 à 15/20.

(1) Voir définition de ces termes p. 9 et intitulés des épreuves p. 128.

Il importe donc que vous vous entraîniez régulièrement, et dans les conditions de l'épreuve, ce qui vous permettra de prendre conscience des difficultés de ce type d'exercice et de déceler vos points faibles afin de chercher à y remédier.

Les qualités recherchées

La difficulté de l'exercice tient également aux exigences des jurys en la matière.
N'oubliez jamais que tous suivent le même raisonnement pour sélectionner les lauréats : le candidat dont on lit la copie fait-il preuve des qualités attendues d'un futur collaborateur ? De la réponse apportée à cette question dépend votre réussite.
Vous devrez donc montrer que vous êtes capable en un temps volontairement réduit (généralement quatre heures pour les épreuves de catégorie A, entre deux et trois heures pour celles de catégorie B) :
- d'assimiler rapidement le contenu d'un dossier ;
- d'élaborer un document explicatif et/ou des propositions ;
- d'exposer clairement des idées et des faits.
En résumé, on attend de vous : des capacités d'analyse et de synthèse ; un minimum d'aptitude pour la rédaction et la présentation.

Préalables à la préparation

Pour que votre préparation soit efficace, il vous faut par ailleurs vous pénétrer de trois éléments.

La note administrative n'est pas une dissertation de culture générale ni une dissertation juridique

Comme nous le verrons à la page 15, cette épreuve ne doit pas être confondue avec la dissertation de culture générale ou la dissertation juridique, ce qui arrive pourtant fréquemment. Dissertation et note ne poursuivent pas le même but et ne mettent pas en application les mêmes méthodes de travail.

A de rares exceptions près, la note, contrairement à la dissertation, n'exige pas de **connaissances particulières préalables** ; les documents permettant de la rédiger sont fournis avec l'énoncé du sujet. La conception même de l'épreuve l'interdit d'ailleurs dans la mesure où le candidat peut avoir à traiter, selon les concours, des sujets extrêmement divers. L'effort principal doit donc bien être de nature méthodologique plus que d'acquisition de connaissances de détail. La note exige **un savoir-faire plus qu'un savoir**

Les convictions personnelles du candidat ne sont pas ici sollicitées. Dans la dissertation de culture générale, la règle veut que le candidat s'engage et argumente pour défendre une opinion qui lui est propre. Le reproche le plus couramment formulé est d'ailleurs l'absence d'originalité de nombre de copies qui illustre l'hésitation (ou l'incapacité) de certains à prendre position face à un problème particulier.

Dans la note, c'est l'avis du service en tant que structure chargée d'une mission donnée qui est demandé. Vous pourrez fort bien être ainsi amené à formuler, en tant que fonctionnaire, des propositions que vous n'approuveriez pas à titre personnel. Le manque d'habitude fait qu'il est parfois difficile de distinguer entre les deux ; vous devrez donc porter une attention particulière à ce problème.

En tout état de cause, la volonté d'être essentiellement original est sans aucun doute la meilleure façon d'échouer à cette épreuve.

La nécessité d'une culture juridique et administrative

Vous devrez acquérir une culture juridique et administrative élémentaire (cf. bibliographie p. 21). Si on ne peut raisonnablement exiger que vous maîtrisiez parfaitement tout le champ des sujets possibles, on ne saurait pour autant vous pardonner des erreurs qui révéleraient d'impardonnables lacunes.

Ainsi, vous devez par exemple maîtriser la hiérarchie des textes et normes juridiques et connaître les grandes lignes de l'organisation constitutionnelle et administrative de la France. Ceci vous évitera des erreurs grossières, notamment lorsqu'il s'agira de définir l'ordre de lecture des documents, et vous permettra de situer correctement dans la hiérarchie administrative le destinataire de votre note afin d'adapter en conséquence les arguments utilisés.

La maîtrise de l'écriture

Enfin, une notable partie de votre effort devra porter sur la rédaction elle-même et sur la présentation du devoir. Nombre de candidats occupent des fonctions qui ne les conduisent pas à rédiger souvent. Si c'est votre cas, ne négligez pas cet aspect de votre préparation, le risque étant de se croire suffisamment averti au seul motif que l'on est déjà fonctionnaire.

Les différents types de notes

Si l'on essaie de dresser rapidement une typologie des exercices qui peuvent vous être demandés, trois catégories principales se dégagent (2).

Le point sur un problème

Le premier type consiste à demander au candidat de **faire le point sur un problème ou une réglementation** particulière à partir d'une série de documents (une loi et ses textes d'application, plusieurs lois successives sur un même problème...) (cf. exercices commentés 1, 5 et 6).

Exemples

Attaché d'administration et d'intendance des services extérieurs de l'administration pénitentiaire, vous êtes chargé de rédiger un rapport présentant le nouveau système de gestion et de financement des hôpitaux publics à compter du 1er janvier 1985.

Le chef du service juridique de l'information vous demande de lui établir une note exposant la réforme relative au droit de la communication audio-visuelle réalisée par la loi du 17 janvier 1989.

Ce type de note, statistiquement le plus fréquent, n'est pas foncièrement différent de certaines notes de synthèse ; il suppose une bonne capacité à hiérarchiser l'information et à en faire une présentation qui mette bien en valeur les données principales. Une fois la lecture achevée, le destinataire doit avoir le sentiment de maîtriser le dossier sans avoir besoin de se reporter à d'autres documents que la note. Le travail est un peu plus complexe mais reste de même nature lorsqu'il s'agit de synthétiser l'information contenue dans des textes successifs.

Notes assorties de propositions

Dans un deuxième type de notes, le sujet peut introduire une exigence supplémentaire : il vous est demandé d'assortir votre étude de propositions concrètes (cf. exercice commenté 2 p. 42).

Deux cas peuvent alors se présenter :

- **premier cas** : de façon plus ou moins apparente, les éléments nécessaires à l'élaboration des propositions peuvent être contenus dans le dossier ; dans cette hypothèse - la plus fréquente - c'est surtout la qualité de votre lecture des pièces du dossier qui sera déterminante.

Exemple

Vous êtes attaché à la direction de l'administration générale du ministère de l'Industrie (bureau de gestion immobilière). Dans le cadre d'une recherche de locaux par votre administration, vous devez rédiger une note sur les procédures qu'une administration de l'État doit suivre lorsqu'elle souhaite prendre à bail un immeuble. Par ailleurs, votre note doit proposer une solution qui permette à l'administration concernée d'effectuer la prise à bail souhaitée alors que le service des domaines a donné un avis négatif.

(2) Sur les différents types de sujet voir annexe p. 126.

Brève définition des principaux documents administratifs autres que la note

Le compte rendu

Le compte rendu est un document qui retrace de façon synthétique les actions mises en œuvre ou les discussions intervenues dans une circonstance particulière.

Exemples

- compte rendu du comité technique paritaire ;
- compte rendu de la visite de chantier ;
- compte rendu de la réunion du 3 mars tenue par la commission de sécurité des consommateurs...

Le compte rendu, très proche du procès-verbal doit refléter le plus fidèlement possible les débats, les décisions prises, les actions décidées...
Les principales qualités d'un bon compte rendu (le plus souvent rédigé au présent) sont donc la précision et l'aptitude à synthétiser.

Le rapport

Document plus développé que la note, le rapport, préparé pour un supérieur hiérarchique, porte en règle générale sur un problème important que l'on souhaite voir analysé sous tous ses aspects.
Tout rapport doit être annoncé par un titre et la mention de son destinataire.

Exemple

rapport à Monsieur le Ministre sur l'humanisation des hôpitaux

Compte tenu du temps dont disposent les candidats le jour du concours, le « rapport » qui peut leur être demandé doit être assimilé dans le contenu à une note.

La circulaire

De portée collective, la circulaire a pour objet de préciser aux services chargés de la mise en place d'une réglementation les modalités pratiques de cette mise en place.
Cet objectif impose au rédacteur une extrême clarté.

Exemples

- circulaire relative à l'emploi des handicapés dans la fonction publique ;
- circulaire relative au port des insignes religieux au sein des établissements d'enseignement.

L'instruction

Comme la circulaire, dont elle conserve le cadre de présentation, l'instruction a une portée collective mais elle a un caractère plus contraignant. Elle prescrit alors que la circulaire renseigne.
L'instruction est rédigée le plus souvent en usant d'un style impersonnel et doit être marquée par la concision du propos.

Exemple

Instruction aux services comptables relative à la mise en œuvre des intérêts moratoires

La lettre

La lettre permet une communication personnelle avec un destinataire. Cette catégorie se subdivise en lettres administratives et lettres dites personnelles (1).

- la lettre en forme administrative

Lorsqu'il s'agit d'une lettre en forme administrative, les caractéristiques sont les suivantes.
Elle débute par la mention de l'auteur et du destinataire.

Exemple

Le Directeur du Personnel
à
Monsieur le Directeur du Trésor

Comme la note, elle comporte un objet, des références et éventuellement des pièces jointes.
A la différence des lettres dites « personnelles », la lettre administrative ne comporte pas de formule de politesse. L'usage veut enfin que l'on emploie la première personne.

- la lettre en forme personnelle

Ce type de document reste le plus utilisé lorsqu'il s'agit de correspondre avec un particulier. Dans ce cas : la lettre commence par une formule d'appel (« monsieur », « madame », « mademoiselle ») comprenant le titre du destinataire (« monsieur le Président »...) ;
elle ne comporte pas d'objet ;
Elle s'achève par une formule de politesse.

(1) Cf. F. Delval, *La lettre administrative*, collection « Formation, Administration, Concours », La Documentation française, 1990.

Pour traiter le problème, vous disposez notamment d'extraits du *Code administratif* (la partie consacrée au domaine).

La première partie du travail demandé ne pose pas de difficultés dans la mesure où il s'agit de décrire de façon synthétique les règles juridiques applicables.
Le traitement de la seconde partie paraît en revanche un peu plus compliqué dans la mesure où il faut trouver une solution à un problème précis.
Si vous avez correctement dépouillé le dossier, ce point ne vous posera pourtant aucune difficulté particulière car vous aurez noté, lors de la lecture des pièces, que ce cas est prévu et donne lieu à une procédure dérogatoire. Il vous suffira donc de reprendre ces indications dans votre note pour satisfaire pleinement les exigences du jury ;

- **deuxième cas** : même si c'est plus rare, il est possible que l'on vous demande de faire des propositions sans que le dossier vous fournisse tous les éléments nécessaires à l'élaboration de la réponse.

Exemple

Vous êtes chargé, à partir d'une série de documents, de rédiger une note faisant le point sur l'inexécution des décisions de justice par l'administration. Vous devez en outre proposer l'amélioration du dispositif existant.

Si vous devez préparer une note de ce type, on vous demandera de ne formuler que des propositions raisonnables qui pourraient effectivement être mises en œuvre en tenant compte des pratiques administratives. C'est donc moins votre imagination qui sera ici sollicitée que votre bon sens. Les principales erreurs à éviter sur de tels dossiers sont :
- de ne pas tenir suffisamment compte du contexte et de présenter de ce fait des solutions totalement désincarnées ;
- de ne faire qu'esquisser trop brièvement les solutions demandées, soit par crainte de s'engager, soit par incapacité à formuler clairement quelques propositions. Ce défaut de construction de la note est d'autant plus visible que dans la grande majorité des cas le candidat réduit alors cette partie de son travail à quelques mots qui servent en même temps de conclusion.

Notes avec élaboration de document

Enfin, mais l'expérience montre que ce cas est nettement plus rare, on peut vous demander d'élaborer un document comme une circulaire explicative ou une lettre administrative (cf. sujets commentés 3-4).

Exemple

Vous êtes attaché d'administration et d'intendance dans une direction régionale. Vous avez reçu de l'administration centrale des instructions en ce qui concerne l'application des textes relatifs à la décentralisation. Au vu de ces divers documents, vous êtes chargé d'établir un projet de circulaire destinée aux directeurs des établissements autonomes dépendant de votre direction régionale. Vous aurez soin d'inclure dans cette circulaire toutes les informations susceptibles d'aider les directeurs à faire face à la nouvelle situation administrative.

Préparation de l'épreuve

La préparation matérielle

Afin d'aborder l'épreuve dans les meilleures conditions, ne négligez pas l'organisation matérielle préalable à la lecture du dossier. Ceci peut apparaître comme un détail mais vous évitera les petits ennuis qui font perdre de précieux instants aux candidats.

Les outils

Pour faciliter votre étude des documents et la rédaction de votre plan détaillé, prenez l'habitude d'avoir toujours à portée de main une « trousse à outils » comprenant :
- une montre ;
- un crayon à papier et une gomme ;
- de quoi dégrafer les documents qui vous seront remis ; ceci vous évitera des va-et-vient incessants entre les diverses pièces du dossier et vous permettra notamment de les classer dans un ordre différent si vous le jugez utile ;
- des feutres de couleur. Ils vous serviront à repérer les passages essentiels et à marquer visuellement la hiérarchie des éléments lors de l'élaboration de votre plan (exemple : rouge pour les idées constituant les parties principales ; bleu pour les sous-parties ; vert pour les paragraphes).

Le découpage chronologique

Savoir gérer son temps est un atout déterminant le jour de l'épreuve. Dans nombre de cas, une insuffisante attention à ce problème coûte en effet le succès au concours. Il en est ainsi lorsqu'une trop longue étude des documents oblige par exemple à bâcler le travail de rédaction, ou interdit même d'aller plus loin que la simple lecture des pièces du dossier. Pour ne pas tomber dans ce travers, imposez-vous dès le début de votre préparation une ferme discipline afin que ceci devienne une habitude.

Les quatre règles d'une bonne gestion du capital-temps :
- travailler avec une montre sous les yeux ;
- en fonction de la durée de l'épreuve, répartir son temps entre les diverses phases du travail ;
- s'en tenir à cette répartition ; c'est la seule façon d'éviter de désagréables surprises ;
- ne jamais revenir en arrière ; lors de la phase de rédaction, par exemple, vous ne devez consacrer votre attention qu'à celle-ci ; tout problème de fond doit être alors considéré comme résolu dans les phases précédentes.

Ainsi, pour une épreuve de quatre heures par exemple, réservez environ deux heures à deux heures trente minutes pour l'étude du dossier et l'élaboration du plan détaillé ; gardez une heure trente à deux heures pour la rédaction elle-même. Pour une épreuve de trois heures la même proportion est conseillée.
Vous pouvez suivre de façon souple le découpage indicatif suivant.

Organisation du temps de travail (1)

Phases	Objectif	Temps (épreuve de 4 heures)	Temps (épreuve de 3 heures)
Étude du dossier			
1re phase	découverte du dossier et mise en situation	10 à 15 minutes	10 minutes
2e phase	lecture analytique	1 heure/1 heure 15 minutes	1 heure
3e phase	choix du raisonnement directeur et vérification	10 à 15 minutes	5 minutes
Mise au point du plan			
4e phase	élaboration du plan détaillé ; préparation de l'introduction et éventuellement de la conclusion	30 à 45 minutes	15-20 minutes
Rédaction			
5e phase	rédaction et relecture	1 heure 30/2 heures	1 h 20 - 1 h 30

(1) Les cinq phases successives correspondent à l'organisation du travail exposée p. 11 à 21.

Organisation du travail

Première phase : découverte du dossier et mise en situation

Cette première phase est capitale car elle conditionne les suivantes ; bien conduite, elle constitue un moyen efficace de les aborder avec calme et en sécurité.
Elle doit être consacrée à trois points :
- la **lecture du sujet** et la vérification de sa compréhension ;
- la **mise en situation,** c'est-à-dire l'étude de la situation administrative dans laquelle vous place fictivement le sujet et les conséquences qui en découlent ;
- l'**analyse** de la composition du dossier.

La lecture du sujet

La découverte du sujet doit constituer votre premier acte positif ; vous ne devez pas avoir le sentiment de vous battre contre lui mais vous devez au contraire vous en faire un allié en vous familiarisant avec lui.
Dès que le dossier vous sera remis lisez très attentivement l'énoncé du sujet et n'hésitez pas à y consacrer plusieurs minutes en soulignant, par exemple, les mots importants ; ce ne sera pas du temps perdu. Cette recommandation peut paraître très banale, voire incongrue. En fait, de son respect dépend votre succès, nombre d'erreurs grossières, comme le hors-sujet (voir p. 72), résultant d'une mauvaise ou trop hâtive lecture.

Pierre Schaeffer, l'un des pères de la musique concrète, raconte qu'il doit son entrée à l'École polytechnique non à son intelligence, mais à la mise en pratique des conseils prodigués par un de ses vieux maîtres ; celui-ci recommandait de travailler comme suit :
- à la réception du sujet, le lire avec attention et ne pas se précipiter immédiatement sur le dossier comme le font la majorité des candidats pour ne pas perdre un instant ;
- prendre au contraire une minute ou deux pour se détendre, se relaxer et essayer de ne plus penser à rien ;
- revenir ensuite au sujet et vérifier que l'on comprend bien la même chose que lors de la première lecture.
Cette méthode de travail a permis à Pierre Schaeffer de ne pas commettre l'erreur d'une majorité de candidats trop pressés qui, pour n'avoir pas assez réfléchi au sens du sujet, n'avaient pas pris conscience du piège qu'il recélait.

● *Prendre calmement connaissance du problème à traiter, c'est économiser ensuite de précieuses minutes.*
● *Si vous avez le moindre doute sur ce qui vous est demandé, n'hésitez pas à reformuler le sujet sous une autre forme ; c'est souvent un bon moyen d'éviter des erreurs grossières de compréhension.*

La mise en situation

L'épreuve vous place fictivement dans une situation administrative. Il vous faut absolument en tenir compte. Celle-ci peut, en effet, avoir des conséquences non négligeables sur le fond et la forme de la note que vous devrez rédiger. La mise en situation comporte ainsi trois éléments d'inégale importance.

La place dans la hiérarchie

Cet élément n'est pas en lui-même déterminant pour l'étude du problème qui vous est soumis. Il résulte simplement du concours présenté ; vous serez ainsi, selon les cas, attaché d'administration centrale ou de la Ville de Paris, attaché d'administration scolaire et universitaire...

Le service administratif concerné

Ce point est plus important dans la mesure où il peut conduire à envisager différemment un même problème, ce qui est tout à fait logique dans la mesure où chaque service remplit une mission particulière. Cette singularité a nécessairement des répercussions sur les modalités d'approche d'un dossier.

Exemple

Reprenons l'un des exemples déjà utilisé afin d'éclairer ce point : vous êtes affecté à la direction de l'administration générale du ministère de l'Industrie et votre service souhaite louer des locaux. A cette occasion vous devez rédiger une note exposant les procédures de prise à bail, les problèmes rencontrés et les solutions possibles.

L'étude des pièces du dossier vous permet de constater que le service des domaines a donné un avis négatif au motif que le coût de location apparaît trop élevé. En tant que représentant du service chargé de proposer des solutions, il vous faut examiner les textes afin de voir comment rendre possible la location souhaitée malgré l'obstacle que constitue l'avis négatif. Votre étude vous conduira alors à proposer l'utilisation d'une procédure dérogatoire prévue par le code en montrant qu'elle constitue la seule voie permettant d'aboutir.

Imaginons maintenant que vous soyez affecté à la direction générale des impôts au bureau des études et des évaluations immobilières. Vous avez été saisi du dossier préparé par le ministère de l'Industrie et l'on vous demande de rédiger une note exposant l'avis de votre service. Dans ce cas, il est vraisemblable que vous serez amené à tirer des conclusions différentes. Vous aurez sans doute à expliquer que la procédure dérogatoire ne doit être utilisée qu'avec une extrême prudence, dans des cas très limités et pour lesquels un intérêt majeur de l'administration est en cause.

Ainsi, un même dossier, traité par deux services, se présentera tout naturellement sous deux angles différents, chacune des structures administratives concernées faisant prévaloir la mission qui lui est confiée.

Le jour de votre concours, vous devrez donc faire attention au service dans lequel vous êtes fictivement affecté pour les besoins de l'épreuve. Si l'intitulé du sujet ne précise que le ministère (« attaché au ministère de la Jeunesse et des Sports », « attaché au ministère de la Justice »...), ce qui est fréquent, l'incidence sur le traitement du dossier sera faible. En revanche, si le degré de précision est plus grand, tenez-en compte et posez-vous au moins la question de savoir si ceci pourrait dans la réalité avoir une influence sur le fond de la note.

Le destinataire de la note

Selon la qualité de ce dernier, il est bien évident que l'approche d'un même dossier peut sensiblement varier. Cet élément est donc déterminant.

Exemple

Une note destinée à votre chef de bureau pourra contenir des éléments de procédure détaillés ; si le document doit permettre à un directeur général ou à un ministre de prendre une décision, il est vraisemblable qu'il contiendra moins de détails techniques, la pratique voulant notamment que les notes à un ministre n'excèdent pas deux à trois pages.

Pour éviter les erreurs, la meilleure solution revient à essayer de se mettre systématiquement à la place du destinataire et se poser la question suivante : de quels éléments d'information ai-je besoin pour prendre ma décision ?

Analyse de la composition du dossier

Vous prendrez ensuite connaissance de la façon dont a été constitué le dossier pour vous permettre d'organiser rationnellement votre travail.
Il ne s'agit pas ici de lire les documents dans le détail, mais de les répertorier et d'étudier l'ordre dans lequel ils sont présentés.

Pensez toujours à vérifier, à ce moment-là au moins, si la liste des pièces dont vous disposez correspond bien à celle indiquée.

Cet ordre peut être thématique, chronologique, hiérarchique... et ne pas correspondre à l'enchaînement le plus logique pour traiter le dossier. Dans ce cas, dégrafez les pièces et ordonnez-les en fonction de l'approche que vous aurez choisie (cf. les exercices en deuxième partie).

Faites attention à ne pas mélanger vos documents.
Pensez à numéroter vos pages.

Cette lecture « globale » doit vous permettre de vous familiariser avec le dossier, de le jauger, de commencer à le manipuler intellectuellement et d'en prendre connaissance de façon finalement très « sensitive ».
A la fin de cette première phase vous devez donc avoir dressé mentalement une fiche signalétique de chacun des documents et savoir très exactement :
- dans quelle situation administrative vous vous trouvez ;
- ce qui vous est demandé ;
- comment est composé votre dossier et dans quel ordre l'étudier.

Vous devez alors pouvoir répondre à ces trois questions :
- pour qui dois-je écrire ?
- qu'attend le destinataire ?
- de quels éléments ai-je besoin pour le satisfaire ?

En l'absence d'un tel travail préparatoire vous risqueriez de vous perdre dans des détails sans importance dont l'abondance constituera ultérieurement une gêne majeure.

Deuxième phase : la lecture analytique du dossier

Il vous faut maintenant analyser précisément les documents qui vous sont fournis et adopter le mode de lecture le plus adapté à chacun en fonction du sujet à traiter.
Trois problèmes se posent ici :
- comment sont composés les dossiers ?
- quel mode de lecture adopter ?
- comment étudier les documents ?

La composition des dossiers

Les documents que vous rencontrerez généralement se ramènent à trois catégories principales :
- les textes juridiques ; les documents administratifs et para-juridiques ; les documents généraux.

Quelques règles essentielles de lecture doivent être rappelées.

Les textes juridiques

La plupart des dossiers sont constitués pour une large part de textes de droit positif : lois, décrets, arrêtés, circulaires... Il vous faut en connaître la forme et la structure habituelle afin de pouvoir engager une lecture efficace.
En outre, vous examinerez dates, titres et visas, avec autant de soin que le dispositif lui-même.
La règle de lecture essentielle ici est bien entendu l'ordre hiérarchique.

Rappel de la hiérarchie des normes

Normes supra-législatives :
la Constitution ; les traités et les accords internationaux.

Normes législatives :
la loi référendaire, la loi organique, la loi ordinaire et les ordonnances.

Normes infralégislatives :
les décrets et arrêtés (en fonction de leur auteur), les décisions jurisprudentielles, les circulaires...

Par ailleur
par un
par ur
être
sie
vc
é

t
7
é-
es.
loi
de
ent.
udra

jatifs
vous
préci-
sions sur ces poi... it.

Les textes administratifs et para-juridiques

Outre les textes de droit positif, votre dossier pourra comporter d'autres documents comme :
- les documents parlementaires (documents préparatoires, rapports, projets ou propositions de lois à leurs différents stades d'examen) ;
- des extraits de rapports émanant par exemple de la Cour des comptes, de la section du rapport et des études du Conseil d'État... ;
- des documents administratifs de nature diverse tels que : des décisions (décision d'achat d'un ensemble immobilier par le ministre ; décisions de passer-outre...) ; des compte rendus et des procès-verbaux ; des lettres administratives échangées entre services ou adressées à des particuliers.

Deux points doivent être rappelés au sujet de ces documents. En premier lieu, on ne peut jamais faire prévaloir leur contenu sur celui d'un des textes mentionnés dans la première catégorie (textes juridiques).
En second lieu, vaut-il mieux étudier les rapports parlementaires avant ou après les textes législatifs leur correspondant ? Ces rapports comportent généralement une première partie décrivant l'« environnement culturel » du projet ou de la proposition de loi (rappels historiques, juridiques, contexte économique et social...) et justifiant son contenu ; une seconde partie analysant le projet article par article.
Sans généraliser, on peut distinguer deux cas :
- si vous devez seulement présenter l'état du droit dans un domaine particulier, vous pouvez lire la partie générale du rapport avant la loi mais ne lisez la partie analytique qu'après la loi. En effet, très fréquemment, le texte définitif diffère profondément de celui du rapport, d'où des risques d'erreur ;
- en revanche, pour la rédaction d'une note plus globale, ou comportant une dimension critique, vous avez intérêt à lire tout le rapport en premier pour bien comprendre la genèse du projet.

Les autres documents

Cette troisième catégorie de documents se caractérise essentiellement par son extrême diversité.
Il peut s'agir tout aussi bien :
- d'analyses de textes ;
- de commentaires doctrinaux publiés dans des revues juridiques (actualité juridique du droit administratif, revue de droit public...) ;
- d'extraits d'ouvrages ou d'articles de presse. Cette hypothèse concerne cependant plutôt l'épreuve de note de synthèse.

L'erreur la plus fréquente ici consiste à accorder un trop large crédit à un article dès lors qu'il est signé par une personnalité de renom (surtout s'il s'agit d'un enseignant connu). Or, ce dernier n'exprime en règle générale qu'un avis personnel qui, indépendamment de la qualité de l'argumentation, peut fort bien se trouver contrebalancé par un article de même niveau d'un autre auteur.

Exemple

Si vous aviez à étudier un dossier abordant les débats sur la notion de « peuple corse », les documents pourraient comporter des articles signés de constitutionnalistes réputés ; pour autant, vous devriez rester prudent quant aux conclusions à en tirer en ne confondant pas un avis - aussi brillamment exprimé soit-il - et un texte de droit positif. D'autant que le dossier pourrait fort bien contenir plusieurs avis de sens opposé... et tous aussi convaincants !

Il importe donc de ne pas se départir d'un regard critique sur l'information présentée dans ce type de document et notamment dans les articles de presse.

Quel mode de lecture adopter ?

Lecture rapide ou pas ?

L'essentiel, compte tenu de l'épaisseur de certains dossiers, est de gagner du temps afin de pouvoir terminer le devoir dans les délais impartis. Il devient de ce fait tentant d'envisager l'utilisation de méthodes inspirées de la lecture rapide. Toutefois, sauf à avoir une très bonne maîtrise de cet outil, son usage risque de se révéler dévastateur. Certains documents se prêtent en effet assez mal à ce mode d'approche. C'est le cas notamment des textes législatifs ou réglementaires qui constituent, en règle générale, l'essentiel des documents fournis et qui exigent une lecture extrêmement précise, parfois répétée, indispensable à la bonne compréhension de mécanismes juridiques et procéduraux souvent complexes. Mais surtout, l'expérience prouve qu'en situation de concours, c'est-à-dire de très forte tension, l'usage systématique de ce type d'outil peut conduire à de graves erreurs d'interprétation.

On ne peut donc que vous conseiller la prudence.

Pour autant, certaines des techniques constitutives de ces méthodes gagnent à être employées de façon systématique. Il en est ainsi de la **recherche des mots clés** dans les extraits de rapports, les articles de périodiques, voire dans les circulaires, par exemple.

- *Les mots clés sont ceux qui expriment une idée essentielle qui doit être retenue.*

Faut-il tout lire ?

La réponse est ici plus délicate car elle varie en fonction de chaque dossier. On peut cependant adopter une ligne de conduite générale :

- il faut toujours aborder un document avec une question précise en tête : « compte tenu du problème à traiter, en quoi ce document peut-il m'aider ? » ;
- il faut alors éliminer tout ce qui n'entre pas dans le cadre de la question à traiter.

Cette approche des pièces du dossier permet ainsi de lire par élimination et de gagner beaucoup de temps.

Exemple 1

On vous demande de rédiger une note exposant les dispositions prises pour permettre le règlement des difficultés liées au surendettement des ménages (cf. exercice commenté 5, p. 49).

Dans ce cas, vous éliminerez systématiquement lors de la lecture toutes les pièces ou parties de pièces qui ne traitent pas expressément de ce point. Vous ne perdrez pas du temps à lire par exemple dans le détail tout ce qui est relatif à la composition de la commission départementale, ou aux mesures de prévention, puisque ce n'est pas le sujet.

Exemple 2

Vous devez présenter les modalités de financement des partis politiques telles qu'elles résultent de la loi du 15 janvier 1990 (cf. exercice commenté 6, p. 97).

Si votre dossier comporte la loi de 1988 et la loi de 1990, il est clair que vous devrez principalement examiner cette dernière ; la loi de 1988 pourra n'être que survolée. Par ailleurs, vous n'étudierez que les dispositions relatives au financement des partis ; vous éliminerez donc tout ce qui touche à d'autres domaines (le financement des campagnes, par exemple).

Comment étudier les documents ?

Lors de la lecture des pièces du dossier, de nombreux candidats préparent le travail de repérage qui précède la confection du plan et la rédaction de la note en soulignant ou en surlignant les passages jugés importants. Cette façon de faire est avant tout une affaire de goût et de préférences personnels. Elle n'est pas condamnable en soi mais elle doit être conduite avec précaution pour donner des résultats.

Ne pas tout surligner

L'erreur à ne pas commettre consiste à trop surligner, ce qui conduit à un résultat inverse à celui recherché : trop d'éléments étant repérés, **l'essentiel ne se distingue plus de l'accessoire**.

Cette faute tient le plus souvent à une mauvaise approche des documents. Le candidat qui aborde par exemple la loi sur le surendettement des ménages (cf. exercice commenté 5, p. 49) en ignore *a priori* à peu près tout. Aussi, au fil de sa lecture, il est conduit à noter tout ce qui lui permet de comprendre le dispositif élaboré par le législateur ; de ce fait, il peut être amené à surligner la totalité du titre I de la loi. Cette façon de procéder le rassure, car il a le sentiment de travailler utilement ; quand il aura achevé la lecture du texte ligne à ligne, il aura l'essentiel de la loi en tête. En réalité, le plus souvent, il se sera perdu en cours de route dans les détails, sans même s'en apercevoir, et les repères sur ses documents seront si nombreux qu'ils perdront toute utilité.

Une lecture « active »

Pour ne pas succomber à cette tentation de l'inutile qu'inspire la crainte de voir une partie de l'information vous échapper, vous avez intérêt à aborder d'une manière un peu différente l'étude des documents du dossier.

- tout d'abord, le sujet doit en permanence s'imposer comme un filtre permettant d'**éliminer** immédiatement tout document ou partie de document qui n'est pas strictement indispensable pour l'élaboration de la note. Le plus souvent, un rapide coup d'œil à la structure du document vous permettra d'effectuer une première sélection (cf. *supra*) ;
- votre lecture du dossier ne doit pas être passive. On peut appeler « passive » une lecture se limitant à la prise de connaissance du contenu objectif de chaque document, l'un après l'autre, le travail de raisonnement ne commençant réellement qu'une fois le dossier totalement dépouillé. Ce mode de travail très couramment pratiqué, semble *a priori* logique ; puisque le candidat est le plus souvent ignorant des données du problème, il paraît naturel qu'il s'imprègne de la matière avant de commencer à traiter le sujet. En réalité, il vous faut impérativement pratiquer une lecture « active », c'est-à-dire intégrant dans le même temps lecture et traitement du sujet.

On ne saurait trop insister sur ce point : la note doit s'élaborer **au fur et à mesure** du travail préparatoire. A l'issue de ce dernier, vous ne devriez avoir qu'à mettre en forme les éléments constitutifs (phase d'élaboration du plan détaillé).

Pour ce faire, après avoir choisi l'ordre de lecture qui vous paraît le plus pertinent, il vous faut noter au brouillon les idées qui vous viennent, au fur et à mesure, en essayant d'apprécier leur poids respectif par rapport à l'objectif qui vous est assigné et en commençant à opérer des regroupements entre les informations fournies par les divers documents...

Cette façon de procéder vous fera gagner beaucoup de temps et vous évitera notamment de perdre en chemin une idée née au cours de la lecture et oubliée faute d'avoir été immédiatement formulée. Par ailleurs, ce travail préparera utilement la phase de rédaction de la note en vous permettant de ne pas rester à ce moment-là prisonnier du dossier.

Troisième phase : vérification et choix d'un fil directeur

Une fois achevée l'étude de l'ensemble du dossier, et avant de passer à la construction du plan détaillé, il est utile que vous preniez quelques minutes pour vérifier la validité du travail effectué jusque-là, d'une part, et pour arrêter définitivement le raisonnement à tenir dans la note d'autre part.

La **validation** consiste à relire le sujet une dernière fois et à apprécier le résultat auquel vous êtes parvenu. Pour ce faire, posez-vous quelques questions :
- au regard de ce qui vous était demandé, le résultat vous paraît-il satisfaisant sur le fond ?
- avez-vous le sentiment de pouvoir répondre clairement à la question posée ?
- subsiste-t-il des points obscurs ou dont vous n'êtes pas tout à fait sûrs, ce qui vous conduirait à reprendre rapidement une partie du dossier ?...

Cette façon de procéder vous permettra de « rectifier le tir » avant qu'il ne soit définitivement trop tard.

Cette troisième phase doit aussi avoir pour objet de déterminer les **grandes lignes** de votre note. Elle constitue la transition naturelle avec la quatrième phase (construction du plan détaillé) dont elle est le préalable. Avant de mettre en forme, dans le détail, votre argumentaire, il vous faut choisir votre mode d'exposition des idées, déterminer les points sur lesquels il faudra tout particulièrement insister... (cf. les exercices corrigés en deuxième partie).
Parce que cette étape du travail paraît fastidieuse ou sans grande utilité, elle est manifestement « oubliée » par beaucoup de candidats comme en témoigne la correction de leurs copies. C'est une erreur car nombre de fautes de raisonnement peuvent être évitées grâce à ces quelques minutes de réflexion ; aussi, ne les négligez pas.

Quatrième phase : construction du plan, rédaction de l'introduction et de la conclusion

Une question essentielle se pose une fois le dossier dépouillé et assimilé. Comment préparer matériellement et intellectuellement le travail de rédaction ?
La réponse est simple : **en préparant un plan détaillé**.
A cette étape du travail, on constate deux erreurs fréquentes :
- la rédaction d'un brouillon (cf. commentaires p. 19) ;
- l'insuffisante attention portée à la confection du plan.

Quatre questions se posent à ce propos :
- la note doit-elle suivre un plan ?
- quel plan adopter ?
- comment construire le plan choisi ?
- comment faire apparaître le plan dans la copie ?

La note doit-elle suivre un plan ?

La réponse est « oui » sans aucune ambiguïté. Mais la question semble encore se poser pour beaucoup de candidats dès lors qu'ils sont à peu près tous rompus au plan en deux parties qui demeure le plus utilisé pour l'épreuve de culture générale ou de note de synthèse. Or, il est tout à fait évident que beaucoup de notes administratives ne peuvent suivre ce schéma sauf à devenir très artificielles. Certains en concluent manifestement (comme le montre la lecture de leurs notes) que le plan en deux parties ne pouvant s'appliquer, il n'est pas indispensable de structurer la copie. Il s'agit là d'une conclusion abusive qui conduit inévitablement à une impasse.
De fait, **la construction du plan constitue une étape décisive de l'épreuve** qui permet de mettre en valeur les qualités du candidat en prouvant :
- qu'il a parfaitement compris le problème à traiter ;
- qu'il sait élaborer un raisonnement ordonné et cohérent.

Inversement, un document désordonné, une argumentation mal conduite seront autant de signes d'insuffisances de fond, mettant en évidence toutes ses faiblesses. En un mot, montrez que vous savez travailler. Il ne faut donc pas hésiter à consacrer du temps à l'élaboration d'un plan très détaillé.
Plus le plan sera précis, plus la rédaction définitive s'opérera dans un climat de relative détente et plus vous limiterez les risques d'erreurs, d'omissions ou de répétitions. Ce plan détaillé sera établi à partir des notes prises pendant l'étude du dossier.

Quel plan adopter ?

Avant d'aborder cette étape, vérifiez une dernière fois que vous vous apprêtez à répondre à la question posée ; ensuite, il sera définitivement trop tard et le doute ne vous sera plus permis. Pour ce faire, mettez-vous une dernière fois en situation.

Ne vous trompez pas de genre

On ne répétera jamais assez que **la note est un outil de travail** et qu'elle ne poursuit pas le même objectif que la dissertation de culture générale ; celle-ci a essentiellement pour but de mettre en valeur vos capacités d'analyse et de synthèse ; le sujet n'est le plus souvent qu'un prétexte.
La note est au contraire une épreuve de type professionnel. Entre ce qui vous sera demandé par un jury de concours, puis plus tard, par votre hiérarchie, il n'y a pas de différences majeures.
Dans ces conditions, ne cherchez pas systématiquement à bâtir un plan brillant, subtilement et soigneusement hiérarchisé en parties, sous-parties et paragraphes, mais attachez-vous à construire un exposé qui soit à la fois :
- **clair** : le lecteur doit pouvoir assimiler votre raisonnement sans difficultés ;

- **logique** : vos idées doivent s'enchaîner avec rigueur ;
- **complet** : ne laissez aucun point de l'étude demandée dans l'ombre.

Choisissez le plan le plus simple

Adoptez toujours le plan le plus simple même s'il vous paraît banal. L'exactitude et la précision des réponses importent plus dans une note que le souci de sortir des sentiers battus. L'originalité, voire la fantaisie, sont ici proscrites.
Deux cas de figure principaux peuvent se présenter :
- soit la façon dont est formulé le sujet induit tout naturellement un plan ;
- soit, au contraire, aucune piste de travail ne vous est fournie.

Dans le premier cas, vous avez tout intérêt à suivre le fil directeur suggéré par l'énoncé du sujet, quitte à regrouper certaines questions dans l'hypothèse où vous seriez conduit à subdiviser exagérément votre travail, ce qui donnerait une impression d'émiettement.

Exemple

Vous devez rédiger une note sur l'inexécution des décisions de justice : « Cette note présentera l'état du droit en la matière, en exposera les lacunes et formulera des propositions de nature à assurer une meilleure exécution des décisions de justice par les administrations ».
Sauf à trouver un meilleur plan lors de la phase d'élaboration du raisonnement, vous avez tout intérêt à bâtir votre note en trois parties traitant successivement :
- de l'état du droit ;
- des lacunes des dispositions existantes ;
- des propositions d'amélioration.

Lorsque le sujet ne fournit pas de façon évidente la structure de la note, efforcez-vous alors systématiquement de vous mettre à la place du destinataire et posez-vous toujours cette même question : « Compte tenu de la question posée, quels sont les éclaircissements que j'attends ? » Ordonnez ensuite la réponse en fonction de cette attente.
Dans tous les cas de figure, le plus important est de faire clairement apparaître vos diverses parties. Pour ce faire :
- aérez votre copie en laissant deux ou trois interlignes entre chacune d'entre elles ;
- allez à la ligne à chaque paragraphe.

Votre copie ne doit jamais se présenter sous la forme d'un document continu dans lequel le correcteur a le plus grand mal à repérer, par exemple, la fin de l'introduction du début du développement, ce qui arrive pourtant fréquemment.

Comment construire le plan choisi ?

Votre plan doit toujours comporter :
- une **introduction** ;
- deux ou plusieurs **parties** (éventuellement subdivisées en sous-parties si cela est nécessaire à la clarté de l'exposé). À cet égard, sans que cela soit une obligation impérieuse, il est bon que votre travail se présente de façon équilibrée. Aussi, sauf si cela vous est imposé par le traitement du sujet, évitez de bâtir une note dont une partie ferait quatre pages et une autre une page seulement. D'autant que ces déséquilibres flagrants sont souvent perçus comme le signe d'insuffisances sur le fond, et comme la volonté de compenser la faiblesse de l'argumentaire sur un point en en développant d'autres à l'excès.

Par ailleurs, il n'est pas toujours indispensable de rédiger une **conclusion** alors que c'est une obligation pour la dissertation de culture générale. La rédaction de quelques lignes de conclusion reste à votre libre appréciation en fonction du type de note que vous avez à préparer. S'il s'agit, par exemple, d'une note vous demandant de formuler des propositions, il est extrêmement fréquent que ces dernières constituent en fait la partie conclusive et vous n'aurez dans ce cas rien à ajouter (cf. les exercices commentés en deuxième partie).

L'introduction

Une bonne introduction doit présenter simultanément quatre caractères :
- elle doit exister ;
- elle doit être brève ;
- elle doit poser clairement le problème à traiter ;
- elle doit annoncer le plan suivi.

Exister

Deux erreurs sont parfois commises que vous devez éviter.
Certains ne rédigent pas du tout d'introduction et, après avoir indiqué l'objet de la note - lorsqu'il est précisé -, passent à la rédaction du développement. Le lecteur est ainsi perdu dès le début du travail, aucune indication ne lui étant donnée.
D'autres croient avoir rédigé une introduction parce qu'ils ont écrit quelques lignes. Rappelons que l'introduction doit avoir un rapport avec le sujet à traiter et qu'elle ne peut jouer pleinement son rôle si elle se limite à deux ou trois lignes.

Etre brève

Sans tomber dans l'excès qui vient d'être décrit, une bonne introduction doit être courte.
En règle générale, il vous sera demandé de présenter une note de quatre à cinq pages manuscrites environ ; vous devrez donc synthétiser le plus possible. Sans que cela soit bien entendu une règle absolue, on peut considérer qu'une introduction d'une quinzaine de lignes est tout à fait suffisante.
L'expérience montre que les candidats veulent souvent trop en dire et ne savent pas se limiter à ce qui leur est demandé. Ne tombez pas dans ce travers en rédigeant, comme certains le font, des introductions d'une page ou plus.

Parmi les erreurs les plus fréquemment commises deux méritent d'être soulignées.
Ne sachant pas très bien comment commencer leur copie, nombre de candidats, lorsque le sujet porte sur l'analyse de tout ou partie d'un texte de loi, par exemple, se croient obligés de rappeler ses diverses phases d'élaboration. Ceci est totalement inutile et ne peut que vous desservir dans la mesure où cela n'apporte rien à la question à traiter.

De plus, comme on l'a déjà vu, le fonctionnaire qui rédige une note n'a pas à faire état de ses préférences ou de ses états d'âme. Il est donc particulièrement maladroit dans une note sur le financement des activités politiques (cf. exercice 6 en deuxième partie), de faire état, par exemple, de ses sentiments sur le degré de moralité de la classe politique.

Poser clairement le sujet

Le rôle de l'introduction est d'informer le lecteur sur ce qui va être traité. Par conséquent, le sujet doit être exposé avec précision.

Annoncer le plan

Au motif que la note n'est pas une dissertation de culture générale, beaucoup de candidats oublient d'annoncer le plan qu'ils vont suivre. Ceci est une erreur, car l'annonce du plan joue un rôle important. Elle permet au lecteur de mieux comprendre le raisonnement tenu dès lors que les grandes articulations lui sont exposées en quelques mots.
L'annonce du plan est une étape difficile de la rédaction et qui demande un peu de pratique ; trois erreurs sont les plus fréquentes :

a
Si vous voulez que votre plan soit compris et immédiatement retenu, soyez bref. De ce fait, vous devez vous en tenir à l'énoncé de vos parties principales sans entrer plus avant dans le détail ;

b
Plus fréquentes encore sont les **maladresses d'expression** (ce sont d'ailleurs exactement les mêmes que celles rencontrées dans la dissertation de culture générale). La formule la plus souvent rencontrée reste :
« j'examinerai dans un premier temps... puis j'étudierai dans un second temps ».
Elle peut d'ailleurs se présenter sous de multiples variantes mais pose deux problèmes. Tout d'abord, si l'emploi de la première personne n'est pas systématiquement proscrit (alors que c'est toujours le cas dans la dissertation de culture générale), il reste conseillé de l'éviter. Ensuite, ce type d'annonce manque de légèreté. Vous vous efforcerez d'user de formules plus élégantes en vous rappelant que les énoncés les plus simples sont toujours les mieux adaptés.

c
Il existe enfin une dernière catégorie de candidats : ceux qui annoncent un plan et s'ingénient ensuite à ne pas le suivre. Cette erreur, assez courante, se rencontre sous deux formes.
Le candidat laisse supposer par son annonce que son plan se subdivisera en deux ou trois parties et la lecture attentive de sa note prouve qu'il a, en réalité, suivi un autre découpage (cf. exercice commenté 5, p. 49).
De même, il arrive qu'un candidat rédige une annonce de plan correcte mais que la lecture de sa copie montre qu'il traite en réalité d'autres problèmes (cf. exercice commenté 5, p. 49).

Les développements

La règle de base est que les développements doivent être construits et ne pas se contenter de paraphraser les textes.

Construire

Une fois le plan d'ensemble élaboré, on a le sentiment que de nombreux candidats considèrent que leur effort est achevé. Il en résulte des notes dont les subdivisions s'apparentent davantage à des « fourre-tout » qu'à des raisonnements. Or, comme pour la dissertation de culture générale, **vous devez absolument structurer vos arguments afin d'emporter l'adhésion du lecteur**.
Pour ce faire, la seule solution consiste à préparer pour chaque partie principale un plan très détaillé adapté au type de note à rédiger (présentation synthétique d'une procédure ou d'un ensemble de textes ; comparaisons de textes, exposé analytique...).

Paraphraser et recopier

Lorsque vous avez à présenter un texte, il est deux écueils sur lesquels il ne faut pas buter : la paraphrase ou la simple recopie.
La paraphrase est le lot commun de nombreux candidats qui hésitent à citer - même lorsque cela est nécessaire - les dispositions du texte qu'ils étudient. C'est toujours une mauvaise solution dans la mesure où il est inutile de vouloir énoncer d'une autre façon ce que le texte dit souvent fort bien ; c'est d'ailleurs la meilleure façon de commettre des contresens lorsque le texte est difficile. Si vous jugez utile de préciser tel ou tel point, personne ne vous fera grief de reprendre le texte officiel à condition que ceci reste une pratique limitée.
En revanche, vous ne devez pas verser dans l'excès inverse. Certains, désireux de ne pas courir le risque d'erreur ou, plus souvent, parce qu'il leur paraît plus simple de citer les textes que de construire un raisonnement, se bornent à recopier une partie des documents du dossier. C'est un travers fréquent quand il s'agit, par exemple, de présenter les dispositions d'une loi. En aucun cas ce travail de copiste ne peut être assimilé à la rédaction d'une note.

La conclusion

Comme on l'a déjà signalé, une conclusion en bonne et due forme ne s'impose pas dans toutes les notes administratives. Elle est, par exemple, inutile lorsqu'il s'agit d'une note s'achevant par des propositions. Mais elle peut être utile au terme de la synthèse d'un dossier volumineux. Dans ce cas :
- elle doit être brève ;
- elle ne doit en aucune façon relancer le débat en remettant en cause l'argumentation développée précédemment ;
- elle ne doit pas introduire d'éléments nouveaux qui auraient dû être traités dans le corps du sujet ; ce serait alors la meilleure preuve d'un défaut de construction du devoir.

Comment faire apparaître son plan ?

Il reste un dernier problème à évoquer. Faut-il ou non matérialiser le plan ou l'argumentation ?
Beaucoup de candidats choisissent de le faire de trois façons :
- en numérotant les parties et sous-parties ;
- en usant de titres et de sous-titres ;
- en soulignant les phrases qui leur semblent les plus importantes.

Généralement, ces pratiques sont perçues comme une forme de paresse intellectuelle dans la mesure où le candidat, sous couvert d'une volonté affichée de clarté, ne fait pas l'effort de rédiger totalement sa note et notamment les phrases de transition.

Le soulignement est à proscrire pour deux motifs : d'une part, un raisonnement bien conduit doit être suffisamment convainquant pour se passer de tels artifices ; d'autre part, il s'agit d'un procédé maladroit puisqu'il laisse implicitement supposer que le lecteur n'est pas à même d'apprécier l'argument à sa juste valeur.

Cinquième phase : rédaction, présentation et relecture

Le plan détaillé achevé, il ne vous reste plus qu'à passer à l'écriture. Trois problèmes doivent être évoqués à ce stade de votre travail :
- comment présenter matériellement la note ?
- faut-il préparer la rédaction définitive à l'aide d'un brouillon ?
- quel type de rédaction attend-on de vous ?

La présentation matérielle de la note

Beaucoup de candidats s'exposent à perdre des points en ne respectant pas les quelques règles qui s'imposent en matière de présentation. Est-il besoin de rappeler, par exemple, qu'il est d'usage de laisser une marge pour permettre au correcteur de noter ses appréciations ?

Partant d'une note administrative réelle, on peut recenser quatre éléments destinés à en faciliter la lecture :
- le timbre ;
- le destinataire ;
- l'objet ;
- les références.

Le timbre

Le timbre sert à identifier le service émetteur. Le plus souvent, il se compose du nom de la direction ou du service, de la sous-direction et du bureau.

Exemple

Direction du personnel et des services généraux
sous-direction du personnel
bureau du contentieux

Une note émanant du cabinet du Préfet portera par exemple le timbre suivant :
Préfecture du Rhône
cabinet du Préfet

Le jour de l'épreuve du concours :
- vous n'avez pas à le rédiger, sauf si l'on vous demande expressément de faire figurer le timbre sur votre copie ;
- vous ne devez en aucun cas inventer un timbre pour « faire vrai ». Si vous devez en faire apparaître un dans la note, utilisez seulement les éléments fournis par le sujet.

Exemple

Attaché à la direction du Trésor, vous êtes chargé de rédiger une note faisant le point en matière de rééchelonnement de la dette de pays en voie de développement.

Dans un tel cas, il est parfaitement inutile de commencer votre note par :

Direction du Trésor
service des affaires internationales
bureau N
« Direction du Trésor » serait suffisant puisque c'est la seule indication qui vous est communiquée dans l'énoncé du sujet ;

- enfin, si vous devez rédiger le timbre, efforcez-vous de ne pas vous tromper dans l'ordre hiérarchique ; il faut toujours aller de la structure la plus importante à l'échelon de base.

Exemple

Attaché à la direction du personnel et des services généraux du ministère de l'Économie, des Finances et du Budget, au bureau P2 de la sous-direction du personnel, vous devez rédiger une note portant sur la nouvelle bonification indiciaire

Dans un tel cas, le timbre sera le suivant :
Direction du personnel et des services généraux
Sous-direction du personnel
Bureau P2

● *Si vous avez des doutes sur le mode d'organisation général des services, consultez au moins une fois le* Bottin administratif *en examinant la structure de tel ou tel ministère ou service pour en repérer les grandes lignes.*

Le destinataire

Une mention obligatoire

Toute note doit porter **mention du destinataire**. Ceci est indispensable afin d'aiguiller correctement le document au sein de la structure administrative. Par ailleurs, la nature du destinataire peut faire varier notablement le contenu de la note. Il s'agit donc d'un élément important à ne pas omettre.

L'intitulé

Le choix de l'intitulé *(« note pour... », « note à l'attention de... »)* ne semble pas mériter les querelles byzantines qui agitent certains. L'essentiel est que le destinataire soit clairement identifié.

On peut simplement rappeler que l'on emploie généralement *« note pour... »* lorsque la note est destinée à un supérieur. Quand un supérieur s'adresse à un subordonné, on emploie *« note à... »*.

En général, le sujet du devoir précise la qualité du destinataire (directeur, chef de service, chef de bureau...) de telle sorte qu'il n'y a pas de risque d'erreur possible. En revanche, l'usage veut que l'on ne mentionne que son grade *(« note pour Monsieur le Directeur », « note pour le Chef du bureau »)* à l'exclusion de toute autre précision.

Exemples

- Si le sujet précise que vous êtes en poste à la Préfecture de Seine-et-Marne, il est inutile d'adresser votre note à « Monsieur le Préfet de Seine-et-Marne » ; « note pour Monsieur le Préfet » suffira.

- Attaché d'administration affecté à la direction du personnel d'un ministère, vous devez rédiger une note pour votre chef de bureau ; un fonctionnaire dans cette situation se contenterait de « note pour le chef de bureau » et n'écrirait pas « note pour le chef de bureau de la direction du personnel ».

L'objet

L'objet constitue un élément clé de la note auquel il faut porter une attention toute particulière. Son rôle est en effet de permettre au destinataire de prendre connaissance de façon synthétique du dossier qui lui est transmis. Ceci vous impose quelques contraintes :

L'objet doit être précis

Avant toute chose, assurez-vous que vous répondez bien à la question posée. Les erreurs les plus graves à ce stade du devoir consistent à traiter une question qui n'est pas posée ou à n'en traiter qu'une partie.

L'objet doit être bref

La difficulté consiste à parvenir en quelques mots à définir le sujet traité pour qu'à leur seule lecture le destinataire sache avec précision de quoi il est question.

Exemples

Objet : dispositions relatives au règlement des difficultés liées au surendettement des particuliers
Objet : note relative à l'inexécution des décisions de justice

Si le problème à examiner porte sur un texte particulier (loi, règlement...) il convient de citer ce texte précisément dans l'objet, ce qui vous permettra notamment de ne pas avoir à le citer ensuite systématiquement dans le corps même de la note.

Exemple

Objet : la réforme du droit de la communication audiovisuelle opérée par la loi n° 89-25 du 17 janvier 1989

Mais si la note a pour source une combinaison de textes, ne citez pas tous les textes utilisés. Dans ce cas, l'objet aura simplement pour but de présenter synthétiquement le sens de votre démarche.

Les références

Les références (textes analysés, notes précédentes adressées aux services...) constituent un élément du dispositif d'une vraie note. Dans ce cas, elles figurent immédiatement après l'objet. S'agissant d'une épreuve de concours, comme pour le timbre, vous pouvez en faire abstraction.

- *N'oubliez pas que les copies doivent être anonymes.*
- *Par conséquent ne faites pas figurer de signature ou*
- *de mention « affaire suivie par ».*

En bref

Ce qui est obligatoire	***Ce qui ne l'est pas*** (1)
le destinataire	*le timbre*
l'objet	*les références*

(1) Sauf si cela est expressément demandé dans l'énoncé.

Faut-il rédiger un brouillon ?

De nombreux candidats, désireux sans doute de soigner leur texte et de ne commencer la rédaction définitive qu'avec le minimum d'incertitudes, rédigent d'abord un brouillon. Ceci est une erreur grave que vous vous garderez bien de commettre pour trois raisons principales.

Une perte de temps

La pratique du brouillon fait perdre du temps puisque cela revient en fait à rédiger deux fois la même copie. Un jour de concours cela peut être désastreux dans la mesure où la durée impartie à l'épreuve est très brève. A chaque concours, des candidats n'ont pas le temps de terminer l'épreuve et sont ainsi conduits à rendre une copie incomplète assortie de leur brouillon en espérant bénéficier de l'indulgence du correcteur. Cet espoir est vain dans la mesure où les brouillons sont généralement retirés des copies remises aux membres du jury, la règle de base de n'importe quel concours étant d'abord d'achever son travail dans les temps.

Un gage d'amélioration incertain

Le brouillon n'est pas un gage certain d'amélioration du texte définitif. En effet, l'expérience montre qu'il est fréquent de voir un candidat préparer un brouillon entièrement rédigé puis ne pas le suivre en totalité lors de la rédaction définitive, soit que le style ne lui convienne plus, soit qu'il souhaite ajouter ou soustraire des éléments de fond. L'exercice perd donc totalement son sens et conduit le candidat à gaspiller de précieux instants qu'il aurait mieux valu consacrer à l'étude du dossier.

Un risque de sacrifier l'essentiel

Enfin, contraint de se garder du temps, le candidat doit nécessairement sacrifier d'autres phases de son travail préparatoire. La lecture des copies montre que ce choix se fait souvent au détriment de la qualité du plan de la note. Prévoir de rédiger un premier jet avant la copie elle-même est donc une mauvaise solution, faussement rassurante. Vous vous obligerez en conséquence à vous en passer.

Comment se passer de brouillon ?

La pratique du brouillon recouvre en réalité deux insuffisances de nature différente.
La première tient aux difficultés rencontrées dans la rédaction d'un texte. Les causes en sont connues ainsi que les remèdes :
- une **insuffisante pratique de l'écriture** qui paralyse la plume lorsqu'il s'agit, en une heure ou

deux, d'élaborer un document de quelques pages de bonne tenue ;
- une **méconnaissance du langage administratif** qui fait hésiter sur le choix des termes, voire commettre des erreurs.

Pour parvenir à une aisance relative dans la rédaction il existe une solution très classique mais qui demande un peu de volonté de la part des candidats : la pratique régulière de l'écriture qui seule permet d'acquérir l'agilité indispensable. En ce qui concerne la connaissance du vocabulaire administratif, de bons ouvrages ont été publiés qui peuvent vous être d'un grand secours (cf. bibliographie p. 21).
N'oubliez pas cependant que l'insuffisante maîtrise de la langue vous sera moins aisément pardonnée que l'ignorance du vocabulaire et du style administratif.

La rédaction d'un brouillon peut en second lieu masquer un travail défectueux dans l'élaboration du plan.

Quel type de rédaction attend-on de vous ?

Écrivez en français

L'épreuve de note administrative n'est pas une épreuve de « style » ; pour autant, il est des erreurs ou des maladresses d'écriture dont la répétition ne pourra qu'indisposer le jury. Pour les éviter, respectez les huit règles suivantes en n'oubliant jamais que vous écrivez pour être compris.

- L'usage veut que l'on **rédige à la troisième personne du singulier** (sauf cas particuliers) ou en usant de tournures impersonnelles ; n'employez donc pas la première personne du singulier ou du pluriel comme beaucoup de candidats ont tendance à le faire, notamment dans les annonces de plan.
Il est ainsi maladroit de dire :
« dans un premier temps j'examinerai... puis dans un second temps je montrerai que... ».
Cette façon de s'exprimer passera au mieux pour une ignorance regrettable des usages, au pire pour un excès de prétention.

- L'expérience montre qu'il vaut mieux **rédiger au présent** chaque fois que cela est possible ; ceci vous évitera notamment toutes les fautes de concordance de temps et votre note y gagnera en légèreté.

- Dès lors qu'il est fréquent dans le langage administratif ou judiciaire d'user de longues phrases, il ne vous est pas interdit de procéder de même. Préférez-leur cependant **les phrases courtes** ; ce sera le plus sûr moyen d'être bien compris et de ne pas vous perdre dans de multiples propositions relatives.

- Éliminez de votre vocabulaire certaines formules : *« au niveau de », « au plan de », « incontournable », « dysfonctionnement »*, etc. ;

- Utilisez toujours le terme le plus **simple** et le plus **précis** ;

- Évitez la langue parlée et les expressions trop familières ;

- Surveillez **la ponctuation** de votre texte ;

- Relisez-vous pour corriger vos fautes **d'orthographe** ; autant un jury sera enclin à excuser quelques erreurs d'inattention, autant il ne manquera pas de sanctionner une trop grande méconnaissance des règles élémentaires de syntaxe et d'orthographe.

Rappel des huit règles de la bonne rédaction

Éviter l'usage de la première personne
Rédiger au présent
Préférer des phrases courtes
Proscrire les termes à la mode
User de mots simples et précis
Éviter la langue parlée
Ponctuer correctement le texte
Relire pour corriger l'orthographe

Rédaction et style administratif

A tort ou à raison, l'administration se pique de bien écrire. Il est certain qu'elle emploie un style particulier dont il est bon que vous vous efforciez d'acquérir les rudiments (cf. bibliographie p. 21).
Ce style se fonde sur plusieurs éléments que l'on peut résumer en quelques mots :
solennité, objectivité, prudence, courtoisie, clarté.

La solennité

La solennité du propos fait ressortir le rôle de l'administration à la fois serviteur du pouvoir et de l'intérêt général ; elle s'exprime par des périphrases *(« attacher du prix à », « laisser le soin de », « ne pas manquer de faire », « prendre toutes les dispositions opportunes »...)* ou par des mots particuliers ; l'administration parlera ainsi volontiers d'*« agissements »* ou de *« requête »* plutôt que de façon d'agir ou de demande.

L'objectivité

Comme nous l'avons déjà vu, les prises de position personnelles ne sont pas admises. L'administration doit s'interdire le parti pris et s'en tenir à la stricte application des textes.

La prudence

Les services évitent en règle générale d'adopter des positions trop tranchées dès lors que l'expérience montre que la règle aujourd'hui applicable peut être modifiée demain. Ceci n'interdit pas la fermeté du propos, mais proscrit les jugements trop péremptoires.
Le respect de cette règle entraîne un usage fréquent du conditionnel et de certains termes ou expressions tels que :
- *il semble que*
- *sous réserve que*
- *notamment*
- *d'une manière générale*
- *sans préjuger*
- *toutefois...*

La courtoisie

Est-il besoin de le rappeler, l'administration est au service du public et, tant dans ses rapports avec les administrés qu'en son sein, elle doit se garder de propos discourtois. Vous éviterez donc, comme on le lit parfois dans certaines copies, de parler d'*« escrocs »* (terme relevé dans une note sur la prévention de la fraude électorale), d'*« insensé »*, de *« stupidité »*...

La clarté
Enfin, il est bon de se souvenir que l'administration use de mots dont le sens diffère parfois de celui du vocabulaire courant ; vous devez donc connaître les principaux d'entre eux (cf. Annexe p. 125).

Dix erreurs à ne pas commettre

L'absence d'objet
L'absence de destinataire
L'absence d'introduction
L'absence de plan
Ne pas traiter le sujet
Traiter plus que le sujet
Paraphraser les documents
Maltraiter l'orthographe
User d'un style lourd
Etre illisible

Bibliographie sommaire

Jacques **Gandouin**, *Correspondance et rédaction administratives,*
Collection « U », Armand Colin, 1970.

Robert **Catherine**, *Le style administratif,*
Albin Michel, 1988.

Serge **Salon**, Jean-Charles **Savignac**,
Note administrative - Résumé de texte,
Collection « Notions essentielles », Sirey, 4e édit., 1988.

Pierre **Pactet**, *Droit constitutionnel et institutions politiques,*
Masson, 1991.

Exemples commentés

Énoncé du sujet

Commentaire

Correction

Exercices 1 à 4
Le régime juridique des concessions de logements aux agents de l'État

Afin de vous entraîner à la rédaction des différents types de sujets qui pourraient vous être posés un jour de concours (cf. première partie, page 8) nous vous conseillons vivement de faire les exercices avant de lire les commentaires de correction. Les quatre premiers exercices ont été conçus à partir d'un même dossier afin de montrer la multiplicité des usages possibles de documents identiques selon le but poursuivi et la situation administrative dans laquelle vous pourrez vous trouver.
À l'exception des sujets 4 et 6, les exercices qui suivent peuvent être proposés aussi bien pour une préparation à un concours de niveau B que pour les concours de niveau A. Si vous préparez un concours de catégorie A, vous disposerez en règle générale de 4 heures alors que votre temps sera limité à 3 heures maximum pour un concours de catégorie B. Les corrigés qui sont proposés pour chaque exercice se veulent moins des modèles que des exemples de ce qu'il est possible de faire, sachant une fois encore que les exigences des jurys porteront essentiellement sur deux points : la bonne compréhension du problème à traiter et une rédaction claire.

Exercice 1

Catégorie A ou B
Durée : 4 heures ou 3 heures

Énoncé du sujet

Quelques logements de fonction ont été aménagés dans les bâtiments de l'administration centrale du ministère des finances.
Afin de pouvoir les concéder à certains agents, conformément aux besoins des services et à la réglementation en vigueur, le Directeur du personnel et des services généraux souhaite au préalable se voir rappeler dans une courte note (deux ou trois pages manuscrites maximum) les dispositions essentielles du régime juridique des concessions de logements (règles de procédure, conditions de mise en œuvre, conséquences pour les agents...).
Attaché à la direction du personnel, vous êtes chargé de préparer cette note en vous appuyant sur les documents ci-après.

Document 1

Instruction de la Commission centrale de contrôle des opérations immobilières du 24 août 1950.

Document 2

Code du domaine de l'État (articles L. 36 à L. 39)

Document 3

Code du domaine de l'État (articles R. 2 à R. 5)

Document 4

Code du domaine de l'État (articles R. 66 à R. 104-1)

Document 5

Code du domaine de l'État (articles A. 91 à A. 93-8)

Document 6

Instruction du 4 avril 1975 (Bulletin officiel de la Direction générale des impôts)

Document 1

Instruction de la Commission centrale de contrôle des opérations immobilières (24 août 1950)

Objet : Application de l'article 5 du décret du 7 juin 1949 par les Commissions départementales de contrôle.

1. - L'article 5 du décret n° 49-742 du 7 juin 1949 confie aux Commissions départementales de contrôle le soin de donner un avis sur les arrêtés portant concessions de logement par nécessité absolue de service au profit de personnels civils de l'État prévus par l'article 3 du même texte.

Dans ma circulaire du 30 décembre 1949, j'ai invité les Commissions départementales de contrôle à attendre des instructions avant de donner leur avis sur les affaires de l'espèce.

Par une circulaire du 31 décembre 1949, M. le ministre des Finances et des Affaires économiques, tout en fixant la date d'effet du décret du 7 juin 1949 au 1er janvier 1950 - date elle-même remplacée par celle du 1er juillet 1950 aux termes d'une circulaire du même ministre n° 38-10 B/5 du 22 mai 1950 - a précisé l'interprétation à donner aux dispositions de l'article 3 du décret du 7 juin 1949 en soulignant que la notion de « nécessité absolue de service » doit être interprétée dans un sens strict et que le bénéfice des concessions accordées à ce titre est lié à l'exercice d'une fonction déterminée par un agent déterminé sans pouvoir être attribué à tout un corps ou à toute une catégorie d'agents.

Afin d'assurer, pour l'exécution du rôle confié en la matière aux Commissions départementales une unité de doctrine aussi complète que possible, il est apparu utile à la Commission centrale de dégager, au cours de conférences avec des représentants des services ministériels intéressés, quelques principes généraux permettant de définir la « nécessité absolue de service ». Ces principes ont été arrêtés par la Commission centrale au cours de sa séance du 23 août 1950.

J'ai l'honneur de les porter à votre connaissance en vous priant de vouloir bien en informer la Commission que vous présidez et veiller à leur application.

Au cas où ces principes ne pourraient recevoir application dans certains cas particuliers soumis à la Commission de votre département, vous pourrez me demander des précisions sur la doctrine de la Commission Centrale.

2. - J'ajoute que les avis émis jusqu'à ce jour par la Commission départementale en application du décret du 7 juin 1949 devront être repris, le cas échéant, en tenant compte de la doctrine dégagée, et je vous serais obligé de bien vouloir, dès maintenant, me fournir un état des avis antérieurement émis que vous estimez devoir être maintenus sans nouvelle délibération de cet organisme.

3. - Enfin, je crois devoir souligner que la Commission centrale estime utile de faire examiner par une seule Commission départementale le cas des concessions de logements dans un établissement s'étendant sur plusieurs départements, tels que certains aérodromes, afin d'éviter des possibilités de double emploi.

Je ne puis que vous suggérer, si un cas semblable se présente dans votre département, de vous mettre en rapport avec votre collègue du département voisin pour fixer la compétence de la Commission intéressée, d'après le lieu où se trouve la partie principale de l'établissement (aérogare, bureau central, siège social, etc.).

Règle générale

4. - La Commission a posé la règle générale suivante : seuls sont susceptibles d'obtenir des concessions de logement par nécessité absolue de service les agents dont la **présence constante** (de jour et de nuit), dans un immeuble appartenant à l'État ou détenu par l'État à un titre quelconque, est **indispensable** pour le bon fonctionnement du service.

Il en résulte que les agents dont il s'agit peuvent être logés dans un immeuble domanial ou détenu par l'État à un titre quelconque, quelles que soient les conditions d'occupation de l'immeuble, observation faite que les agents dont la présence constante serait indispensable pour le bon fonctionnement du service, mais qui, faute de locaux d'habitation dans l'immeuble où ils exercent leur fonction, ne sont pas logés sur place, ne peuvent prétendre à aucune indemnité compensatrice.

Pour pouvoir bénéficier éventuellement d'une concession de logement par nécessité absolue de service, un agent doit :

a) Etre tenu pour le bon fonctionnement du service à une **présence constante** sur place ;

b) Assurer son service **de nuit comme de jour** ;

c) Avoir une **responsabilité majeure** dans la marche du service.

Il est rappelé d'ailleurs que l'octroi d'une concession a pour effet de faire perdre à l'intéressé le bénéfice des indemnités compensatrices des sujétions qui motivent la concession.

La Commission centrale a dégagé à cet égard les notions complémentaires suivantes.

5. - 1. - **Présence constante** : l'agent doit être tenu de loger sur place **pendant toute l'année**, exception faite cependant des périodes où étant en congé régulier, il est, soit remplacé, soit dispensé de tout service (par exemple, en cas de fermeture de l'établissement où il exerce ses fonctions).

6. - 2. - **Service de jour et de nuit** : l'agent doit être tenu d'assurer son service d'une manière continue de jour et de nuit. S'il n'assure qu'un service de nuit (cas des veilleurs de nuit, par exemple), le fait d'être logé dans l'établissement qui l'emploie ne suffit pas à justifier une concession par nécessité absolue de service.

De même, les agents qui, astreints à demeurer en un lieu déterminé, n'assurent pas effectivement leur service pendant une partie de la journée, ne bénéficient pas d'une concession par nécessité absolue de service. Il en est ainsi, notamment, des concierges, soit au cas où ils sont de service à une porte dont ils n'assurent pas l'ouverture la nuit et ne procèdent pas, par ailleurs, à des rondes de nuit, soit lorsqu'ils remplissent seulement une fonction de portier pendant une partie de la journée, étant remplacés pendant le reste du temps soit par des huissiers, soit par des veilleurs de nuit, soit par des pompiers chargés d'assurer la protection du bâtiment dans lequel ils sont logés.

7. - 3. - **Responsabilité majeure dans la marche du service** : il convient de faire, à cet égard, une distinction entre le personnel de direction, le personnel d'exécution et le personnel de service.

A. - Personnel de direction

8. - Les directeurs ou chefs d'établissement ayant la responsabilité du fonctionnement du service dans un **établissement important** peuvent, dans certains cas, bénéficier d'une concession de logement par nécessité absolue s'ils ont un commandement effectif et continu, encourent une **responsabilité permanente de nuit comme de jour** et ont réellement des sujétions fréquentes de service de nuit. Il peut en être ainsi d'un commandant d'aérodrome ouvert, jour et nuit, au trafic aérien, d'un directeur d'établissement pénitentiaire, d'un directeur de haras, d'un directeur d'établissement d'enseignement (internat) (1), d'un directeur d'établissement industriel important ou d'un conservateur de musée qui ne dispose pas à proximité de moyens de protection efficaces contre l'incendie, d'un architecte chargé du service de conservation d'un domaine national, dans le cas où ces agents, chargés d'un commandement effectif, peuvent avoir à tout moment à intervenir pour assurer la bonne marche du service dont ils sont responsables (incidents ou accidents sur les aérodromes, évasion, rébellion, mutinerie ou incendie dans une prison, accidents survenant à des étalons de prix ou incendie dans les haras, accidents techniques, sinistres et vols dans des usines importantes ou des musées isolés et éloignés des secours).

Il ne peut être, en principe, accordé qu'une seule concession par nécessité absolue de service dans les établissements où l'existence d'une telle concession se justifie.

Cette concession étant accordée au directeur, ou à l'agent faisant fonction de directeur, ne peut bénéficier aux agents qui lui sont subordonnés dans les travaux dont ils sont chargés et agissant sous sa responsabilité.

Toutefois, dans certains cas, du personnel de direction (sous-directeur, par exemple) même subordonné au directeur peut se voir attribuer également une concession par nécessité absolue de service. Il en est ainsi lorsqu'il s'agit d'un établissement particulier important (aéroports de la région parisienne) ou divisé entre plusieurs bâtiments distincts et assez éloignés l'un de l'autre pour nécessiter un partage de responsabilité ou, enfin, comprenant des sections distinctes (prisons mixtes).

De même, en ce qui concerne les établissements d'enseignement avec internat (lycées, collèges, écoles techniques, etc.) ou les centres d'éducation surveillée, il est apparu que, pour assurer la discipline et parer à tout incident, il convenait d'accorder également dans les établissements importants des concessions de logement par nécessité absolue de service aux sous-chefs d'établissements (censeurs ou bien surveillants généraux, sous-directeurs dans les centres d'éducation surveillée dits « à plein effectif », c'est-à-dire ayant plus de cent soixante élèves garçons ou plus de quatre-vingt élèves filles) et, exceptionnellement, aux économes ou intendants dans les internats importants comportant au moins deux cents internes.

(1) Peuvent également bénéficier d'une concession par nécessité de service les directeurs d'externats comportant un effectif permanent de 300 élèves au moins.

B. - Personnel d'exécution

9. - En principe, le personnel d'exécution logé sur place n'a pas droit aux concessions par nécessité absolue de service lorsqu'il est subordonné à un directeur responsable et ne doit pas faire face à des responsabilités particulières. Il en est spécialement ainsi pour les agents chargés d'effectuer un travail d'équipe.

Par contre, certains agents d'exécution peuvent, dans quelques cas résultant d'une situation de fait, bénéficier d'une concession par nécessité absolue de service :

a) soit en raison de leur responsabilité particulière, responsabilité différente de celle de leur chef administratif en raison de leurs attributions spéciales ;

b) soit en raison des obligations dans lesquelles ils se trouvent de procéder très fréquemment à un travail de nuit en plus des fonctions qu'ils remplissent le jour ;

c) soit, enfin, en raison de leur isolement.

a) **Responsabilités particulières**

10. - Certains agents peuvent avoir une **mission spéciale de surveillance** des bâtiments et peuvent ainsi prétendre à une concession par nécessité absolue de service. Tel est le cas :

- des surveillants d'aérodromes qui sont obligés d'effectuer des rondes incessantes même dans le cas où ces aérodromes ne sont ouverts que de jour ;
- de certains ouvriers chargés de surveiller **de jour et de nuit** un matériel indispensable à la bonne marche de l'établissement (électricien dans les prisons, notamment), mais sous réserve que la concession ne soit accordée dans ce cas qu'à un seul ouvrier responsable ;
- de gardiens-chefs de musées ou de monuments, ou même de gardiens de musées isolés, appelés à assurer les secours d'urgence en cas de sinistres et à prendre les premières mesures pour protéger les collections ;
- de chefs de service intérieur de ministère ou d'établissements exigeant une surveillance spéciale tels que les hôtels des monnaies et médailles.

11. - D'autres agents peuvent se voir attribuer une concession par nécessité absolue de service parce qu'ils se trouvent chargés d'une responsabilité spéciale en raison de fonctions particulières. Il en est ainsi :

- des chefs radios sur les grands aérodromes ;
- d'éducateurs des centres d'éducation surveillée appelés à vivre en permanence avec leur équipe de pupilles (bien qu'ils soient appelés à faire un travail d'équipe) en raison du fait qu'ils ne se trouvent pas subordonnés l'un à l'autre ;
- des surveillants chefs d'établissements pénitentiaires responsables de l'équipe de surveillants sous leurs ordres et appelés à intervenir à tout moment ;
- des adjudants et des brigadiers chefs des haras responsables de l'équipe des sous-agents sous leurs ordres et dont la présence constante est nécessaire pour parer à toute éventualité ;
- des maréchaux infirmiers des haras responsables continuellement de l'état de santé des étalons ;
- des chefs de centres radioélectriques, téléphoniques ou télégraphiques lorsque, en l'absence d'un personnel subalterne suffisant, ils se trouvent continuellement astreints à une présence permanente ;
- des chefs d'entrepôts d'alcools qui sont responsables de produits dont la manipulation est dangereuse et qui vivent souvent dans des postes isolés.

b) **Travail de nuit fréquent en plus du travail du jour**

12. - Des concessions de logements par nécessité absolue de service peuvent être également envisagées pour des agents qui, d'une manière fréquente, sont appelés à effectuer des travaux manuels de nuit alors qu'ils ont à assurer un service de jour normal. Les receveurs, receveurs-distributeurs des PTT, exerçant leurs fonctions dans un bureau de minime importance, ne travaillant pas suivant un rythme d'équipe ou par roulement, ne pou-

vant se faire remplacer et astreints pendant la nuit, fréquemment, à des travaux matériels (communications téléphoniques urgentes, télégrammes, courriers de nuit) peuvent être, en principe, rangés dans cette catégorie.

c) **Isolement**

13. - Enfin, le fait pour un agent d'être isolé et éloigné de toute agglomération est également de nature à le faire bénéficier d'une concession par nécessité absolue de service, lorsqu'il se trouve par ailleurs astreint à travailler par intermittence pendant la nuit. Tel est le cas :
- des chefs de certains radio-phares d'aviation ;
- de gardiens météorologiques de postes isolés ;
- de préposés des eaux et forêts logés dans des maisons forestières implantées en fonction des nécessités et de l'intérêt exclusif du service ;
- de chefs de centres d'amplification des lignes PTT à longue distance ;
- et des receveurs des douanes en fonction dans des bureaux de routes frontières ou dans des gares où passent de nuit des trains de voyageurs, à condition que ces bureaux soient éloignés de toute agglomération.

C. - Personnel de service

14. - Le personnel de service ne peut bénéficier de concessions de logements par nécessité absolue de service qu'à condition d'assurer sur place un service effectif de jour et de nuit d'une manière continue et indispensable pour le service.
Par suite, lorsque, dans un établissement, il y a plusieurs concierges, seuls peuvent bénéficier d'une concession « par nécessité » ceux d'entre eux qui remplissent les conditions prévues.

Motifs ne justifiant pas à eux seuls une concession de logement par nécessité de service

15. - La Commission estime qu'en aucun cas les motifs suivants, lorsqu'ils ne sont pas accompagnés de circonstances entrant dans le cadre de la règle générale ci-dessus dégagée, ne sont suffisants pour justifier des concessions de logement par nécessité absolue de service :
- logement dans un immeuble appartenant à l'État ou détenu par lui à un titre quelconque et dans lequel l'agent exerce une fonction ;
- isolement du logement ou de l'ensemble de l'établissement ;
- gestion d'une caisse publique ;
- responsabilité déléguée par un chef à un agent subordonné ;
- responsabilité d'un entrepôt par ailleurs soumis à un régime de surveillance spéciale (concierges, veilleurs de nuit) ;
- obligation de fournir **exceptionnellement** ou **périodiquement** un travail de jour et de nuit.

Exemples divers

16. - La Commission centrale a examiné un certain nombre de propositions de concessions de logements par nécessité absolue de service, formulées par divers départements ministériels, et a estimé qu'en principe, et sauf solution particulière à prendre pour certains cas soumis à leur examen, les commissions départementales pourraient s'inspirer des exemples suivants.

Secrétariat général à l'aviation civile et commerciale ; aéroports importants et aérodromes ouverts jour et nuit à la circulation aérienne :
- Directeur d'exploitation : avis défavorable (présence constante non nécessaire) ;
- Commandants de ces aérodromes : un seul peut avoir droit éventuellement à une concession NS ;
- Surveillants d'aérodromes : un seul peut avoir droit éventuellement à une concession NS ;
- Chef de poste radio : un seul peut avoir, éventuellement, droit à une concession NS ;
- Ingénieur des TPE : avis défavorable, présence de nuit non requise ;
- Surveillant P et C : avis défavorable, présence de nuit non requise.

Aérodromes non ouverts la nuit :
- une seule concession NS éventuellement pour un surveillant.

Autres services :
- concessions NS possibles au cas où, en l'absence de relève, ils sont astreints à une présence permanente sur les lieux :
pour les chefs de radio-phares isolés ;
pour les chefs d'installations isolées ;
pour les gardiens météorologiques.

Ministère de la Justice. Éducation surveillée :
- Directeurs de centre ou agent faisant fonction : une seule concession possible par NS ;
- Sous-directeurs des centres dits à plein effectif (au moins 160 pupilles garçons ou 80 pupilles filles) : une seule concession possible par NS.
- Éducateurs : NS possible pour chacun d'eux.
- Infirmiers : une seule concession possible par NS, sauf pour les centres très importants où plusieurs concessions NS peuvent être envisagées.
- Professeurs,
- Instructeurs techniques,
- Veilleurs de nuit,
- Chauffeurs conducteurs,
- Cuisiniers,
- Magasiniers lingers.

} Tous ces agents, subordonnés et dont la présence constante n'est pas indispensable, n'ont pas droit à une concession par NS.

Administration pénitentiaire :
- Directeurs de centre pénitentiaire : une seule concession NS possible par centre ;
- Sous-directeurs : ne peuvent prétendre à une concession NS qu'exceptionnellement s'ils sont en fonction dans un centre spécial (prison mixte) ;
- Surveillants chefs : concession par nécessité absolue de service possible ;
- Surveillants : en principe, ces agents, faisant un travail d'équipe, n'ont pas droit au logement par NS ;
- Ouvriers : une seule concession par NS peut être accordée à l'ouvrier responsable de l'entretien de matériel ;
- Infirmiers : une seule concession par NS dans chaque établissement ;
- Greffiers-comptables,
- Commis aux enchères,
- Assistantes sociales,
- Économes,
- Chefs de garage,
- Instituteurs,
- Éducateurs,
- Instructeurs.

} Tous ces agents, dont la présence constante n'est pas indispensable, n'ont pas droit à une concession par NS.

Ministère de l'Agriculture. Direction générale des eaux et forêts :
- Conservateurs des eaux et forêts : ces agents n'ont pas droit à une concession par nécessité absolue de service, sauf au cas où ils sont directeurs d'une école forestière ;
- Préposés des eaux et forêts : ces agents, officiers de police judiciaire, peuvent bénéficier d'une concession NS lorsqu'ils sont logés dans des maisons forestières implantées en fonction des nécessités et de l'intérêt

exclusif du service ou bien s'ils sont chargés d'assurer la discipline dans une école forestière.

Service des haras :
- Directeurs : une seule concession NS possible par établissement ;
- Sous-directeurs et vétérinaires : non logés par NS, sauf au cas d'établissement isolé (dépôt du Pin, notamment) ;
- Adjudants, brigadiers-chefs et maréchaux-infirmiers : peuvent, en principe, prétendre à une concession NS ;
- les brigadiers et les gardes faisant un travail d'équipe n'ont pas droit à une concession semblable.

Ministère des PTT :
- Gardes-magasins : éventuellement, une seule concession N.S. peut être accordée à un agent pour chaque établissement (concierge ou garde-magasin) ;
- Mécaniciens dépanneurs et agents régionaux du service automobile : ces agents ne peuvent bénéficier d'une concession NS que dans le seul cas où ils assurent eux-mêmes, et à l'exclusion de tout autre agent, la garde des immeubles où ils logent ;
- Receveurs et receveurs-distributeurs : ne peuvent bénéficier d'une concession NS que si, dans un bureau de minime importance, ils assurent **seuls** leurs fonctions et se trouvent obligés à ce titre d'effectuer fréquemment des travaux matériels pendant la nuit ;
- Chefs de centre télégraphique,
- Chefs de centre téléphonique,
- Chefs de centre radio-électrique,
- Chefs de centre d'amplification.

Ces agents ne peuvent se voir attribuer une concession par NS que s'ils sont tenus à une présence **permanente** sur les lieux de leur travail et astreints à un travail de nuit en l'absence de toute équipe sous leurs ordres.

Ministère de l'Éducation nationale. Établissements d'enseignement :
dans les internats intéressant les jeunes élèves, seuls peuvent prétendre à une concession par NS, sous réserve des observations figurant aux pages 5 et 6 de la présente circulaire :
- les chefs d'établissement (proviseurs ou directeurs) ;
- les sous-chefs d'établissement (censeur ou, à défaut, surveillant important).

Par contre, les sous-intendants ne peuvent prétendre à une concession semblable.
Dans les externats importants, seul le chef d'établissement peut être admis au bénéfice d'une concession NS.
Dans les centres sportifs régionaux d'instituteurs, une seule concession par nécessité absolue de service peut être accordée pour chaque établissement.
Enfin, dans les internats, une concession NS peut être accordée à un seul infirmier.

Autres établissements :
musées : dans chaque établissement, peuvent seuls prétendre à une concession NS :
- le conservateur si le musée est isolé ;
- le gardien-chef ;
- et, au cas où le bâtiment est éloigné des secours nécessaires, un très petit nombre de gardiens spécialisés.

Monuments historiques, palais et domaines nationaux : dans chaque édifice ou domaine, peuvent seuls prétendre à une concession NS :
- l'architecte des bâtiments de France chargé de la conservation ou à défaut l'agent responsable du gardiennage.

Ministère des finances. Administration des monnaies et médailles :
seuls le directeur et le chef du service intérieur de chaque établissement peuvent, en raison de leurs responsabilités particulières, prétendre à l'octroi d'une concession NS.

Service des alcools :
en raison du caractère dangereux des produits manipulés et de l'isolement des entrepôts d'alcools, un agent responsable, mais un seul (chef ou sous-chef) pourra, avec le concierge prétendre à une concession NS.

Service des tabacs et allumettes :
seuls les directeurs des manufactures pourront demander le bénéfice d'une concession NS.

Régies financières et comptabilité publique :
les comptables ne peuvent bénéficier d'une concession NS, quelle que soit l'importance de leur caisse.
Les entreposeurs de tabacs en feuilles, malgré leur responsabilité, ne sont pas appelés à fournir normalement et régulièrement un service de nuit ; ils ne peuvent donc pas revendiquer le bénéfice d'une concession NS.
Enfin, les receveurs principaux, receveurs et receveurs auxiliaires des douanes ne pourront bénéficier d'une concession de logement par nécessité absolue de service que s'ils exercent leurs fonctions dans des bureaux isolés de route frontière ou de gares desservies de nuit par des trains de voyageurs.

J'appelle tout particulièrement votre attention sur la nécessité pour les commissions départementales de procéder de toute urgence à l'examen des demandes de concession par nécessité absolue de service dont vous serez saisi.

Document 2

Code du domaine de l'État (articles L. 36 à L. 39)

TITRE II : **Domaine privé**

Chapitre Ier : **Domaine immobilier**

Section I. - **Locations**

§ 1er. - Dispositions générales

Article L. 36
Les biens du domaine privé de l'État, affectés ou non à un service public, quel que soit le service qui les détient ou qui les régit, ne peuvent être loués que par le département des finances, qui a seul qualité pour fixer les conditions financières de la location.
Les baux doivent être consentis dans tous les cas en la forme et suivant les règles établies pour l'amodiation des biens directement placés sous la main du service des domaines, sous réserve des dispositions insérées dans d'autres codes ou dans des textes particuliers.

Article L. 37
Les immeubles dont l'État a la jouissance ou qu'il détient à un titre quelconque sans en avoir la propriété sont, à l'exception de ceux qu'il gère pour le compte de tiers ou qui dépendent de patrimoines séquestrés ou en liquidation, soumis aux dispositions législatives ou réglementaires qui régissent les locations de biens appartenant à l'État, leur affectation à un service public et les concessions de logement dans des immeubles domaniaux.

Article L. 38
Le locataire ne peut prétendre à aucune indemnité ou diminution du prix de son bail en aucun cas, même pour stérilité, grêle, gelée ou tous autres cas fortuits.

§ 2. - Locations soumises à des règles particulières

Article L. 39

Par dérogation aux dispositions de l'article L. 36, l'amodiation des terrains acquis par l'État ou des immeubles bâtis par lui en exécution de l'ordonnance n° 45-2064 du 8 septembre 1945, autorisant la construction directe par l'État d'immeubles d'habitation de caractère définitif, fait l'objet de conventions amiables conclues avec les intéressés par le ministre chargé de la construction.

Document 3

Code du domaine de l'État (articles R. 2 à R. 5)

Chapitre II : **Domaine privé**

Section I. - **Prises à bail, acquisitions et constructions réalisées par l'État** (1)

§ 1er. - Dispositions générales

Article R.* 2

Dans les bureaux des directions des services fiscaux et au service central des domaines, un service des évaluations immobilières centralise, contrôle et transmet tous les éléments destinés à déterminer la valeur locative ou la valeur vénale des immeubles dont la location ou l'acquisition est projetée par les services de l'État, par des établissements publics nationaux ou par leurs concessionnaires.

Article R.* 3

(Décret n° 70-1160 du 11 décembre 1970, art. 1er). - « Les baux, accords amiables et conventions quelconques, ayant pour objet la prise en location d'immeubles de toute nature, négociés par l'État ou par les établissements publics nationaux, ne peuvent, quelle qu'en soit la durée, être réalisés qu'après avis du service des domaines sur le prix, lorsque le loyer annuel total, charges comprises, est au moins égal à un chiffre limite fixé par arrêté du ministre de l'Économie et des Finances (2). Il en est de même, quel que soit le montant du loyer, si la durée prévue pour l'opération est supérieure à neuf ans. »

L'avis du service des domaines porte, en outre, sur le choix des emplacements et constructions et sur les possibilités d'utilisation d'immeubles domaniaux ou d'immeubles pris à bail qui seraient disponibles ou susceptibles d'un meilleur aménagement. Les dispositions qui précèdent sont applicables aux prises à bail par les agents de l'État, en leur nom personnel, de locaux principalement destinés à des services administratifs, lorsque le montant du loyer est remboursé en tout ou en partie par l'État.

Article R.* 4

(Décret n° 70-1160 du 11 décembre 1970, art. 1er). - « Ne peuvent être réalisées qu'après avis du service des domaines sur le prix les acquisitions d'immeubles, de droits immobiliers, de fonds de commerce et de droits sociaux donnant vocation à l'attribution en pleine propriété d'immeubles ou de parties d'immeubles poursuivies par l'État et les établissements publics nationaux, ainsi que par leurs concessionnaires, à l'amiable ou par expropriation, d'une valeur totale au moins égale à un chiffre limite fixé par arrêté du ministre des Finances (2), de même que les tranches d'acquisition d'un montant inférieur mais faisant partie d'une opération d'ensemble portant sur des biens de cette nature d'une valeur égale ou supérieure à ladite somme. »

L'avis porte, en outre, sur le choix des emplacements et constructions et sur les possibilités d'utilisation d'immeubles domaniaux ou d'immeubles pris à bail par l'État qui seraient disponibles ou susceptibles d'un meilleur aménagement.

(3e alinéa abrogé par l'article 1er du décret n° 70-1160 du 11 décembre 1970)

Article R.* 5

(Décret n° 70-1160 du 11 décembre 1970, art. 1er). - « Avant l'établissement de tout projet de construction immobilière, les services de l'État, les établissements publics nationaux ou leurs concessionnaires doivent provoquer l'avis du service des domaines sur le choix des emplacements et sur les possibilités d'utilisation d'immeubles domaniaux ou d'immeubles pris à bail par l'État qui seraient disponibles ou susceptibles d'un meilleur aménagement, lorsque la dépense présumée est supérieure à un chiffre limite fixé par arrêté du ministre de l'Économie et des Finances. » (2).

(2e alinéa abrogé par l'article 1er du décret n° 70-1160 du 11 décembre 1970)

(1) Dispositions prises en Conseil d'État, en exécution des articles L. 4 et L. 9.

(2) Arrêté du 7 octobre 1975 (*Journal officiel* du 6 novembre 1975), cf. article AO 1.

Document 4

Code du domaine de l'État (articles R. 66 à R. 104-1)

TITRE II : **Domaine privé**

Chapitre Ier : **Domaine immobilier**

Section I. - **Locations**

§ 1er. - Dispositions générales

Article R.* 66

(Décret n° 69-137 du 6 février 1969, art. 1er). - Les locations d'immeubles domaniaux sont consenties par le préfet, après fixation, par le directeur des services fiscaux, des conditions financières du contrat.

Toutefois, le ministre des Finances autorise les locations d'une durée qui excède dix-huit ans et qui ne sont pas consenties dans les conditions définies à l'article R.* 69.

Article R.* 67

(Décret n° 70-1160 du 11 décembre 1970, art. 1er). - Les baux forestiers domaniaux sont passés dans les conditions indiquées à l'article R. 105-1.

Article R.* 68

Sous réserve des dispositions insérées dans d'autres codes ou dans des textes particuliers et notamment de celles qui sont prévues par les articles 790 à 870 du Code rural et par le décret n° 53-960 du 30 septembre 1953 modifié, les baux sont renouvelés dans les campagnes un an et dans les villes six mois avant leur expiration.

§ 2. - Locations soumises à des règles particulières

Article R.* 69
Les terrains appartenant à l'État peuvent être loués pour une durée supérieure à dix-huit ans sur la proposition du ministre intéressé et après avis favorable « du ministre chargé de la construction » [1] en vue de la réalisation d'opérations d'urbanisme ou de construction.
Les conditions de leur utilisation sont définies de la façon prévue au deuxième alinéa de l'article R. 139.

Article R.* 70
(Décret n° 70-96 du 29 janvier 1970, art. 1er). - La location des immeubles acquis ou aménagés par le fonds national de l'aménagement foncier et de l'urbanisme, ou par le ministère de l'Équipement et du Logement sur des crédits budgétaires ouverts pour la réalisation de villes nouvelles ou de centres urbains nouveaux, peut être consentie pour une durée supérieure à dix-huit ans.
Les actes de location sont passés par le service des domaines dans les formes ordinaires.

Section II. - Bâtiments provisoires édifiés par l'État. Conventions d'occupation [2]

Article R.* 71
Toute occupation dans les bâtiments provisoires visés à l'alinéa 2, 1er, de l'article 11 de l'ordonnance n° 45-609 du 10 avril 1945 relative aux travaux préliminaires à la reconstruction, donne lieu, avant de devenir effective, à l'établissement d'un titre, suivant des modalités prévues par un arrêté pris conjointement par le ministre des Finances et « le ministre chargé de la construction » [1] par lequel le bénéficiaire, entre autres obligations, s'engage à verser une redevance au Trésor en atténuation des dépenses que ce dernier est appelé à supporter.
Cette redevance n'est due que lorsque le bénéficiaire était locataire avant le sinistre des locaux ou installations qu'il occupait comme habitation ou pour son usage professionnel, agricole, industriel ou commercial ; lorsqu'il en était propriétaire, il est exempté de cette redevance, mais doit renoncer à l'allocation d'attente correspondant à ces locaux ou installations.
Cette exemption est étendue dans les mêmes conditions aux héritiers directs du propriétaire lorsqu'ils habitaient avec lui avant le sinistre.

Article R.* 72
Le taux des redevances est fixé par « le directeur des services fiscaux » [1] après avis « du directeur départemental de l'équipement » [1].
En ce qui concerne les locaux destinés à l'habitation, dans la limite de maxima de valeurs locatives fixés par un arrêté pris dans la forme prévue à l'article R. 71.
En ce qui concerne les locaux à usage professionnel, industriel, commercial ou agricole, d'après les circonstances de lieu.
Conformément à l'article 15-1 de la loi n° 57-908 du 7 août 1957 tendant à favoriser la construction de logements et les équipements collectifs, la redevance peut être portée à un taux calculé d'après la valeur du service rendu lorsque l'occupant propriétaire de son logement sinistré dispose de la faculté de s'installer à nouveau dans ledit logement reconstruit, ou lorsqu'il a été offert à l'occupant un logement correspondant à ses besoins et à ses ressources.

(1) *Ainsi modifié par l'article 2 du décret n° 70-1160 du 11 décembre 1970.*
(2) Dispositions prises en Conseil d'État, en exécution de l'article L. 40.

Article R.* 73
Les redevances, obligatoirement affectées à l'entretien et aux réparations des bâtiments provisoires visés à l'article R. 71 sont perçues par le service des domaines selon la procédure suivie en matière de recouvrement de produits domaniaux. Elles ne sont dues qu'à compter du jour de la signature de l'engagement d'occupation.
Toute somme versée avant la date fixée vient en déduction des termes à venir. Toutefois, les poursuites ne peuvent être exercées éventuellement à l'encontre des occupants qu'après avis de la commission instituée par l'article 1er du décret du 8 septembre 1939, pris pour l'application de l'article 2, dernier alinéa, du décret du 1er septembre 1939 relatif aux actions en justice et aux prescriptions et délais de procédure intéressant les mobilisés à laquelle sont adjoints pour la circonstance des représentants « du ministre chargé de la construction » [1] et du ministre des anciens combattants et victimes de guerre.

Section III. - Intervention d'organismes d'habitations à loyer modéré ou d'organismes spécialisés dans la gestion d'immeubles domaniaux

Article R.* 74
« Le ministre chargé de la construction » [1] et le ministre des Finances peuvent passer des conventions avec les offices et sociétés d'habitations à loyer modéré en vue de l'aménagement de locaux d'habitation dans des immeubles domaniaux civils et militaires.
Ces conventions peuvent prévoir la location desdits immeubles aux offices et sociétés moyennant un loyer recognitif et fixer les conditions de gestion de ces immeubles.

Article R.* 75
Conformément à l'article 7, deuxième alinéa, du décret n° 58-1469 du 31 décembre 1958, les offices publics d'habitations à loyer modéré sont habilités à gérer les immeubles à usage principal d'habitation appartenant à l'État.
Des conventions sont passées à cet effet par le service des domaines avec les offices intéressés.

Article R.* 76
La gestion, l'entretien et le gardiennage des immeubles domaniaux à destination de logement, affectés au ministère des Armées, peuvent être confiés à des organismes d'habitations à loyer modéré ou à des sociétés d'économie mixte, aux conditions fixées par des contrats de gérance établis à la diligence du service des domaines.
A défaut du concours de tels organismes, la gérance peut être confiée à des offices de logement créés par arrêté conjoint du ministre intéressé et du ministre des Finances.

Section IV. - Échanges [3]

Article R.* 77
Toute demande d'échange est adressée « au directeur des services fiscaux » [1] de la situation de l'immeuble domanial ou de sa plus forte partie. Elle est accompagnée des titres établissant les droits de propriété du coéchangiste sur les immeubles offerts à l'État.

Article R.* 78
(Décret n° 69-137 du 6 février 1969, art. 1er). - L'échange est autorisé par le préfet, sur proposition du directeur

(3) Dispositions prises en Conseil d'État, en exécution de l'article L. 41.

des services fiscaux. Celui-ci détermine la valeur des immeubles dont l'échange est envisagé et fixe, s'il y a lieu, le montant de la soulte.

Article R.* 79
Si l'immeuble domanial est placé sous la main d'un service autre que celui des domaines, le service chargé de la gestion est appelé à fournir son avis sur la proposition d'échange.

Article R.* 80
(Décret n° 70-1160 du 11 décembre 1970, art. 1er). - Dans tous les cas, l'échange fait l'objet d'un acte dressé en la forme administrative, en conformité de l'article L. 76, dans le département de situation de la totalité ou de la plus grande partie de l'immeuble domanial.

Section V. - **Affectation d'immeubles domaniaux ou détenus en jouissance par l'État** (4)

Article R.* 81
L'affectation est l'acte en vertu duquel un immeuble dépendant du domaine privé de l'État ou détenu en jouissance, à un titre quelconque, par l'État est mis à la disposition d'un département ministériel pour lui permettre d'assurer le fonctionnement du service public dont il a la charge.
Ne sont pas soumis au régime de l'affectation les immeubles que gère l'État pour le compte de tiers ou qui dépendent de patrimoines séquestrés ou en liquidation.
Les règles de l'affectation sont applicables aux administrations de l'État et aux établissements publics nationaux à l'exception de ceux de ces établissements qui ont un caractère industriel ou commercial et avec lesquels l'État traite, en cette matière, dans les conditions du droit commun.
La présente disposition ne met pas obstacle à l'attribution, par des textes spéciaux et à titre de dotation, d'immeubles domaniaux aux établissements publics nationaux de toute nature.

Article R.* 82
(Décret n° 78-910 du 2 septembre 1978, art. 9). - « L'affectation est définitive ou provisoire ; elle est provisoire lorsqu'elle concerne un immeuble temporairement inutile à un département ministériel. La demande d'affectation dûment motivée et accompagnée d'un projet d'arrêté est adressée au ministre du Budget (service des domaines) qui est chargé de procéder à son instruction et qui doit faire recueillir, à ce sujet, l'avis de la commission départementale des opérations immobilières et de l'architecture ou, dans les départements d'Outre-mer, de la commission départementale des opérations immobilières, de l'architecture et des espaces protégés.
« Toutefois, la commission nationale des opérations immobilières et de l'architecture connaît au lieu et place de la commission départementale, des projets d'affectation que le Premier ministre, de sa propre initiative ou à la demande d'un ministre, du préfet de région ou du président de la commission nationale, décide de lui soumettre en raison de leur intérêt exceptionnel. »
Le dossier transmis à la commission doit comprendre l'indication de l'utilisation projetée et, le cas échéant, le programme des travaux de construction et d'aménagement envisagé par le service qui demande à bénéficier de l'affectation, ainsi qu'une estimation du montant de la dépense qu'entraîneront ces travaux.

Article R.* 83
L'affectation définitive ou provisoire est prononcée par arrêté conjoint du ministre des Finances et du ministre sous l'autorité duquel se trouve placé le service qui est appelé à en bénéficier.
Cet arrêté mentionne l'adhésion du ministre qui se dessaisit de l'immeuble ou, le cas échéant, la décision du Premier ministre visée à l'article R. 86.
Il précise, d'une manière détaillée, le ou les services à l'usage desquels l'immeuble est destiné et l'utilisation qui sera faite de cet immeuble.
La remise effective d'un immeuble au nouveau service affectataire est constatée par un procès-verbal dressé contradictoirement entre le représentant de ce service et celui du service détenteur, avec le concours d'un représentant du service des domaines.

Article R.* 84
Les transformations apportées au sein d'un même département ministériel à l'utilisation ou la gestion d'un immeuble domanial font l'objet d'un arrêté concerté du ministre des Finances et du ministre intéressé.

Article R.* 85
Les arrêtés prévus à l'article précédent doivent préciser, d'une manière détaillée, le ou les services à l'usage desquels l'immeuble est destiné, et l'utilisation nouvelle qui sera faite de cet immeuble.

Article R.* 86
(Décret n° 79-910 du 2 septembre 1978, art. 10). - En cas de désaccord entre départements ministériels au sujet de l'affectation d'un immeuble, le département attributaire est désigné par le Premier ministre après avis soit de la commission départementale des opérations immobilières et de l'architecture ou, dans les départements d'Outre-mer, de la commission départementale des opérations immobilières, de l'architecture et des espaces protégés, soit de la commission nationale des opérations immobilières et de l'architecture lorsque celle-ci est saisie dans les conditions prévues par l'article R. 82 (2e alinéa).

Article R.* 87
Les arrêtés pris en exécution des présentes dispositions sont publiés au *Journal officiel,* sauf si leurs dispositions intéressent la défense nationale.

Article R.* 88
(Décret n° 71-12 du 6 janvier 1971, art. 2). - L'affectation est gratuite. Il est fait exception, toutefois, à cette règle :
1. Lorsque les services ou établissements qui détiennent ou auxquels doivent être remis les immeubles à affecter sont dotés de l'autonomie financière.
2. Lorsque l'affectation porte sur des immeubles visés à l'article 1er-1e du code forestier.
Dans les deux cas, l'acte d'affectation mentionne l'indemnité, déterminée par le directeur des services fiscaux, qui est mise à la charge du service ou de l'établissement bénéficiaire de l'affectation et qui est égale à la valeur vénale ou à la valeur locative de l'immeuble, suivant qu'il s'agit d'une affectation définitive ou provisoire. L'indemnité est encaissée au profit du budget autonome ou du budget général, selon que le service ou l'établissement dessaisi est ou non doté de l'autonomie financière. Toutefois, celle afférente aux immeubles visés à l'article 1er-1e du code forestier est versée au Trésor à titre de fonds de concours ou, dans le cas où le bénéficiaire est un service de l'État, rattachée par transfert de crédits en vue d'être employée à l'achat, sur le budget du ministère de l'Agriculture, de terrains boisés ou à boiser.

(4) Dispositions prises en application de la loi n° 48-1268 du 17 août 1948.

Article R.* 89
La remise au domaine d'un immeuble domanial devenu inutile au service affectataire est constatée par un procès-verbal établi entre le représentant de ce service et le représentant du service des domaines.

Article R.* 90
Les immeubles du domaine privé de l'État (peuvent être affectés « au ministère chargé de la Construction » [5] aux fins d'aménagement, après avis du comité de gestion créé par l'article 2 du décret n° 57-526 du 19 avril 1957.
Les arrêtés d'affectation précisent la créance du service des domaines égale à la valeur vénale de ces immeubles.
Lorsque la réalisation de l'opération nécessite la mise à sa disposition d'immeubles domaniaux affectés à un service public et effectivement utilisés « le ministre chargé de la Construction » [5] peut, après avis favorable du ministre des Finances, pourvoir sur les ressources « du fonds national d'aménagement foncier et d'urbanisme » [5] à la réinstallation dudit service à un autre emplacement, dans la mesure de ses besoins.
« Le ministre chargé de la Construction » [5] peut, à cette fin, procéder, pour le compte du service considéré, à des acquisitions d'immeubles nus ou bâtis, à des travaux d'aménagement ou à des constructions. Les dépenses qu'il expose, à cet effet, sur les ressources du fonds, ne peuvent, en aucun cas, excéder la valeur des immeubles domaniaux qui sont affectés à son département.
En ce cas et par dérogation à l'article R. 88, l'affectation ne donne lieu au versement d'une indemnité sur les ressources du fonds que dans la mesure où la valeur des immeubles ainsi affectés dépasse le montant des dépenses exposées.

Article R.* 91
Les immeubles acquis ou aménagés par « le fonds national d'aménagement foncier et d'urbanisme » [5] peuvent être affectés à un service public de l'État ; cette affectation a lieu moyennant une indemnité correspondant au prix de revient des immeubles ainsi affectés.

Section VI. - **Concessions de logements dans les immeubles domaniaux ou détenus en jouissance par l'État** [6]

Article R.* 92
Les personnels civils des administrations publiques ne peuvent occuper un logement dans un immeuble appartenant à l'État ou détenu par lui à un titre quelconque, à l'exception de ceux qu'il gère pour le compte de tiers ou qui dépendent de patrimoines séquestrés ou en liquidation, que s'ils sont bénéficiaires d'une concession de logement ou d'un acte de location passé avec le service des domaines.

Article R.* 93
Lorsque l'occupation est étrangère à toute considération de service, elle doit faire l'objet d'un bail administratif dans les formes prévues à l'article L. 36.

Lorsque l'occupation répond à une nécessité absolue ou est utile pour le service, elle doit faire l'objet d'un acte de concession qui ne peut résulter que d'un arrêté pris dans les conditions et formes prévues aux articles ci-après.

Article R.* 94
Il y a nécessité absolue de service lorsque l'agent ne peut accomplir normalement son service sans être logé dans les bâtiments où il doit exercer ses fonctions.
Il y a utilité de service lorsque, sans être absolument nécessaire à l'exercice de la fonction, le logement présente un intérêt certain pour la bonne marche du service.

Article R.* 95
Il ne peut être accordé de logement par nécessité absolue ou par utilité de service que par arrêté signé par le ministre sous l'autorité duquel se trouve placé l'agent bénéficiaire et par le ministre des Finances.
(Décret n° 70-1160 du 11 décembre 1970, art. 1er). - « Toutefois, les ministres désignés à l'alinéa précédent peuvent, par arrêté, déléguer leurs pouvoirs aux préfets ou, le cas échéant, aux autorités habilitées à recevoir une délégation directe en application des décrets n° 64-250 du 14 mars 1964 et n° 68-57 du 19 janvier 1968. »

Article R.* 96
(Décret n° 78-910 du 2 septembre 1978, art. 1er). - Les arrêtés concédant des logements par nécessité de service sont pris après avis du directeur des services fiscaux et, si cet avis est défavorable, après consultation de la commission départementale des opérations immobilières et de l'architecture ou, dans les départements d'Outre-mer, de la commission départementale des opérations immobilières, de l'architecture et des espaces protégés.

Article R.* 97
(Décret n° 70-1160 du 11 décembre 1970, art. 1er). - « Les arrêtés prévus à l'article R. 95 (1er alinéa) » peuvent être nominatifs ou concerner impersonnellement les titulaires de certains emplois. Ils doivent indiquer la situation et la consistance des locaux mis à la disposition des intéressés ainsi que les conditions financières de la concession.

Article R.* 98
Seules les concessions de logement accordées par nécessité absolue de service comportent la gratuité de la prestation du logement nu. Les arrêtés qui les accordent doivent préciser si cette gratuité s'étend à la fourniture de l'eau, du gaz, de l'électricité et du chauffage ou à certains seulement de ces avantages.
Les concessions de logement par utilité de service ne comportent pas la fourniture gratuite, par l'administration, de l'eau, du gaz, de l'électricité et du chauffage, qui doit, dans tous les cas, demeurer à la charge des intéressés.

Article R.* 99
Les concessions de logement par nécessité ou par utilité de service sont précaires et révocables à tout moment dans les formes prévues à l'article R. 95 ; leur durée est strictement limitée à celle pendant laquelle les intéressés occupent effectivement les emplois qui les justifient. Elles prennent fin, en toute hypothèse, en cas d'aliénation ou de désaffection de l'immeuble.
Elles ne peuvent être renouvelées que dans les mêmes formes et conditions.
Dans tous les cas où la concession vient à expiration pour quelque motif que ce soit, les intéressés doivent vider les lieux sans délai, sous peine de se voir appliquer les sanctions prévues à l'article R. 102.

(5) *Ainsi modifié par l'article 2 du décret n° 70-1160 du 11 décembre 1970.*

(6) Dispositions prises en application de la loi n° 48-1268 du 17 août 1948.

Article R.* 100

En cas de concessions de logement pour utilité de service, les redevances mises à la charge des bénéficiaires sont égales à la valeur locative des locaux occupés, déduction faite des abattements visés au quatrième alinéa du présent article.

La valeur locative est déterminée conformément à la législation relative aux loyers des locaux à usage d'habitation.

Cette valeur locative est diminuée d'un abattement destiné à tenir compte :

a) de l'obligation faite au fonctionnaire de loger dans les locaux concédés ;

b) de la précarité de l'occupation ;

c) des charges anormales que la concession de logement ferait supporter à son bénéficiaire eu égard à sa situation administrative.

Le mode de calcul de cet abattement est fixé par arrêté du ministre des Finances.

Article R.* 101

(Décret n° 70-1160 du 11 décembre 1970, art. 1er). - Le directeur des services fiscaux est compétent pour déterminer la redevance, conformément aux règles fixées par les articles précédents, et pour la reviser ou la modifier conformément à la législation sur les loyers des locaux à usage d'habitation. Il fait procéder au recouvrement de cette redevance qui est encaissée comme produit domanial.

Article R.* 102

Les occupants qui ne peuvent justifier ni d'un arrêté de concession pris en leur faveur ni d'un acte de location sont susceptibles de faire l'objet de mesures d'expulsion, à la requête du service des domaines.

En outre, pour toute la période pendant laquelle ils continueront à occuper les locaux après l'expiration de la concession ou de la location, ils seront astreints au paiement de la redevance fixée par le service des domaines dans les conditions prévues à l'article R. 101. Cette redevance sera majorée de 50 p. 100 pour les trois premiers mois, de 100 p. 100 du quatrième au sixième mois, de 200 p. 100 du septième au douzième mois, de 500 p. 100 au-delà.

Article R.* 103

Les dispositions des articles R. 92 à R. 102 peuvent être étendues par décret aux personnels civils de l'État qui occupent un logement dans des bâtiments dépendant des établissements publics.

Article R.* 104

Peuvent être soumises par décret aux règles prévues à la présente section les occupations de logement par des personnels militaires ou dans les bâtiments situés en dehors du territoire de la France métropolitaine.

Article R.* 104-1

(Décret n° 70-1160 du 11 décembre 1970, art. 1er). - Les redevances d'occupation des logements domaniaux pris en charge par la société de gestion immobilière pour les armées sont déterminées par ladite société dans les conditions prévues par le décret n° 61-697 du 30 juin 1961, modifié par le décret n° 65-810 du 17 septembre 1965.

Dans le cas où les occupants se maintiendraient dans les locaux après l'expiration de leur concession, et à moins que l'autorité militaire compétente n'ait donné son accord exprès au maintien temporaire des occupants dans les lieux, la redevance prévue à l'alinéa 1er serait majorée conformément à l'article 7 du décret précité du 30 juin 1961.

Document 5

Code du domaine de l'État (articles A. 91 à A. 93-8)

Section VI. - **Concessions de logements dans les immeubles domaniaux ou détenus en jouissance par l'État**

Article A. 91

(Arrêté du 11 décembre 1970, art. 1er). - Conformément à l'article R. 95 (2e alinéa), les préfets ont délégation permanente à l'effet de signer, au nom du ministre des finances, tous arrêtés portant concession de logement.

Article A. 92

L'abattement prévu au 3e alinéa de l'article R. 100 est fixé à une quote-part de la valeur locative.

Cette quote-part est égale à la somme de trois pourcentages déterminés, dans chaque cas particulier, par le service des domaines de la manière suivante :

1) pourcentage tenant compte de l'obligation faite aux fonctionnaires de loger dans les locaux concédés : 5 p. 100 de la valeur locative.

Ce chiffre peut être porté à 10 p. 100 lorsque l'agent est tenu d'assurer, en dehors des heures normales de service, des fonctions qui ne comportent aucune rémunération supplémentaire.

Une majoration de 3 p. 100 est susceptible d'être ajoutée aux pourcentages précédents lorsque l'immeuble dans lequel se trouvent les locaux concédés est particulièrement éloigné du centre de la localité ;

2) pourcentage tenant compte de la précarité même de l'occupation : 15 p. 100 de la valeur locative ;

3) pourcentage tenant compte des charges anormales que la concession de logement ferait supporter à son bénéficiaire eu égard à sa situation personnelle : 0 à 18 p. 100 de la valeur locative.

Ce troisième pourcentage est toujours nul lorsque le nombre de pièces principales du logement concédé est inférieur à quatre.

Au-delà de ce chiffre et pour les locaux comportant un nombre de pièces principales supérieur à celui des personnes qui y ont effectivement leur résidence principale, augmenté d'une unité pour chacune des deux premières personnes, le pourcentage est égal à 5 p. 100 par pièce excédentaire sans pouvoir dépasser 18 p. 100 au total.

Ne sont pas considérées comme pièces principales, au sens des précédentes dispositions, les pièces effectivement utilisées pour l'exercice de la fonction (cabinet de travail notamment), ainsi que les cuisine, cabinet de toilette, salle de bains, anti-chambre, etc., et, d'une manière générale, toutes pièces qui ne sont pas regardées comme habitables au sens des dispositions du règlement sanitaire.

Article A. 93

Les dispositions de l'article A. 92 sont applicables dans les cas visés à l'article D. 12.

Article A. 93.1

(Arrêté du 11 décembre 1970, art. 1er). - Les établissements visés à l'article D. 13 sont tous les établissements publics nationaux à caractère administratif et les établissements publics nationaux à caractère industriel et commercial dont les opérations financières et comptables sont effectuées par un agent comptable soumis à la juridiction de la Cour des comptes.

Article A. 93.2

(Arrêté du 11 décembre 1970, art. 1er). - Lorsque l'occupation exercée par les personnels visés à l'article

D. 13 est étrangère à toute considération de service, elle doit faire l'objet :
- d'un bail administratif dans les formes prévues à l'article L. 36 s'il s'agit d'un immeuble domanial affecté à un établissement public à caractère administratif, conformément aux règles définies par les articles R. 81 à R. 89 ou d'un immeuble remis en dotation par l'État à un établissement public national, quel que soit le caractère de cet établissement ;
- d'un bail établi dans les conditions du droit commun et en conformité des textes organiques, pour les autres immeubles gérés par un établissement public national.

Article A. 93.3

(Arrêté du 11 décembre 1970, art. 1er). - Lorsque l'occupation répond à une nécessité absolue ou est utile pour le service conformément aux dispositions de l'article R. 94, elle doit faire l'objet d'une concession par voie de décision prise dans les conditions et formes prévues aux articles A. 93.4 à 93.8.

Article A. 93.4

(Arrêté du 28 février 1980). - Les concessions de logement sont accordées par le directeur de l'établissement après avis conforme du conseil d'administration et avis du directeur des services fiscaux. Les décisions indiquent la situation et la consistance des locaux mis à la disposition des intéressés ainsi que les conditions financières de la concession.
Elles doivent être contresignées :
1) Par le préfet territorialement compétent lorsqu'il s'agit d'un immeuble domanial mis à la disposition de l'établissement public dans les conditions visées au deuxième alinéa de l'article A. 93-2.
2) Dans tous les cas, par le représentant local du ministre sous l'autorité duquel se trouve placé le bénéficiaire lorsque celui-ci n'appartient pas au personnel de l'établissement.

Article A. 93.5

(Arrêté du 28 février 1980)
I. - Les décisions concédant les logements par utilité de service peuvent être établies à titre individuel ou collectif et concerner impersonnellement les bénéficiaires en visant leurs emplois ou les postes occupés.
II. - Les décisions concédant les logements par nécessité de service sont toujours individuelles. En cas d'avis défavorable du directeur des services fiscaux, elles ne peuvent être prises qu'après avis de la commission départementale des opérations immobilières et de l'architecture ou, dans les départements d'outre-mer, de la commission départementale des opérations immobilières, de l'architecture et des espaces protégés.
Lorsque, s'agissant d'un immeuble visé au dernier alinéa de l'article A. 93.2, l'avis de cette commission n'est pas suivi par le conseil d'administration et le directeur de l'établissement, le contrôleur financier ou le contrôleur d'État placé auprès de l'établissement peut s'opposer à l'intervention de la décision.

Article A. 93.6

(Arrêté du 11 décembre 1970, art. 1er). - Pour l'octroi des concessions de logement par utilité ou par nécessité de service, les établissements se conforment aux dispositions des articles R. 98 à R. 100.
Pour le calcul de l'abattement prévu à l'article R. 100, ils appliquent les dispositions de l'article A. 92. Toutefois, les pourcentages d'abattement sont déterminés, dans chaque cas particulier, par le directeur des services fiscaux, pour les concessions soumises au contreseing du préfet, par le contrôleur financier ou le contrôleur d'État pour les autres concessions, dans la limite des pourcentages fixés par l'article A. 92.

Article A. 93.7

(Arrêté du 11 décembre 1970, art. 1er). - Le directeur des services fiscaux, lorsqu'il s'agit d'un immeuble domanial visé au deuxième alinéa de l'article A. 93.2, ou le directeur de l'établissement pour les autres immeubles, sont chargés de la détermination de la redevance prévue à l'article R. 100 et de sa révision ou de sa modification conformément à la législation sur les loyers des locaux à usage d'habitation.
Les redevances de toute nature dues en vertu d'un bail administratif ou de droit commun ou d'une concession sont prises en charge par le comptable de chaque établissement qui en assure le recouvrement dans les conditions prescrites par les textes applicables à l'établissement intéressé.
Les attestations annuelles de recette, par logement, sont adressées par le comptable de l'établissement au comptable des impôts lorsque l'immeuble occupé a été remis en dotation par l'État à un établissement public ou affecté à un établissement public administratif.
Toutefois, le recouvrement est effectué directement par le service des domaines, pour le compte de l'établissement, lorsque le bénéficiaire de la concession est étranger à l'établissement et que l'immeuble a été mis à la disposition de celui-ci dans les conditions visées à l'alinéa précédent.

Article A. 93.8

(Arrêté du 11 décembre 1970, art. 1er). - Les occupants qui ne peuvent justifier ni d'une décision de concession prise en leur faveur ni d'un acte de location sont susceptibles de faire l'objet de mesures d'expulsion, à la requête du directeur de l'établissement.
En outre, pour toute la période pendant laquelle ils continuent d'occuper les locaux après l'expiration de la concession ou de la location, ils sont astreints au paiement de la redevance fixée dans les conditions prévues à l'article A. 93.7. Cette redevance sera majorée de 50 p. 100 pour les trois premiers mois, de 100 p. 100 du quatrième au sixième mois, de 200 p. 100 du septième au douzième mois, et de 500 p. 100 au-delà.

Document 6

Bulletin officiel de la Direction générale des impôts

Instruction du 4 avril 1975

Traitements, salaires, pensions et rentes viagères

ASSIETTE

Produit brut. Traitements et salaires. Avantages en nature. Fonctionnaires et assimilés. Estimation de l'avantage en nature accordé aux personnels logés gratuitement.

(C.G.I., art. 82)
[Sous-directions II C, III C, IV B, V B - Bureaux II C 1, III C 1, IV B 3, V B 3]
Mission d'enquêtes chargée de la coordination du contrôle fiscal

Il est parvenu à la connaissance de l'Administration que des hésitations se sont produites au sujet de l'estimation de l'avantage en nature concédé sous la forme de logement aux personnels de l'État, des collectivités locales ou des établissements publics. Afin d'éviter des divergences dans l'appréciation de la valeur à retenir dans les bases d'imposition des intéressés, le service trouvera ci-après un exposé des règles applicables en la matière.

I. - Statut des agents de l'État et des établissements publics nationaux bénéficiant d'une concession de logement

2) Conformément aux règles posées par le Code du domaine de l'État, l'agent peut être logé :
- soit par utilité de service lorsque, sans être absolument nécessaire à l'exercice de ses fonctions, le logement présente un intérêt certain pour la bonne marche du service ;
- soit par nécessité absolue de service, lorsque le service ne peut être accompli normalement sans que l'agent soit logé dans les bâtiments où il doit exercer des fonctions.
Suivant le cas, la situation de l'intéressé est la suivante.

1. Logement concédé par utilité de service

3) En cas de concession de logement pour utilité de service, **une redevance** est mise à la charge de l'occupant. Cette redevance est égale à la valeur locative du local occupé, déduction faite d'un abattement destiné à tenir compte des contingences propres à la concession de logements qui sont susceptibles de réduire cette valeur. Tel est le cas de l'obligation faite au fonctionnaire de loger dans les locaux concédés, de la précarité de l'occupation, des charges anormales que la concession de logement fait supporter à son bénéficiaire eu égard à sa situation administrative. Le mode de calcul de l'abattement est fixé par l'article A. 92 du Code du domaine de l'État [1].
Les concessions de logement par utilité de service ne comportent pas la fourniture gratuite de l'eau, du gaz, de l'électricité et du chauffage. Ces dépenses, dans tous les cas, demeurent à la charge de l'occupant.

2. Logement concédé par nécessité absolue de service

4) Les concessions de logement par nécessité absolue de service comportent **la gratuité de la prestation du logement nu**. Les arrêtés qui les accordent [2] précisent si cette gratuité s'étend à la fourniture de l'eau, du gaz, de l'électricité et du chauffage ou à certains de ces avantages seulement. Si cette précision n'est pas apportée, ces fournitures restent à la charge de l'occupant.

II. - Régime fiscal de l'avantage en nature

5) Lorsqu'un élément quelconque est mis gratuitement à la disposition du salarié par l'employeur, l'avantage ainsi concédé est passible de l'impôt pour sa valeur réelle en vertu des dispositions des articles 13.1 et 82 du Code général des impôts.
Toutefois, en vertu d'une disposition expresse de l'article 82 précité, l'estimation de l'avantage est faite d'après les évaluations prévues pour l'application aux salariés du régime de Sécurité sociale lorsque le montant des sommes effectivement perçues en espèces par le bénéficiaire n'est pas supérieur au chiffre limite fixé pour le calcul des cotisations afférentes à ce régime d'assurances.
L'application de ces principes aux fonctionnaires logés appelle les commentaires suivants.

1. Logements concédés par utilité de service

6) Dès lors que la redevance compensatrice visée à l'article R. 100 du Code du domaine de l'État est mise à la charge de l'occupant du logement, il n'y a pas attribution d'un avantage en nature susceptible d'être évalué pour la détermination de la base d'imposition de l'intéressé.
Il en est de même pour les fournitures accessoires au logement (eau, électricité, etc.) qui sont toujours à la charge de l'occupant.
Il est rappelé que, conformément aux indications données par la note « contributions directes » n° 2804 du 5 mars 1954, les services employeurs n'ont aucun chiffre à mentionner dans ce cas au titre des avantages en nature sur leur déclaration annuelle des salaires versés. Mais, en cas de retenue de la redevance, la déclaration doit faire apparaître le chiffre de la rémunération globale en espèces **avant** application de cette retenue.

2. Logements concédés par nécessité absolue de service

7) S'agissant de concessions comportant la gratuité des prestations accordées, il y a lieu de retenir la valeur de l'avantage fourni dans la base d'imposition des bénéficiaires. Les modalités de l'estimation de cet avantage appellent les commentaires suivants :

a) Fourniture de logement :

8) *lorsque le montant des sommes effectivement versées en espèces au bénéficiaire n'est pas supérieur au plafond de Sécurité sociale*, l'estimation de l'avantage logement doit, aux termes mêmes de l'article 82 du code déjà cité, être appréciée d'après les règles applicables pour l'assiette des cotisations de Sécurité sociale, c'est-à-dire d'après un chiffre fixé par arrêté du ministre du Travail. Ce chiffre, ainsi que celui du salaire plafond, est notifié au service tous les ans par la voie du *B.O.D.G.I. (cf. en dernier lieu, instruction du 28 janvier 1975, 5 F-7-75)*. C'est d'ailleurs pour ce montant que doit figurer l'avantage en nature sur la déclaration annuelle du service employant (*cf. note n° 2804 du 5 mars 1954* déjà citée).
9) *lorsque le montant des sommes effectivement versées en espèces au bénéficiaire est supérieur au plafond de la Sécurité sociale,* l'avantage doit être retenu dans les bases d'imposition de l'intéressé pour sa valeur réelle.
Conformément aux règles du droit commun, l'estimation qui doit être assignée aux logements concédés gratuitement est celle qui correspond à la valeur locative que ces logements comportent effectivement. En principe, cette valeur correspond au loyer payé, le cas échéant, par le service employeur ou, à défaut, est évaluée par comparaison avec le loyer de locaux similaires faisant l'objet de baux normaux dans la même localité. Mais, à cet égard, on ne doit, bien entendu, tenir compte que de la valeur locative des locaux servant à l'usage personnel des intéressés. D'autre part, si les avantages en nature ne sont pas accordés à titre entièrement gratuit, leur valeur est diminuée du montant des retenues ou prélèvements correspondants opérés sur les traitements et salaires.
10) L'application de ces principes peut s'avérer délicate dans le cas de concessions de logements pour nécessité absolue de service, eu égard à la diversité des situations susceptibles d'être rencontrées. Les estimations ainsi conduites risqueraient de manquer d'homogénéité et pourraient défavoriser certains agents astreints à résider dans les locaux du Domaine. C'est pourquoi, il a été décidé, à titre de règle pratique, d'appliquer les modalités d'évaluation suivantes :
- la valeur locative à retenir pour base de l'estimation doit reposer sur des critères simples et normalisés. Dans cet esprit, c'est la valeur locative déterminée, par application des articles 1496-I et 1516 du Code général des impôts, pour l'usage personnel du local considéré lors de la dernière révision des propriétés bâties (ou de

(1) L'article A. 92 du Code du domaine de l'État est reproduit en annexe à la présente instruction.

(2) Les arrêtés sont pris après avis, notamment, du directeur des Services fiscaux.

la dernière actualisation) qui sera désormais retenue dans tous les cas ;
- l'estimation doit tenir compte des contingences particulières propres à l'occupation d'un logement de fonction qui sont susceptibles de réduire l'avantage. A cette fin, il y a lieu de pratiquer un abattement sur la valeur locative pour obtenir le montant de l'avantage réellement consenti. Cet abattement sera calculé selon les règles fixées par les articles R. 100 et A. 92 du Code du domaine de l'État, remarque étant faite que, s'agissant de fonctionnaires logés pour nécessité absolue de service, il sera toujours considéré que l'agent est tenu d'assurer en dehors des heures normales de service des fonctions qui ne comportent aucune rémunération supplémentaire.
11) Enfin, de la valeur de l'avantage ainsi déterminée, il y a lieu de déduire les retenues ou prélèvements effectués, le cas échéant, au titre du logement, sur les traitements ou indemnités des fonctionnaires intéressés. Mais il va de soi que ne peuvent être assimilés à de tels retenues ou prélèvements les loyers mis à la charge de l'intéressé pour occupation de locaux étrangère à toute considération de service ou les redevances d'occupation pour utilité de service qu'il acquitte. En effet, les locaux faisant l'objet de tels loyers ou redevances ne sont pas concédés gratuitement et ne sont donc pas pris en compte dans l'estimation de l'avantage en nature.

b) Autres fournitures

En ce qui concerne les fournitures accessoires d'eau, de gaz, d'électricité ou de chauffage concédées aux agents logés par nécessité absolue de service, deux cas sont à considérer :
12) La rémunération en espèces de l'agent est *inférieure au salaire limite de la sécurité sociale*. Dans cette situation, il est admis que l'estimation forfaitaire arrêtée pour la base des cotisations sociales tient compte de toutes les fournitures accessoires au logement ;
13) La rémunération en espèces de l'agent est *supérieure au salaire limite de la sécurité sociale.* Lorsque l'arrêté concédant le logement prévoit la fourniture gratuite de prestations accessoires, ces prestations constituent un avantage en nature passible de l'impôt. Le montant de cet avantage doit être estimé à sa valeur réelle. En cas de difficultés pour procéder à cette estimation, les règles prévues en matière domaniale pour déterminer le montant minimum des remboursements dus par les concessionnaires de tels avantages à titre onéreux pourront être retenues.

Commentaire

Première phase : découverte du dossier et mise en situation

Lecture du sujet

Que vous demande-t-on ?

Il s'agit de préparer une décision (l'attribution de logements de fonctions) en rappelant brièvement au décisionnaire (votre directeur) les règles principales qui s'appliquent en la matière. Attaché à la direction du personnel, votre place au sein de la structure administrative n'a pas ici d'influence particulière sur le traitement du sujet. On vous demande simplement de faire le plus clairement possible le point d'un régime juridique particulier.

Il faudra par conséquent :

- faire un effort de synthèse et de clarification de la réglementation et ne pas se perdre dans les détails. Seules les règles essentielles devront être exposées puisque la note doit être très brève : deux à trois pages manuscrites ;
- s'interroger en permanence pour déterminer quels éléments devront être fournis au destinataire pour lui permettre une prise de décision en toute connaissance de cause.

Vouloir tout dire et sortir du cadre imposé sera donc une erreur dont il conviendra de se méfier tout particulièrement.

Analyse de la composition du dossier

Vérifiez si votre dossier est complet.

Jetez un bref coup d'œil sur les documents dont vous disposez (une douzaine de pages environ) :
- une instruction **(document 1)** qui semble préciser les conditions d'attribution et fournir des exemples (ceci apparaît grâce au sommaire analytique qui ouvre l'instruction et est confirmé quand on feuillette le document en ne lisant que les titres) ;
- des extraits du Code du domaine de l'État **(documents 2, 3, 4 et 5) ;**
- une instruction de la Direction générale des impôts précisant d'une part le statut des agents bénéficiant d'une concession de logement et d'autre part le régime fiscal applicable à l'avantage en nature ainsi concédé **(document 6).**

Dans quel ordre lire le dossier ?

Dans le cas présent, vous avez manifestement intérêt à adopter un ordre de lecture différent de l'ordre de présentation.
De fait, pour pouvoir analyser le régime des concessions, il est plus logique de partir des textes que des instructions dont le but est de préciser certains aspects seulement.
Vous placez donc les deux instructions en fin de dossier.
Par ailleurs, à défaut d'indications précises et dans l'hypothèse où vous ignorez tout du problème, l'ordre de lecture le plus cohérent en ce qui concerne les extraits du code revient à examiner d'abord la **partie législative** (document 2) pour examiner ensuite la **partie réglementaire** (documents 3 et 4) et terminer par les **arrêtés** (document 5).
Bien entendu, votre note portant sur le régime des concessions de logements, vous n'aurez à étudier que les textes qui traitent de ce problème.

En conclusion de cette 1re phase :
- vous savez exactement ce que l'on attend de vous ;
- vous avez repéré une ou deux erreurs à éviter (vouloir tout dire et lire tout le dossier indistinctement alors que le sujet vous fournit une clé de lecture) ;
- vous avez reclassé le dossier dans l'ordre suivant :
document 2
document 3
document 4
document 5
document 1
document 6

Deuxième phase : lecture analytique du dossier

Vous devez maintenant lire attentivement votre dossier dans l'ordre choisi et en extraire les informations utiles pour la rédaction de la note. Au terme de ce travail, vous devrez avoir assimilé le régime des concessions de logement et être capable d'en faire la synthèse.

Document 2

Code du domaine de l'État (articles L. 36 à L. 39)

À première vue, ce document n'a pour vous pas grand intérêt : il précise les dispositions générales en matière de locations de biens du domaine privé de l'État et ne semble pas entrer dans le cadre de votre étude qui porte sur les concessions accordées à des agents.

Document 3

Code du domaine de l'État (articles R. 2 à R. 5)

Ce deuxième document ne paraît pas plus utile que le premier. Il traite des prises à bail, acquisitions ou constructions et précise à cet égard le rôle joué par le service des domaines (pouvoir d'avis sur les prix, le choix des emplacements d'immeubles, leurs possibilités d'utilisation...).
Jusqu'à preuve du contraire, ces éléments ne devraient pas vous être d'un grand secours.

Document 4

Code du domaine de l'État (articles R. 66 à R. 104-1)

Sans entrer dans le détail, une lecture de repérage de l'information montre que les articles **R. 66 à R. 91** sont eux aussi sans utilité pour votre sujet ; ils traitent des locations, des conventions d'occupation dans les bâtiments provisoires édifiés par l'État, des interventions d'organismes d'HLM.

En revanche, les articles **R. 92 à R. 104** constituent manifestement le cœur du problème comme vous l'indique le titre de la section VI. La lecture doit donc être ici particulièrement attentive. Au fur et à mesure que vous étudierez le dispositif, vous aurez intérêt à repérer les mots clés, à noter les principaux points sur un brouillon afin de synthétiser l'information.

Ceci vous permettra :
- d'avoir en permanence une vision claire du régime juridique des concessions ;
- de préparer la construction du plan de votre note.

Les éléments à retenir pour préparer la note sont les suivants.

Les articles **R. 92-93** : ces articles nous renseignent sur les modalités d'occupation d'un bâtiment de l'État par un agent. Celui-ci peut :
- soit bénéficier d'un acte de location (un bail administratif) lorsque l'occupation est étrangère au service.

Ce n'est pas le cas qui nous intéresse, ce qui confirme l'inutilité du document 2 ;

- soit jouir d'une concession quand il y a un lien avec les besoins du service.

C'est bien le problème que nous devons étudier.

L'article **R. 93** nous apprend alors qu'il faut distinguer entre deux hypothèses selon qu'il y a
- nécessité absolue de service ;
- simple utilité de service.
Mais dans les deux situations, l'acte de concession doit être pris par un arrêté en suivant une procédure particulière.

L'article **R. 94** précise ce qu'il faut entendre par nécessité absolue de service et utilité de service.

Les deux définitions méritent d'être notées immédiatement sur un papier. C'est certainement un passage clé du dossier.

Les articles **R. 95, R. 96, R. 97** précisent la procédure à suivre (attribution par arrêté, intervention des services fiscaux, caractéristiques des arrêtés...) qui apparaît identique dans les deux cas.

L'article **R. 98** est important car il définit l'avantage financier accordé à l'agent bénéficiaire ; il apparaît ainsi que la **nécessité absolue** a pour ce dernier des conséquences nettement plus favorables que la simple **utilité de service** (gratuité du logement nu et possibilité d'étendre la gratuité à tout ou partie des dépenses annexes d'énergie, d'eau...).

L'article **R. 99** améliore notre connaissance des caractères des concessions : précaires, révocables, elles sont attachées à l'**emploi** et non à l'individu et ne lui donnent aucun droit à un maintien dans les lieux en cas d'expiration.

Les articles **R. 100 et R. 101** complètent l'article **R. 98** en précisant les charges financières supportées par le bénéficiaire lorsqu'il y a simple utilité de service, leur mode de calcul, leur révision...

L'article **R. 102**, conformément à l'esprit du **R. 99**, prévoit la possibilité d'expulser l'occupant sans titre régulier ainsi que des pénalités financières croissantes quand l'occupation se prolonge après l'expiration de la concession.

Les articles **R. 103** et suivants traitent de cas qui ne nous intéressent pas (logement dans des bâtiments dépendant des établissements publics, cas des personnels militaires.)...

En résumé

Nous savons maintenant :
- que l'État peut concéder des logements quand il le juge utile sous réserve de respecter la procédure prévue ;
- que la concession peut revêtir deux formes selon le degré de nécessité lié aux fonctions des intéressés ;
- que selon l'une ou l'autre hypothèse (nécessité absolue ou simple utilité), les conséquences financières sont notablement différentes pour l'agent ;
- mais que dans les deux cas de figure la procédure est semblable ;
- qu'étant liées aux emplois, les concessions ne sont pas un droit pour l'agent ; de ce fait, en leur absence ou après leur expiration l'agent peut être expulsé et financièrement pénalisé.

Document 5

Code du domaine de l'État (articles A. 91 à A. 93-8)

Une lecture rapide montre qu'à l'évidence seul l'article **A. 92** (qui complète l'article **R. 100** sur les conséquences financières) peut nous intéresser.
Il est vraisemblable que nous n'entrerons pas dans le détail des pourcentages relatifs au calcul de la quote-part lorsqu'il s'agira de renseigner le Directeur ; par contre, il ne sera peut être pas inutile de lui donner quelques ordres de grandeur.

Document 1

Instruction du 24 août 1950

Ce document comporte deux parties : la première précise les conditions à remplir pour qu'il y ait **nécessité absolue de service** ; la seconde fournit des exemples.
Il s'agit donc d'un document précieux mais à utiliser avec précaution.
N'oublions pas notre situation et notre objectif. Ce serait sans aucun doute une erreur que de bâtir un exposé complet sur la concession pour nécessité absolue de service en l'illustrant de nombreux exemples au seul motif que nous avons sans doute là le document idéal pour le faire.

Que retenir ?

a
Règle de base : la nécessité absolue n'existe que si trois conditions sont réunies :
- présence constante sur place,
- obligation d'assurer un service de jour **et** de nuit,
- exercer une responsabilité majeure dans la marche du service.

b
Ces conditions sont ensuite tour à tour précisées en insistant notamment sur ce qu'il faut entendre par **responsabilité majeure** selon qu'il s'agit de personnel :
- de direction,
- d'exécution,
- de service.

c
Viennent enfin les exemples clarifiant les précisions apportées : ils n'ont d'autre objet que d'illustrer les conditions précitées et de servir de guide pour les administrations.

Plus que les exemples, c'est l'idée centrale qu'il faut bien entendu noter ici :

la nécessité absolue de service ne peut intervenir qu'**exceptionnellement** et sous réserve que soient **cumulativement** remplies les trois conditions examinées ci-dessus.

Document 6

Instruction du 4 avril 1975

La lecture de ce dernier document présente un double intérêt :

a
Dans les premières lignes l'instruction reprend les définitions principales et rappelle les conditions financières d'occupation ; elle peut donc remettre une ultime fois les idées en place.

b
Elle apporte une information supplémentaire en exposant le régime fiscal de l'avantage en nature concédé aux agents bénéficiaires de la concession :

- concession pour utilité de service : la redevance compensatrice supportée par l'agent fait qu'aucun avantage en nature n'est censé lui être attribué. Il échappe de la sorte à la fiscalisation de l'avantage ;
- par contre, en cas de concession par nécessité absolue, la prestation étant gratuite pour l'agent, il y a bien un avantage en nature dont les modalités de fiscalisation sont exposées par les **paragraphes 7 à 13** de l'instruction.

Là encore il ne sera pas utile d'entrer dans le détail lors de la rédaction de la note ; l'essentiel sera de présenter les grandes lignes de ce régime.

Troisième phase : élaboration du raisonnement

Il nous faut maintenant choisir la ligne directrice de notre note.
Compte tenu du sujet à traiter et des documents que nous venons de dépouiller, nous savons depuis le début de notre travail qu'il y a une erreur à ne pas commettre : construire une note dont la prétention serait d'exposer en détail le régime d'occupation de locaux de l'État par des agents.
Reprenons une ultime fois le sujet pour éviter une telle erreur.

Nous devons simplement rappeler les lignes directrices du régime des concessions pour préparer une attribution.
Il nous faudra donc :
- être aussi clairs et synthétiques que possible,
- mettre l'accent sur l'information utile pour la prise de décision et éviter d'éventuelles erreurs.
Dans ces conditions, il devient évident qu'il faudra insister tout particulièrement sur le caractère très restrictif des concessions par nécessité absolue.

Quatrième phase : construction du plan

Choisissez toujours le plan le plus simple et le plus utile au destinataire. Deux ou trois plans d'inégale valeur sont ici possibles :

Solution 1

Introduction

Le Directeur a souhaité se voir rappeler les règles générales du régime des concessions de logement ; celles-ci vont donc lui être exposées en distinguant entre concession pour simple utilité de service et concession par nécessité absolue de service.

Première partie

Les concessions pour utilité de service :
- définition,
- procédure,
- conséquences financières pour l'agent.

Seconde partie

Les concessions par nécessité absolue de service :
- définition,
- procédure,
- conséquences financières.

Conclusion

La conclusion est facultative dans cet exercice dans la mesure où, s'agissant d'une simple présentation de règles de procédure, une conclusion n'apporterait aucune valeur ajoutée à la note. (Voir première partie p. 17 « la conclusion »).

Ce plan n'est pas très judicieux :
- l'introduction ne présente aucun caractère d'utilité ; elle montre surtout que le candidat ne savait pas comment introduire sa note ;
- le découpage effectué n'est pas pertinent car il conduit à des répétitions inévitables notamment en ce qui concerne les sous-parties traitant de la procédure ; l'analyse des documents du dossier a en effet montré que la procédure était identique dans les deux cas ; c'est sur d'autres points que se distinguent essentiellement les deux types de concessions.

Solution 2

Introduction

Définition des deux types de concessions

Première partie

Les règles de procédure

Deuxième partie

Les conditions de mise en œuvre

Troisième partie

Les conséquences pour les agents

Conclusion

Même remarque que pour la solution 1 en ce qui concerne la conclusion.

Ce plan reprend en fait une partie de la formulation du sujet ce qui n'est pas en soi répréhensible et constitue même souvent une bonne manière de procéder (surtout lorsqu'il s'agit de répondre à des questions).
Il permet de ne pas se répéter en ce qui concerne les règles de procédure.
En revanche, rien ne garantit qu'il mette bien en lumière les conditions très contraignantes qui régissent la concession par nécessité absolue de service.

Solution 3

Introduction

Définition des deux cas

Première partie

Si les règles procédurales sont semblables...

Deuxième partie

... les conditions de mise en œuvre et les conséquences des deux régimes existants imposent un usage très restreint de la concession par nécessité absolue.

Conclusion

Même remarque que pour la solution 1.

Ce plan présente sur les précédents l'avantage
- de faire ressortir les similitudes de procédures ;
- de bien indiquer les différences d'emploi des deux régimes ;
- d'insister sur les spécificités de la concession par nécessité absolue.

C'est donc celui-ci que nous choisirons de développer.

Corrigé proposé

Ce corrigé correspond aux trois pages manuscrites demandées dans l'énoncé du sujet

Destinataire

Note pour le Directeur du personnel et des services généraux

Objet

- Objet : régime juridique des concessions de logements concernant les agents civils de l'État

Introduction

- Le régime d'occupation de logements par des personnels civils de l'État dans les immeubles de l'État est fixé principalement par les articles R. 92 à R. 104-1 et A. 92 du Code du domaine.
- Lorsque l'occupation est étrangère au service elle fait l'objet d'un simple bail administratif. En revanche, lorsqu'elle présente un lien direct avec le service, elle peut faire l'objet d'une concession. Deux cas sont alors à distinguer :
- - la concession par nécessité absolue de service quand l'agent ne peut accomplir normalement son service sans être logé dans les bâtiments où il exerce ses fonctions ;
- - la concession pour utilité de service quand, sans être absolument néces-

saire à l'exercice de sa fonction, l'attribution d'un logement présente un intérêt certain pour la bonne marche du service.

Annonce du plan

Si la procédure obéit dans les deux cas à des règles similaires, les différences quant au contenu des deux régimes justifient qu'un usage restreint soit fait de la possibilité de demander l'application du critère de la nécessité absolue de service.

Introduction de la 1re partie

S'agissant de la procédure à mettre en œuvre, les règles sont très voisines, qu'il s'agisse d'une concession pour utilité de service ou par nécessité absolue.

Le Code du domaine de l'État prévoit qu'un acte de concession doit être pris dans les deux cas par arrêté signé par le ministre sous l'autorité duquel est placé l'agent et par le ministre des Finances. Au cas particulier, ce dernier sera donc le seul signataire. Cependant, lorsque l'acte se fonde sur la nécessité absolue de service, il ne peut être pris qu'après avis du Directeur des services fiscaux.
Cet arrêté peut être nominatif ou concerner impersonnellement les titulaires de certains emplois. Il doit par ailleurs indiquer la situation, la consistance des locaux ainsi que les conditions financières de la concession.
L'absence d'un tel acte constitue une occupation sans titre et peut de ce fait entraîner l'expulsion de l'agent. Quant à l'occupation après expiration de la concession, elle entraîne à l'encontre de l'agent en cause la mise en œuvre de pénalités financières croissantes.
Enfin, les concessions sont précaires et révocables. Leur durée est strictement limitée à l'occupation de l'emploi qui les justifie. Elles prennent fin automatiquement en cas d'aliénation ou de désaffection de l'immeuble et leur renouvellement ne peut intervenir que dans les mêmes formes et sous les mêmes conditions.

Transition

Pour ce qui concerne le régime des concessions, celui-ci diffère profondément selon que le critère retenu est celui de la simple utilité de service ou celui de la nécessité absolue.

Introduction de la 2e partie

La différence entre les deux cas est particulièrement nette en ce qui concerne leurs conséquences financières d'une part, et il importe de faire un usage restreint du critère de la nécessité absolue d'autre part.

Dans l'hypothèse d'une concession pour utilité de service, l'agent ne peut bénéficier d'une gratuité totale. Il doit acquitter une redevance calculée par le service des domaines. Celle-ci est égale à la valeur locative des locaux déduction faite d'un abattement.
Cet abattement est fixé à une quote-part de la valeur locative et prend en compte trois éléments :
- de 5 à 18 % de la valeur locative sont déduits selon les cas au titre de l'obligation de résidence dans les locaux ;
- 15 % sont déduits pour tenir compte de la précarité de l'occupation ;
- enfin, de 0 à 18 % sont retranchés pour compenser les charges anormales imposées au bénéficiaire du logement.

L'abattement global fluctue ainsi selon les cas de 20 à 51 % de la valeur locative, le solde restant par contre à la charge de l'agent.
Le recouvrement de la créance, qui peut être modifiée ou révisée par le Directeur des services fiscaux conformément à la législation sur les loyers d'habitation, est effectué par le service des domaines.

Par ailleurs, la concession pour utilité de service ne peut jamais s'accompagner de la gratuité de l'eau, du gaz, de l'électricité et du chauffage dont les consommations restent à la charge de l'occupant.

Dans l'hypothèse d'une concession par nécessité absolue, en revanche, la gratuité du logement nu est totale et peut s'étendre en tout ou partie à l'ensemble ou à certaines seulement des fournitures mentionnées ci-dessus.
Cette gratuité des prestations impose en contrepartie d'en retenir la valeur dans la base d'imposition au titre de l'avantage en nature, ce qui n'est pas le cas dans l'hypothèse précédente. De fait, la redevance compensatrice étant alors à la charge de l'occupant, il n'y a pas attribution d'un avantage en nature susceptible d'être évalué pour la détermination de la base d'imposition de l'intéressé.

Ces avantages financiers non négligeables expliquent pour une large part le caractère volontairement très restrictif de l'application du critère de la nécessité absolue de service.

Cette définition ne peut ainsi englober tout un corps ou toute une catégorie d'agents et seuls peuvent être proposés pour en bénéficier les agents qui remplissent de façon cumulative trois conditions. Il leur faut, en premier lieu, être tenus à une présence constante toute l'année, exception faite des seules périodes de congés réguliers. En deuxième lieu, la fonction remplie doit imposer un service effectif de jour comme de nuit. Le seul service de nuit, par exemple, est insuffisant pour justifier la mise en œuvre d'une concession pour nécessité absolue. Enfin, l'agent doit assumer une responsabilité majeure dans la marche du service. Le personnel d'exécution ou de service ne peut donc bénéficier d'une telle concession qu'en raison de responsabilités particulières (mission spéciale de surveillance par exemple) et d'une présence absolument indispensable.

Pas de conclusion

Exercice 2

Catégorie A ou B
Durée : une heure

Énoncé du sujet

Le sujet et les documents sont identiques à ceux du premier exercice mais votre Directeur voudrait se voir par ailleurs indiquer quel type de concession peut être envisagé pour les cas suivants :
- le responsable de la sécurité des bâtiments et des personnes ;
- le responsable de la maintenance des bâtiments (sa tâche consiste à assurer le bon fonctionnement permanent des installations techniques) ;
- le responsable des installations informatiques.

Ces deux derniers agents sont assistés d'une équipe commune qui assure 24 heures sur 24 et par roulement la maintenance des installations dont ils ont la charge.
Compléter la note.

Dès lors que cet exercice s'appuie sur le même dossier que le précédent, si vous décidez de le traiter ne prenez pas plus d'une heure.

Commentaire

Première phase : découverte du dossier et mise en situation

Lecture du sujet

Que vous demande-t-on ?

Vous devez, dans ce nouvel exercice, non seulement informer votre Directeur en lui rappelant les règles principales du régime des concessions de logement, mais encore lui indiquer quel type de concession vous paraît devoir être envisagé pour trois cas précis.

Votre note devra donc :

- présenter en premier lieu les règles applicables (travail identique à celui effectué dans l'exercice 1).
- indiquer en second lieu les choix à effectuer (en les motivant).

La mise en situation étant, dans ce nouvel exercice, identique à la précédente, elle n'a pas davantage de conséquences sur l'élaboration de la note.

Dans la réalité, il pourrait en revanche en être autrement. Prenons deux situations à titre d'exemple pour illustrer concrètement l'importance de la situation du rédacteur de la note sur le contenu de celle-ci :

- **1re situation** : en fonction à la direction du personnel vous devez préparer la même note pour votre directeur mais vous disposez de quelques informations supplémentaires. Notamment, vous savez que pour des raisons de commodité de gestion, il serait plus simple que soit choisi le régime de la concession par nécessité absolue de service. Ceci aura vraisemblablement des répercussions sur votre lecture des documents car vous serez dès lors naturellement conduit à privilégier tous les éléments permettant de proposer cette solution plutôt que celle de la concession pour simple utilité de service.
- **2e situation** : en fonction au service des domaines, vous avez à donner un avis sur ce dossier. Compte tenu des missions imparties à votre service, vous aurez au contraire à donner une interprétation plus rigoureuse des textes. De ce fait, sauf si toutes les conditions sont bien remplies, vous proposerez plutôt d'accorder des concessions pour simple utilité de service.

Ainsi, un problème absolument identique sera abordé sous deux angles différents du fait du contexte dans lequel se situe le rédacteur.

Analyse de la composition du dossier

Vous disposez des mêmes éléments de travail que dans le précédent dossier et vous les traitez donc dans le même ordre.

Deuxième phase : lecture analytique des documents

Rien dans cette phase ne diffère de l'analyse réalisée dans l'exercice 1.

Troisième phase : élaboration du raisonnement

Les indications déjà données demeurent valables. Il suffit d'incorporer au raisonnement une étape supplémentaire portant sur la solution à mettre en œuvre pour les trois cas qu'il vous faut examiner en expliquant vos propositions.

Sur la base de l'information disponible vous pouvez par exemple proposer le dispositif suivant.

Le responsable de la sécurité devrait pouvoir bénéficier d'une concession de logement par nécessité absolue de service. En l'absence d'informations plus précises, vous pouvez estimer qu'il remplit très vraisemblablement l'ensemble des conditions posées par le Code du domaine et précisées par l'instruction de la Commission :
- la présence constante s'impose à ce type de fonctions ;
- il peut être appelé à régler un problème de jour comme de nuit puisqu'il a en charge non seulement la sécurité des personnes mais aussi celle des bâtiments qui suppose une surveillance permanente ;
- enfin, on peut estimer que cet agent exerce une responsabilité majeure dans le marché du service même s'il n'entre pas dans la catégorie du personnel de direction.

En revanche, ni le **responsable de la maintenance des bâtiments** ni le **responsable des installations informatiques** ne paraissent remplir pleinement les conditions cumulativement exigées puisqu'en réalité des agents placés sous leur autorité assurent un service permanent. Rien n'impose donc leur présence sur place de jour comme de nuit. De ce fait, c'est plutôt une concession pour simple utilité de service qui devrait être envisagée pour eux.

Bien évidemment, en dépit de votre analyse, votre Directeur pourra manifester l'intention de voir les responsables de la maintenance et de l'informatique bénéficier d'une concession par nécessité absolue de service comme leur collègue. Il vous reviendra alors de trouver les arguments qui pourront justifier une telle décision lors de la négociation qu'il faudra conduire avec le service du domaine dont l'avis s'impose préalablement à la prise de l'arrêté de concession.

Quatrième phase : construction du plan

Sans aucun doute, le plus simple revient ici à conserver le plan précédemment élaboré et à lui adjoindre une troisième partie présentant les solutions proposées.

Introduction

Définition des deux régimes et annonce du plan

Première partie

Les règles procédurales d'attribution de concessions de logements

Deuxième partie

Les conditions de mise en œuvre et les conséquences des deux régimes

Troisième partie

Les propositions d'attribution

Comme dans les trois solutions de l'exercice 1, une conclusion ne s'impose pas absolument dès lors que les propositions apparaissent naturellement comme la fin de la note.

Corrigé proposé

Note pour le Directeur du personnel et des services généraux

Objet : rappel des dispositions relatives
aux concessions de logements aux agents civils
de l'État et propositions d'attribution

Le texte de la note précédente peut être conservé en l'état. À la suite débute la troisième partie.

Compte tenu des règles rappelées ci-dessus, seul le responsable de la sécurité paraît pouvoir bénéficier d'une concession par nécessité absolue de service.

Dans son cas, les conditions cumulativement exigées par le Code du domaine et les textes pris pour faciliter son application par les services semblent bien remplies.
L'exigence d'une présence constante, de jour comme de nuit, est en effet satisfaite dès lors que la sécurité des personnes et des biens qui lui incombe impose une telle présence, notamment pour assurer la surveillance nocturne des bâtiments.
Par ailleurs, on peut raisonnablement estimer que l'exercice de telles fonctions correspond bien à la notion de responsabilité majeure dans la marche du service telle qu'elle a été dégagée par la Commission centrale de contrôle des opérations immobilières dans son instruction du 24 août 1950.

S'agissant des responsables de la maintenance des bâtiments et des installations informatiques, si la notion de responsabilité majeure peut être retenue, le fait qu'ils disposent d'une équipe assurant un service 24 heures sur 24 ne rend pas indispensable leur présence permanente.
Dans ces conditions, une concession de logements par nécessité absolue de service ne peut être envisagée à leur profit.
En revanche, rien n'interdit d'envisager pour l'un comme pour l'autre une concession pour simple utilité de service dans la mesure où l'attribution d'un logement présenterait manifestement un intérêt certain pour la bonne marche du service.
Si le Directeur partage cette façon de voir il est donc proposé d'engager la procédure de concession sur la base de la nécessité absolue pour le responsable de la sécurité et de l'utilité de service pour les deux autres agents.

Exercice 3

Catégorie A ou B
Durée : 30 minutes

Enoncé du sujet

Après lecture de votre note, votre Directeur en a accepté les propositions. Il vous demande maintenant d'informer par lettre administrative le responsable de la sécurité de la décision qui le concerne en le prévenant notamment des conséquences que revêt pour lui le bénéfice d'une concession de logement par nécessité absolue de service.
Il est précisé que l'administration prendra à sa charge la totalité des fournitures (eau, gaz, électricité, chauffage), et que l'intéressé perçoit une rémunération supérieure au plafond de la Sécurité sociale.

Rédigez la lettre.

Dès lors que cet exercice s'appuie sur le même dossier que les précédents, ne prenez pas plus de 30 minutes pour rédiger la lettre.

Commentaire

Première phase : lecture du sujet et mise en situation

Que vous demande-t-on ?

Vous devez rédiger une **lettre administrative** (cf. définition et caractéristiques de ce document en première partie page 9) (1) pour annoncer au responsable de la sécurité qu'il bénéficiera d'une concession de logement par nécessité absolue de service.

Votre travail devra donc :

a
Respecter les règles de présentation de la lettre administrative :
- l'expéditeur et le destinataire doivent être indiqués,
- il faut rédiger un objet comme pour une note,
- aucune formule de politesse ne doit clore la lettre,
- il vaut mieux employer la première personne du singulier pour la rédaction.

b
Renseigner parfaitement le destinataire sur les conséquences d'une telle attribution. Il est, par exemple, évident qu'il faudra lui indiquer de quels avantages il bénéficiera et quelles seront les conséquences fiscales de sa situation.

(1) Et pour plus d'informations, voir : F. Delval - *La lettre administrative,* collection Formation, Administration, Concours. La Documentation française, 1990.

Deuxième phase : lecture analytique du dossier

Déjà réalisée pour traiter le premier exercice, l'analyse du dossier n'appelle ici aucun commentaire particulier.

Troisième phase : élaboration du raisonnement

Cernez bien le sujet en récapitulant les erreurs à ne pas commettre :
une erreur mineure : rédiger une lettre en forme personnelle (avec formule d'appel, absence d'objet et formule de politesse en conclusion) ;
une double erreur plus grave :
- rédiger une lettre incomplète.
Il faut penser à bien informer le bénéficiaire de la concession sur tous les aspects qui, pour lui, ont une importance : conditions financières d'occupation ; durée de l'occupation ; nature de l'avantage fiscal...
- rédiger une lettre comprenant des éléments inutiles.
Il est sans intérêt pour le bénéficiaire de se voir par exemple rappeler (si tant est qu'il ne l'ait jamais su) quelles sont les conditions à remplir pour bénéficier d'une concession.
Pour éviter ce type d'erreurs, mettez-vous à la place du destinataire de la lettre et, compte tenu de votre connaissance du dossier, dressez la liste des informations qu'il vous paraîtrait utile de recevoir.

Quatrième phase : construction du plan

Le plus simple dans un pareil cas revient :
- à annoncer à l'agent qu'une procédure visant à le faire bénéficier d'une concession par nécessité absolue de service est engagée ;
- à lui préciser que le loyer et les charges seront pris en charge par l'administration ;
- à lui rappeler le régime fiscal qui accompagne la concession.
S'agissant d'une lettre, l'emploi de la 1re personne du singulier est vivement conseillé.

Corrigé proposé

Le Directeur du personnel
et des services généraux

à Monsieur X, responsable de la sécurité

Objet : attribution d'un logement de fonctions par nécessité absolue de service et conditions d'occupation

Compte tenu des contraintes particulières imposées par les fonctions dont vous êtes actuellement chargé, j'ai demandé que soit engagée à votre profit une procédure d'attribution d'un logement au sein même des bâtiments du ministère au titre de la nécessité absolue de service.

Cette concession s'accompagnera de la gratuité totale du logement nu et les dépenses courantes (eau, électricité, chauffage, gaz) seront acquittées en totalité par l'administration. En revanche, les autres dépenses liées à l'occupation des lieux, telles que les frais de téléphone par exemple, resteront à votre charge.
Je vous rappelle par ailleurs que ces conditions financières constituent un avantage en nature qui sera pris en compte pour la détermination de votre impôt.
Le montant de cet avantage sera évalué par les services fiscaux qui calculeront en premier lieu la valeur locative à retenir après les abattements d'usage et qui estimeront, en second lieu, à leur valeur réelle, les fournitures accessoires (eau, gaz, électricité et chauffage).
Enfin, les concessions de logements étant liées à l'emploi qui les justifie, je vous informe que vous ne pourrez en bénéficier qu'au titre de vos fonctions actuelles, tout changement d'attributions pouvant y mettre fin de plein droit.

Exercice 4

Uniquement cat. A
Durée : 2 heures maximum

Énoncé du sujet

L'attention du Directeur général des impôts a été appelée sur des attributions de logements de fonctions souvent décidées par les administrations concernées sans qu'aient été respectées toutes les règles fixées par les textes, et parfois même sans qu'aient été pris les arrêtés nécessaires.
Aussi, le Directeur général souhaite voir rédiger une circulaire pour rappeler la réglementation en la matière.
Attaché d'administration affecté à la Direction générale des impôts, vous êtes chargé d'élaborer cette circulaire destinée aux directeurs départementaux des services fiscaux, qui devront ensuite conduire une politique d'information à destination des administrations de l'État dans le département.

S'agissant du même dossier de base, essayez de ne pas prendre plus de 1 h 30 à 2 heures pour rédiger la circulaire.

Commentaire

Bien que le cas soit rare, votre sujet pourra vous amener à rédiger une **circulaire** (cf. première partie page 9).
Dans ce cas, souvenez-vous des éléments suivants.

Conseils généraux

La circulaire est un document administratif dont le rôle usuel est de préciser aux services chargés de l'application d'une réglementation particulière les modalités concrètes de cette application ; son but est donc essentiellement **explicatif.**
De ce fait, elle présente quelques caractéristiques qui la distinguent de la simple note à la fois sur le fond et sur la forme.

Sur le fond

Contrairement à la note qui n'a en général qu'un seul destinataire dont la position hiérarchique est variable, la circulaire a, par nature, **plusieurs destinataires** et tous sont des subordonnés de l'autorité qui prend la circulaire. Ceci a bien évidemment des conséquences sur le ton (et le vocabulaire) du document qui peut être à la fois celui du conseil et du commandement.
Dès lors que son but est d'éclairer des services sur une façon d'agir elle se doit d'être extrêmement claire et précise. Très souvent, en effet, les destinataires seront des services extérieurs éloignés du rédacteur (les responsables d'établissements scolaires par exemple) et disséminés sur l'ensemble du territoire national. De ce fait il leur faudra pouvoir régler tous les cas qui se présenteront à eux sur la base de la seule circulaire. L'étude du dossier devra donc s'attacher à bien repérer tous les éléments permettant d'expliquer la réglementation.

Sur la forme

a
La note comporte toujours un objet pour annoncer de façon synthétique son contenu. La circulaire pour sa part aura généralement un titre destiné à définir le problème traité (exemples : circulaire du 15 juin 1987 « relative à la codification des textes législatifs et réglementaires » ; circulaire du 20 avril 1988 « relative à la modernisation de la gestion des ressources humaines dans l'administration »...). Sur le fond ce titre ne diffère pas en fait de l'« objet » d'une note.

b
La circulaire doit préciser le nom de ses destinataires.

c
La rédaction doit éviter toute ambiguïté ; il faut donc proscrire tout effet de style et tout terme dont le sens pourrait donner lieu à interprétation.

d
Contrairement à la note, la circulaire autorise l'usage de titres, sous-titres et d'une numérotation dès lors que ces divers éléments ont pour effet d'en faciliter la compréhension.

e
Enfin, il est vivement recommandé de rédiger en style direct en usant de la première personne du singulier.

Application au sujet

L'application de ces quelques règles au sujet qui vous était proposé ne vous imposait pas un travail d'analyse différent du dossier. Par contre, il fallait faire attention à certains points.

a
La circulaire est destinée aux directeurs départementaux des services fiscaux : il faut donc les mentionner dans le titre de la circulaire après avoir précisé le but de celle-ci.

b
Le sujet précise que la circulaire poursuit deux buts : faire le point de la réglementation d'une part ; aider d'autre part les destinataires à conduire une politique d'information. En conséquence, votre texte devra traiter les deux points.
Bien évidemment, la partie la plus longue sera la partie informative rappelant les règles s'appliquant aux concessions. Les éléments de mise en œuvre d'une politique d'information apparaîtront plutôt sous la forme impérative (« vous indiquerez... », « vous rappelerez... »).

c
Comme pour une note le plan doit rechercher l'efficacité ; parmi les choix possibles on pouvait retenir la structure suivante :
- rappel des deux cas d'attribution ;
- la procédure d'attribution ;
- le régime financier des concessions ;
- le régime fiscal ;
- une conclusion pour demander de veiller à la bonne application de ces règles.

Corrigé proposé

Paris, le...
Le Directeur général des impôts
à Mesdames et Messieurs les directeurs départementaux des services fiscaux

Circulaire relative aux modalités d'application des dispositions du Code du domaine concernant les concessions de logements aux agents civils de l'État

Les règles relatives aux concessions de logements aux agents civils de l'État sont fixées principalement par les articles R. 92 à R. 104-1 et A. 92 du Code du domaine de l'État et sont complétées par une instruction du 4 avril 1975 de la Direction générale des impôts et une instruction de la Commission centrale de contrôle des opérations immobilières en date du 24 août 1950.
Ces dispositions fixent clairement d'une part les conditions d'attribution des logements ainsi que la procédure à suivre et précisent, d'autre part, les modalités d'application.
Il semble pourtant, alors que certaines des conditions posées par les textes ne sont pas effectivement remplies, que des administrations font malgré tout bénéficier certains de leurs agents de logements de fonctions, parfois même sans qu'ait été engagée auprès de vos services la procédure prévue.
La présente circulaire a donc pour objet de préciser les modalités d'application des dispositions du Code du domaine.

I. Les cas d'attribution d'une concession de logements

Le Code du domaine prévoit que dès lors qu'elle présente un lien avec le service, l'occupation d'un logement dans un immeuble de l'État par un agent civil peut faire l'objet d'une concession.
Deux cas doivent alors être distingués :
- si l'agent ne peut accomplir normalement son service sans être logé dans les bâtiments où il exerce ses fonctions, il s'agit alors d'une concession par nécessité absolue de service ;
- si l'attribution d'un logement, sans être absolument indispensable à l'exercice de la fonction, présente néanmoins un intérêt certain pour la bonne marche du service, une concession peut être accordée pour simple utilité de service.

II. La procédure d'attribution

Qu'il s'agisse d'une concession par nécessité absolue ou pour utilité de service, la procédure impose que soit pris un acte de concession sous la forme d'un arrêté. En l'absence d'un tel arrêté, l'agent peut être considéré comme un occupant sans titre et de ce fait tomber sous le coup d'une mesure d'expulsion sur votre requête.
L'arrêté de concession doit être signé par le Préfet ou les titulaires d'une délégation de signature directe et par le représentant du ministre sous l'autorité duquel est placé l'agent. Par ailleurs, lorsque l'arrêté tend à autoriser une concession par nécessité absolue de service, il ne peut être pris sans votre avis.
Il vous appartient de vérifier si les conditions formelles posées par le Code du domaine sont remplies, et si notamment sont mentionnées la situation et la consistance des locaux faisant l'objet de la concession.
Vous rappellerez en outre aux services que les concessions sont précaires et révocables et sont attachées à l'emploi qui les justifient et qu'elles ne sauraient donc en excéder la durée. En aucun cas elles ne peuvent constituer pour les agents bénéficiaires une mesure acquise. Dans l'hypothèse où un agent continuerait à occuper le logement concédé au-delà de la durée prévue par l'arrêté, il vous reviendrait de lui faire acquitter, outre la redevance normale, les pénalités fixées par l'article R. 102 du Code du domaine.

III. Le régime financier des concessions

a) **Les concessions pour utilité de service**
Le principe de la redevance
L'agent titulaire d'une concession pour utilité de service bénéficie d'une gratuité partielle de son logement mais doit cependant acquitter une redevance qu'il vous revient, d'une part de déterminer, de réviser et de modifier en suivant la législation sur les locaux à usage d'habitation, et d'autre part de faire recouvrer dès lors qu'elle constitue un produit domanial.

Le calcul de la redevance
La redevance est égale à la valeur locative des locaux diminuée d'un abattement destiné à compenser les contraintes qui s'imposent à l'agent. Cet abattement dont le calcul vous incombe est

la somme de trois déductions successives déterminées comme suit :
- une première réduction d'un montant de 5 % de la valeur locative a pour objet de tenir compte de l'obligation faite à l'agent de résider dans les lieux.
Lorsque l'agent doit assurer, en dehors des heures normales de service, des fonctions ne donnant lieu à aucune rémunération supplémentaire, ce montant peut être porté à 10 %. Enfin, lorsque l'immeuble est particulièrement éloigné du centre de la localité, vous pourrez accorder une majoration supplémentaire de 3 %.
- une deuxième déduction de 15 % de la valeur locative intervient pour tenir compte de la précarité de l'occupation.
- enfin, il vous faut prendre en compte dans les conditions prévues par l'article A. 92 du Code du domaine les charges anormales supportées du fait de la concession dans une fourchette variant de 0 à 18 % de la valeur locative.

Le paiement des fournitures
Dans tous les cas la fourniture de l'eau, du gaz, de l'électricité et du chauffage doit, par contre, rester en totalité à la charge du bénéficiaire de la concession.

b) **Les concessions par nécessité absolue de service**
À la différence des concessions pour simple utilité de service, celles octroyées par nécessité absolue de service s'accompagnent toujours de la gratuité du logement nu.
En outre, cette gratuité peut s'étendre à l'ensemble des fournitures (eau, gaz, électricité, chauffage) ou à certaines seulement.

IV. Le régime fiscal des concessions

Conformément aux prescriptions du code général des impôts, vous rappellerez aux services que l'élément mis gratuitement à la disposition du salarié par l'employeur doit être considéré comme un avantage en nature et à ce titre entrer dans la détermination du montant de l'impôt.

a) **Le régime fiscal applicable aux concessions pour utilité des services**
Dès lors que le bénéficiaire de la concession acquitte la redevance prévue à l'article R. 100 du Code du domaine et prend à sa charge les fournitures, il n'y a pas attribution d'un avantage en nature susceptible d'être évalué pour la détermination de sa base d'imposition.

b) **Le régime fiscal des concessions par nécessité absolue de service**
Le titulaire de la concession jouissant dans ce cas d'une gratuité des prestations, il importe de retenir la valeur de l'avantage ainsi accordé conformément aux indications données dans l'instruction du 4 avril 1975.

Compte tenu des avantages ainsi consentis aux intéressés, vous voudrez bien rappeler aux administrations qu'il ne saurait être fait qu'un usage très limité des concessions, et tout particulièrement des concessions par nécessité absolue de service.
Vous attirerez notamment leur attention sur le fait que ces dernières ne peuvent englober tout un corps ou toute une catégorie d'agents et qu'elles ne peuvent être accordées que si trois conditions sont cumulativement remplies :
- obligation d'une présence constante hors la période des congés réguliers ;
- nécessité d'un service permanent, de jour comme de nuit ;
- exercice d'une responsabilité majeure dans le fonctionnement du service.

Afin d'éviter désormais des interprétations trop extensives des possibilités offertes par les textes, vous voudrez bien demander aux représentants des administrations de l'État dans votre département d'apporter à l'application de cette réglementation une attention particulièrement vigilante.

Exercice 5
Le règlement des difficultés liées au surendettement des particuliers et des familles

Catégorie : A ou B
Durée : 4 heures ou 3 heures

Le commentaire de ce cinquième exercice inclut quatre exemples de copies rédigées pour une préparation de concours et n'ayant pas obtenu la moyenne. La lecture de ces devoirs et des remarques faites par le correcteur permet de discerner les erreurs les plus fréquentes commises par les candidats aussi bien sur le fond que sur la forme de la note.

Énoncé du sujet

Vous êtes attaché à la préfecture du Val-de-Marne à Créteil.
À l'occasion de la mise en place de la commission départementale d'examen des situations de surendettement prévue par la loi n° 89-1010 du 31 décembre 1989, vous êtes chargé de rédiger, à l'intention du Préfet, une note rappelant les dispositions relatives au règlement des difficultés liées au surendettement des particuliers et des familles.

Document 1

Rapport n° 1049 de la Commission des lois de l'Assemblée nationale

Document 2

Circulaire du 21 février 1990 relative à l'application de la loi du 31 décembre 1989

Document 3

Décret n° 90-175 du 21 février 1990 relatif à l'application du titre Ier de la loi n° 89-1010 du 31 décembre 1989

Document 4

Loi n° 89-1010 du 31 décembre 1989 relative à la prévention et au règlement des difficultés liées au surendettement des particuliers et des familles

Document 1

Rapport n° 1049 de la Commission des lois de l'Assemblée nationale, fait par M. Pierre Lequiller, député.

Mesdames, Messieurs,

Le projet de loi relatif à la prévention et au règlement des difficultés liées au surendettement des particuliers et des familles, adopté par le Sénat le 13 novembre dernier, est à l'évidence un texte difficile.
Le législateur est en effet appelé à intervenir pour tenter d'apporter aux difficultés des ménages surendettés, qui se traduisent parfois par des situations sociales dramatiques, des solutions que n'autorisent ni les règles de droit actuelles, ni les pratiques des différents agents économiques. Or, pour être efficace, cette intervention doit satisfaire à un certain nombre d'exigences largement contradictoires.
Il convient d'abord de prévoir de nouvelles dispositions qui apportent une aide réelle et durable aux surendettés, et non un soulagement temporaire de leurs difficultés ; mais il faut, en même temps, tout mettre en œuvre pour que la loi ne puisse être détournée de son objet par des débiteurs de mauvaise foi au détriment des intérêts légitimes des prêteurs. En bref, le texte législatif comme ses travaux préparatoires doivent se garder de tout ce qui pourrait laisser croire à certains qu'il sera désormais possible de ne pas payer ses dettes, ou du moins d'en obtenir facilement la réduction ou le rééchelonnement.
Autre contradiction, et autre élément de difficulté de la tâche du législateur, il faut éviter que, dans un souci légitime de prévention du surendettement, ne soient mises en place des procédures trop contraignantes en matière d'octroi du crédit ; nous ne devons pas nous dissimuler, en effet, que ces procédures ou ces précautions ont leur coût et que ce coût sera toujours, d'une manière ou d'une autre, supporté par l'immense majorité des emprunteurs qui s'acquittent de leurs engagements sans problème et qu'il serait totalement injuste de pénaliser.
Les nouvelles dispositions devront aussi protéger les personnes susceptibles de s'engager dans la voie du

surendettement contre certains abus observés en matière de distribution du crédit, mais aussi - et c'est là que réside la difficulté - contre elles-mêmes. Il ne saurait pour autant être question de porter quelque atteinte que ce soit à la liberté de chacun d'employer ses ressources comme il l'entend, ni d'introduire dans notre droit de nouveaux éléments susceptibles d'amoindrir le sens des responsabilités de nos concitoyens. La prévention et le règlement des situations de surendettement ne doivent pas donner lieu à l'institution de nouveaux mécanismes d'assistance incompatibles avec une société de liberté. En outre, elles ne doivent pas avoir pour effet d'interdire l'accès au crédit aux catégories les plus défavorisées.
Enfin, la dernière difficulté, et non la moindre, est liée au fait que le surendettement est un phénomène dont tout le monde ne peut que reconnaître l'existence, mais dont, en même temps, il est quasiment impossible de donner une définition ; le projet de loi ne s'y risque d'ailleurs pas. Il faut pourtant prendre la mesure la plus exacte possible du phénomène du surendettement avant de prétendre le régler ; c'est la raison pour laquelle, dans le cadre de la préparation du projet de loi, le comité des usagers de services bancaires du Conseil national du crédit a élaboré un rapport sur l'endettement et le surendettement des ménages ; il convient, avant toute présentation générale du texte dont notre Assemblée est saisie, de rappeler rapidement les grandes lignes d'une étude particulièrement approfondie.

I. Le phénomène économique et social du surendettement

A. L'évolution globale de l'endettement des ménages

Le rapport du Conseil national du crédit présente des données générales sur l'évolution du taux d'endettement global des ménages dans notre pays ; au cours des dernières années, non seulement ce taux s'est accru, mais il tend à rejoindre celui constaté chez nos principaux partenaires. Ainsi, compte tenu d'un accroissement de l'encours des crédits distribués aux ménages qui a atteint 10,9 % en 1988, après une augmentation de 14,3 % en 1987, leur taux d'endettement global (rapport de l'encours en fin d'année au revenu disponible brut) est passé de 43,7 % à la fin de 1986 à 48,1 % fin 1987, pour atteindre 50,1 % fin 1988. Au sein de cet ensemble, le taux d'endettement à court terme (rapport de l'encours des crédits de trésorerie au revenu disponible brut) est passé, pour les mêmes années, de 5,2 % à 6,7 %, puis à 7,7 %. Quant au taux d'endettement immobilier, il est passé de 29,5 % à 31,4 % puis à 31,6 %.
La France n'en demeure pas moins un pays où les ménages sont, globalement, moyennement endettés. Comme en République fédérale d'Allemagne ou aux Pays-Bas, l'encours des crédits consentis aux ménages atteint, en France, un montant de l'ordre de 30 % du produit intérieur brut. Dans des pays tels que les États-Unis ou la Grande-Bretagne, le taux correspondant dépasse 60 % ; il est en revanche inférieur à 10 % en Italie ou au Japon.
Analysant les causes de la croissance globale de l'endettement des ménages dans notre pays, le Conseil national du crédit constate qu'il s'agit d'un phénomène à la fois « tiré » par la demande et« poussé » par l'offre.
On a observé de la part des ménages une demande croissante de prêts dans le domaine immobilier, résultant de leur incontestable désir d'accéder à la propriété, mais aussi de la politique d'encouragement que les pouvoirs publics ont toujours menée, souvent pour des raisons liées à leur volonté de soutenir l'activité du secteur du bâtiment. Les systèmes d'aides personnelles au logement ont eu pour effet de solvabiliser des franges de la population, parmi lesquelles - il faut le remarquer - se recrutent aujourd'hui nombre des surendettés, principalement du fait du recul de l'inflation ; celui-ci a eu des conséquences si graves qu'à la fin de 1988 le Gouvernement a dû mettre en place un système de réaménagement généralisé des prêts PAP consentis en période de forte inflation.
Il faut ajouter que la demande croissante de crédits immobiliers a entraîné une augmentation simultanée de celle de certaines catégories de crédits à la consommation, liés à l'achat de biens durables pour l'équipement du logement. L'ensemble des crédits à la consommation ont crû, par ailleurs, du fait du ralentissement de l'augmentation du pouvoir d'achat de nombreux ménages : ceux-ci ont recouru plus que par le passé au crédit pour maintenir leur niveau de consommation en dépit d'un pouvoir d'achat stagnant.
Au cours des dernières années, notamment depuis 1985, date de la levée de l'encadrement du crédit, la demande croissante des ménages a été confrontée à une offre elle aussi croissante émanant des établissements de crédit. Les banques, en particulier, ont été amenées à s'intéresser de plus en plus à la clientèle, des ménages qui était restée l'apanage des établissements spécialisés ; elles y ont été d'autant plus poussées que la clientèle des entreprises leur échappait partiellement, celles-ci pouvant de plus en plus se financer directement sur le marché.
Le Conseil national du crédit complète ces données globales par des indications particulièrement intéressantes, relevant cette fois d'une approche micro-économique, sur ce que sont les ménages endettés. Il cite en particulier une enquête de l'INSEE de 1986, qui fait apparaître qu'à cette date, 45,6 % des ménages français étaient endettés, contre seulement 39 % en 1984 et que 27,5 % des ménages endettés l'étaient auprès de plusieurs créanciers.
Il apparaît également que la croissance globale du taux d'endettement des ménages résulte davantage de la diffusion progressive du recours au crédit en direction de ménages n'ayant jamais emprunté que d'un alourdissement de la dette de ceux qui étaient déjà endettés.

B. La définition, la mesure et les causes du phénomène du surendettement

Pour tenter de définir ou, du moins, de cerner le phénomène du surendettement, le rapport du Conseil national du crédit a recouru à plusieurs approches.
La première consiste dans l'appréciation de la probabilité d'apparition d'incidents de paiement ; il existe deux manières de fonder cette appréciation, l'une reposant sur l'étude du taux d'effort du ménage concerné, c'est-à-dire du rapport entre ses ressources et ses charges, l'autre prenant en compte le montant du revenu qui reste à la disposition du ménage après paiement de ses mensualités. Cette approche n'est pas totalement satisfaisante pour établir une définition du surendettement : il n'existe en effet aucun lien rigoureux de causalité entre taux d'effort ou revenu disponible et survenance réelle d'incidents de paiement.
Une autre approche fait intervenir la notion d'actif net du ménage. Selon cette méthode, un ménage insolvable se caractérise par une situation nette négative ou, d'une manière dynamique, par une capacité d'épargne en permanence insuffisante. Mais faute d'informations suffisantes sur le patrimoine des ménages, cette approche ne peut non plus servir de base à une

définition opérationnelle du surendettement ; il faut donc recourir, pour s'approcher au plus près d'une telle définition, à la comparaison des charges de remboursement et du revenu permanent du ménage, la notion de revenu permanent permettant d'écarter les ménages qui, confrontés à des crises de liquidité passagères, cessent de faire face à leurs engagements financiers sans être pour autant à proprement parler surendettés.

Dans cette optique, l'insolvabilité non passagère du ménage, révélatrice du surendettement, résulte soit d'un accroissement de ses charges incompatible avec son revenu permanent, soit d'une diminution durable de ce revenu par rapport à des charges inchangées. La première de ces deux hypothèses peut être qualifiée de surendettement « actif », la seconde constituant le surendettement « passif ».

En croisant ces différentes approches dont aucune ne fournit à elle seule une définition du surendettement, en retenant donc parmi les ménages endettés ceux qui disposent de revenus faibles et surtout ceux qui n'ont peu ou pas de patrimoine, on aboutit au chiffre fréquemment avancé de 200 000 ménages surendettés dans notre pays : il s'agit de ceux qui supportent des mensualités de remboursement supérieures à 60 % de leur revenu, le plus souvent faible.

Ayant cerné autant que faire se peut le phénomène du surendettement, le Conseil national du crédit en analyse les causes, en distinguant surendettement actif et surendettement passif.

Le premier traduit l'imprévoyance du ménage qui surestime ses ressources ou sous-estime les charges liées aux engagements qu'il prend : le rapport cite des exemples pris dans le domaine immobilier de taux d'effort excessifs acceptés dès le départ par des accédants à la propriété ; il met en cause, dans l'apparition de situations de surendettement actif, l'information imparfaite fournie aux emprunteurs qui comprennent mal, à leurs dépens, les mécanismes de l'aide personnalisée au logement ou ceux des prêts progressifs. La responsabilité de nombreux cas de surendettement actif peut aussi être imputée à la politique commerciale suivie par les distributeurs de crédit ou par leurs intermédiaires ; le Conseil national du crédit dénonce, sur ce point, les accords entre vendeurs de biens - de maisons individuelles et d'automobiles, notamment - et organismes financiers qui sont parfois à l'origine de plans de financement irréalistes, le vendeur d'un bien cherchant avant tout à réaliser sa vente sans tenir compte des possibilités réelles de son client.

À ces causes de surendettement actif, s'ajoutent naturellement, souvent pour les mêmes ménages, celles que provoquent une diminution de revenu permanent aboutissant à des situations de surendettement passif : perte d'emploi, divorce, longue maladie, ...

Après s'être efforcé de cerner le phénomène du surendettement et d'en analyser les causes, le Conseil national du crédit présente, d'une manière plus concrète, ce qu'il appelle une « typologie des ménages aux prises avec des difficultés financières ». Il tente ainsi de répondre à la question : « Qui sont les ménages surendettés ? », en se référant notamment à une étude réalisée par le Centre de recherche économique sur l'épargne (CREP) et à l'analyse des pertes subies par les établissements de crédit.

Dans l'étude du CREP, la combinaison de trois critères - niveau initial de ressources et problèmes rencontrés, objets et mode de recours au crédit, attitude vis-à-vis des organismes prêteurs - aboutit à un classement des ménages surendettés en quatre catégories :

- les « victimes », qui se caractérisent par des budgets serrés et par la hantise d'incidents éventuels, occupent souvent des emplois stables - qui leur assurent un accès relativement aisé au crédit - mais faiblement rémunérés et sans perspectives d'augmentation ; elles recourent le plus souvent au crédit affecté ;
- les « cigales » connaissent souvent une situation financière plus grave, mais qui résulte davantage de choix personnels ; elles sont souvent jeunes et sans charges de famille et recourent au crédit permanent et aux prêts affectés ;
- les « fourvoyés » sont victimes d'un engrenage résultant d'une décision d'emprunt impulsive, sans rapport avec leur capacité de remboursement, notamment pour l'achat d'un logement ou d'une voiture neuve ; ils sont aussi les victimes désignées des méthodes de vente offensives auxquelles il a été fait allusion plus haut ;
- les « as du crédit », enfin, ont souvent des ressources importantes, pratiquent le « crédit mode de vie » et une sorte de fuite en avant en s'efforçant de rester dans les limites des situations négociables avec leur banque.

L'analyse des pertes subies par les établissements de crédit conduit à distinguer des catégories assez voisines :

- les « escrocs » et les « malins » qui sont les clients changeant de domicile sans indiquer de nouvelle adresse ou ceux qui, en fin de prêt, omettent de payer leurs dernières échéances ou pénalités dès lors qu'ils ont la certitude que leurs créanciers ne les poursuivront pas, les sommes restant dues étant inférieures aux frais de poursuite ;
- les « victimes » se trouvant plus ou moins subitement en situation de surendettement passif ;
- les « surendettés », actifs cette fois, incapables d'adapter leur niveau de vie à leurs ressources.

De ces études et analyses et, plus généralement, des données économiques et sociologiques que rassemble le rapport du Conseil national du crédit, il convient, au moment d'envisager les solutions possibles au problème du surendettement, de tirer trois conclusions :

- globalement, les ménages français sont loin d'être endettés au-delà du raisonnable ;
- l'immense majorité des opérations de crédit se déroule sans incidents graves : le problème du surendettement est donc - du seul point de vue statistique, faut-il le préciser - un problème marginal ;
- l'extrême diversité des cas de figure en matière de surendettement rend particulièrement difficile l'élaboration d'une solution uniforme aux difficultés des ménages surendettés. Tel est pourtant le défi qu'il est proposé au législateur de relever.

II. L'état du droit en France

Si notre pays dispose d'une législation assez complète sur l'information et la protection des consommateurs dans le domaine de certaines opérations de crédit ainsi que des emprunteurs dans le domaine immobilier, en revanche il n'a pas mis en place de procédure collective de traitement du surendettement des particuliers (sauf en Alsace-Moselle) (1).

A. L'absence de procédure globale de traitement des difficultés des particuliers

Aucune disposition en vigueur ne prévoit que l'ensemble de la situation d'endettement d'un particulier en difficulté puisse faire l'objet d'un examen global.

Il n'existe aucun texte général pour régir le patrimoine d'un débiteur insolvable, pour organiser l'égalité des créanciers chirographaires, le sort des contrats en cours, l'inopposabilité ou la nullité des actes passés par le débiteur avant la saisine du tribunal, l'arrêt des

(1) *Cf. infra.*

mesures d'exécution entreprises sur les biens du débiteur ou pour permettre, par un apurement partiel du passif, la libération du débiteur insolvable.
Les dispositions de la loi n° 84-148 du 1er mars 1984 relative à la prévention et au règlement amiable des difficultés des entreprises, de la loi n° 88-1202 du 30 décembre 1988 relative à l'adaptation de l'exploitation agricole à son environnement économique et social et de la loi n° 85-98 du 25 janvier 1985 relative au redressement et à la liquidation judiciaires des entreprises ne sont pas applicables aux particuliers, dès lors que leurs dettes n'ont pas une origine professionnelle.

B. L'existence de dispositions ponctuelles

En application du droit commun, les parties peuvent modifier, de manière conventionnelle, les conditions d'exécution d'un contrat. Elles peuvent établir d'un commun accord un plan de remboursement.
À titre indicatif, on rappellera qu'en application de la loi n° 85-1097 du 11 octobre 1985 est nulle de plein droit toute convention par laquelle un intermédiaire se charge ou se propose, moyennant rémunération, soit d'examiner la situation d'un débiteur en vue de l'établissement d'un plan de remboursement, soit de rechercher pour le compte d'un débiteur l'obtention de délais de paiement ou d'une remise de dette.
Par ailleurs, en application de l'article 1244 du code civil, le juge peut accorder au débiteur en difficulté des *délais de grâce*, « en considération de la position du débiteur et compte tenu de la situation économique ». Ce délai qui emprunte sa mesure aux circonstances ne saurait toutefois dépasser deux ans, depuis la loi n° 85-1097 du 11 octobre 1985. L'octroi de cette mesure de faveur est à la disposition, non seulement des juges du fond, mais des juges des référés, en tout état de cause et en cas d'urgence. L'effet de la décision de justice est le sursis à l'exécution des poursuites, toutes choses demeurant en l'état.
Enfin, *la déconfiture* définie comme l'état d'insolvabilité notoire du débiteur civil se présente, au contraire de la faillite, comme une institution singulièrement inorganisée. Les biens du débiteur insolvable sont liquidés de la même façon que s'il était solvable. Le débiteur n'est pas dessaisi. Les créanciers conservent chacun leur droit de poursuite individuelle. Aucune publicité n'est organisée. Dans l'état actuel du droit, la déconfiture entraîne une série de conséquences ponctuelles mentionnées par des textes épars du code civil :
- la déchéance du bénéfice du terme, à condition de la demander en justice lorsque le débiteur est en déconfiture (ancien article 1188 du code civil). Ce texte modifié par la loi n° 85-98 du 25 janvier 1985 ne fait plus référence à la faillite et à la déconfiture, la déchéance du terme étant désormais encourue, du seul fait de la diminution des sûretés ;
- la limitation des droits du créancier contre son débiteur lorsque celui-ci devient insolvable après délégation d'un nouveau débiteur, à moins que ce dernier ne soit lui-même, en état de déconfiture au moment de la délégation (article 1276 du code civil) ;
- une exception à l'obligation de délivrance due par le vendeur, lorsque l'acheteur est en état de déconfiture (article 1613 du code civil) ;
- la résolution du contrat de société en cas de déconfiture d'un des associés (article 1860 du code civil) ;
- l'extinction du contrat en cas de déconfiture d'une des parties (article 2003 du code civil) ;
- enfin, le droit pour la caution d'agir avant paiement contre le débiteur garanti, lorsque celui-ci est en état de déconfiture (article 2032 du code civil).
La cession de biens judiciaire prévue par le code civil est tombée en désuétude avec la suppression de la contrainte par corps.

III. Les exemples européens et les solutions envisageables

Après avoir brièvement rappelé les dispositions applicables dans les pays européens, il convient d'examiner les solutions juridiques susceptibles d'être apportées au traitement du surendettement des particuliers.

A. Les exemples européens

1. La protection du consommateur dans le domaine des opérations de crédit

Assurée par des dispositions législatives et réglementaires, elle est plus ou moins complète et semble particulièrement précise en Grande-Bretagne. Des textes sont en préparation dans plusieurs pays : ainsi, en République fédérale d'Allemagne, un projet de loi sur le crédit à la consommation est en cours d'élaboration, notamment pour adapter la législation à la directive communautaire du 22 décembre 1986. Il en va de même aux Pays-Bas et, en Grande-Bretagne, plusieurs amendements au Consumer Credit Act de 1974 vont prochainement améliorer la protection du consommateur.
Dans presque tous les pays, la législation énumère les mentions obligatoires d'un contrat de crédit.
Pour empêcher la souscription sans réflexion d'un crédit à la consommation, plusieurs pays ont institué un délai de rétractation pendant lequel l'annulation du contrat est possible. C'est le cas en Grande-Bretagne et en Belgique et le projet de loi allemand sur le crédit à la consommation contient cette disposition.
Les lois belge et anglaise réglementent aussi la publicité en matière de crédit, fixent les conditions de remboursement anticipé ainsi que le coût maximum du crédit et prévoient l'intervention du juge soit pour accorder des facilités de paiement, soit pour rapporter des clauses léonines.
En Grande-Bretagne, le taux effectif global doit être clairement indiqué dans les contrats de prêt.

2. La centralisation de l'information sur l'endettement des particuliers et les incidents de paiement

Elle s'effectue au moyen de fichiers, appelés aussi « centrales de risques », permettant de fournir des informations sur la situation financière des particuliers. On distingue les fichiers « négatifs » qui contiennent seulement les incidents de paiement, des fichiers « positifs » qui centralisent l'endettement de tous les particuliers. Les fichiers « positifs » existent en Grande-Bretagne, en République fédérale d'Allemagne et aux Pays-Bas ; les fichiers négatifs, en Belgique, en Italie, en Espagne et également en Grande-Bretagne.
La création de ces fichiers relève le plus souvent de l'initiative des professionnels (RFA, Pays-Bas, Grande-Bretagne, Italie et Espagne). En Belgique, l'une des deux centrales, fonctionnant sous l'égide de la banque nationale, a un statut public.

3. Les procédures de règlement collectif des dettes

Communément appelées « faillites civiles », ces procédures qui peuvent aboutir soit à un accord avec les créanciers soit à la liquidation des biens du débiteur, existent en Grande-Bretagne, aux Pays-Bas et en République fédérale d'Allemagne. Le droit allemand, applicable en pratique seulement aux débiteurs disposant d'un actif important, est en cours de réaménagement. Un projet de faillite civile est à l'étude en Italie.

Dans les pays où elle existe, la faillite civile semble peu utilisée et ne paraît pas avoir contribué à l'engorgement des tribunaux, ni avoir pesé sur le fonctionnement du marché du crédit. On lui reproche sa lourdeur et son coût mais on lui reconnaît une vertu pédagogique sur les créanciers et les débiteurs.
Cette procédure aboutit, sauf en RFA, à une « décharge » assez rapide du failli, au moins lorsqu'il s'agit d'une première faillite. Elle permet donc de stopper le processus de surendettement, mais aussi de repartir sur des bases saines.
Toutes les mesures d'apurement du passif ou d'étalement des dettes se situent dans un cadre judiciaire et non pas administratif, comme le prévoit le projet de loi français. Seule, l'assistance fournie par les banques municipales hollandaises aux ménages endettés exclut l'intervention du juge.

B. Les solutions juridiques envisageables

S'agissant du traitement du surendettement des particuliers, les exemples étrangers montrent que plusieurs types de procédures sont pratiqués. Celles-ci peuvent être regroupées en trois grandes catégories :
- la faillite civile qui conduit à effacer, en tout ou partie, la dette du débiteur après avoir procédé à la liquidation de la totalité de ses biens ;
- le redressement judiciaire qui permet au juge de réduire soit le montant des créances, soit les intérêts à servir, soit encore de rééchelonner les remboursements ;
- le règlement amiable qui est une procédure conventionnelle conduite ou non sous le contrôle du juge et qui requiert l'accord du débiteur et des créanciers.

1. La faillite civile

• *Une institution du droit local d'Alsace et de Moselle*
À l'origine, cette institution issue du droit allemand de la faillite reposait sur l'idée - toujours en vigueur en RFA - selon laquelle les débiteurs, commerçants ou non commerçants, devaient être soumis aux mêmes règles. Elle constitue aujourd'hui un droit résiduel dont le maintien peut être remis en cause, en raison d'un champ d'application toujours plus réduit et du fait de ses difficultés d'application.

Trois catégories de débiteurs sont appelés à bénéficier de la faillite civile des non-commerçants en fonction de l'activité poursuivie : les agriculteurs, les membres des professions libérales et les particuliers.
L'ouverture de la procédure est subordonnée à l'existence d'un état d'« insolvabilité notoire » qui recouvre une situation proche de la cessation de paiements dans la mesure où le débiteur a manifestement cessé d'honorer ses engagements mais qui est néanmoins plus restrictive car sa situation doit être jugée comme « irrémédiablement compromise » ou « désespérée ». Lorsque ces conditions sont réunies, le tribunal prononce la liquidation si aucune autre solution ne peut être envisagée ; puis, une fois réalisés les actifs, il prononce la clôture de la procédure pour insuffisance d'actif chaque fois que la réalisation menée à bien par le liquidateur n'aura pas permis de désintéresser les créanciers. La clôture pour insuffisance d'actif ne fait pas recouvrer aux créanciers le droit de poursuite individuelle contre le débiteur. Elle a comme objectif d'apurer de manière absolue le passif du débiteur et de permettre à celui-ci de reprendre une activité dégagée du déficit antérieur. Les débiteurs sont ainsi tentés de « déposer leur bilan » en se déclarant insolvables pour apurer définitivement leurs dettes au mépris de leurs engagements.
En pratique, les demandes de redressement judiciaire ou de liquidation sont essentiellement le fait de professions libérales, de sociétés civiles, et d'anciens dirigeants de société dont les difficultés financières sont liées à une condamnation pour comblement de passif. Peu de consommateurs endettés présentent des demandes en raison notamment de la méconnaissance des procédures ; les magistrats interprètent la notion d'insolvabilité notoire de manière stricte, ne souhaitant pas soutenir des « manœuvres » tendant à voir disparaître les conséquences du surendettement. En outre, la procédure est très coûteuse.

• *Les propositions parlementaires tendant à instituer la faillite civile dans le droit français*
- Le 30 mai 1989, notre collègue M. Germain Gengenwin déposait une proposition de loi sur le bureau de l'Assemblée nationale relative à l'institution de la faillite civile et tendant à lutter contre le surendettement des ménages français (n° 764).
Selon les termes de son exposé des motifs, la faillite civile proposée est à l'image de la faillite commerciale mais comporte des mesures spécifiquement adaptées aux ménages en difficulté.
Certains ménages ne pourront jamais rembourser leurs dettes. Dans ce contexte, l'institution de la faillite civile permettrait d'apurer le passif exigible du débiteur. La procédure préconisée est simple et peu onéreuse. L'idée fondamentale est de confier cette procédure au tribunal d'instance. Le particulier surendetté pourra demander au juge l'ouverture de cette procédure ; elle pourra aussi être ouverte à la requête d'un créancier, sur réquisition du ministère public ou d'office. Le juge d'instance sera assisté dans ses fonctions par deux assesseurs représentant respectivement les intérêts des consommateurs et des organismes financiers. Le tribunal ainsi composé aura de larges compétences. Il arrêtera un plan d'apurement des dettes en fonction de la situation patrimoniale du débiteur. Si aucun plan ne peut être arrêté, le tribunal proposera la liquidation du patrimoine du débiteur. Un mandataire de justice, représentant les créanciers et désigné par le tribunal lors du jugement d'ouverture, sera chargé de procéder aux opérations de liquidation. Cette procédure est ainsi adaptée aux consommateurs défaillants : l'assistance d'un avocat n'est plus exigée ; de plus les frais de procédure et de liquidation sont réduits.
L'auteur de la proposition de loi reconnaît que dans la pratique, la faillite civile fait l'objet de nombreuses critiques en raison des abus émanant de débiteurs peu scrupuleux. En effet, la faillite civile fait perdre aux créanciers la reprise des poursuites individuelles et blanchit en quelque sorte le débiteur. C'est pourquoi la proposition de loi supprime cet inconvénient en prévoyant des garde-fous : l'usage de cette procédure sera limité car le débiteur ne pourra introduire une nouvelle demande avant un délai de dix ans ; en outre, le débiteur qui aura organisé ou aggravé son insolvabilité sera passible de sanctions pénales.
Le fléau du surendettement n'est pas uniquement imputable aux consommateurs. Ce problème est étroitement lié au développement des crédits à la consommation et des crédits immobiliers qui ont souvent conduit les ménages à disposer de fonds hors de proportion avec leurs capacités contributives. C'est pourquoi la proposition de loi entend mettre les établissements de crédit devant leurs responsabilités : ceux-ci auront désormais l'obligation de s'assurer au préalable de la solvabilité du débiteur. De plus, toutes les ouvertures de crédit devront faire l'objet d'une déclaration à la Banque de France qui portera tous les renseignements utiles sur un fichier. Il s'agit en l'occurence d'instituer une mesure préventive destinée à éviter les situations dramatiques.

- Lors de l'examen de la loi n° 89-421 du 23 juin 1989 relative à l'information et à la protection des consommateurs ainsi qu'à diverses pratiques commerciales, le Sénat a adopté, à l'initiative de M. Jean Arthuis, une

disposition tendant à instituer une procédure de redressement judiciaire civil destinée à permettre l'apurement du passif exigible des personnes physiques, que l'Assemblée nationale a ensuite rejetée.
Le tribunal devait procéder à la publication de l'ouverture de la procédure.
L'administrateur proposait un plan de rééchelonnement et d'allègement des dettes. Ses propositions étaient communiquées au représentant des créanciers.
Tous les créanciers dont la créance trouvait son origine antérieurement au jugement d'ouverture adressaient la déclaration de la créance au représentant des créanciers. Les établissements de crédit pouvaient voir leurs créances déclarées irrecevables s'ils avaient accordé des crédits hors de proportion avec les capacités contributives de l'emprunteur.
Le tribunal prononçait la liquidation du patrimoine du débiteur si celui-ci était de bonne foi et si la mise en œuvre d'un plan d'allègement des dettes était impossible.

- *Les inconvénients de la faillite civile*

Plusieurs arguments sont avancés contre l'introduction de la faillite civile dans notre droit. En effet, la faillite civile paraît inadaptée à la situation des particuliers. Le règlement collectif du passif d'un consommateur surendetté se présente souvent de manière simple, alors que les mécanismes des procédures applicables aux entreprises sont conçus pour des situations économiques plus complexes.
En Alsace-Moselle, l'intervention du tribunal de grande instance, la désignation de deux mandataires de justice, l'administrateur et le représentant des créanciers ou d'un seul mandataire de justice, sont autant de facteurs de complexité que d'accroissement des coûts, et donc du passif du débiteur. Le coût d'une telle procédure est de l'ordre de 30 000 F, compte tenu de la rémunération des intervenants. La dépense est excessive et dangereuse pour le patrimoine du débiteur, s'agissant souvent de la mise en place d'un moratoire pour des dettes peu nombreuses et d'un actif peu important. La procédure simplifiée proposée par M. Gengenwin ne supprime pas complètement ces inconvénients.
La procédure présente de grands inconvénients d'ordre psychologique (publication dans la presse) et elle est ressentie par certains débiteurs comme une sanction infamante.
Enfin, avec la possibilité d'une liquidation du patrimoine du débiteur, elle comporte un risque d'irresponsabilité des emprunteurs en leur faisant croire qu'ils pourront aisément être libérés de leurs dettes.

2. La solution judiciaire

Une fois écartée la solution de la faillite civile, l'intervention d'un juge après examen de l'ensemble de la situation d'endettement et des ressources présentes ou futures du débiteur peut seule garantir un redressement de la situation financière de ce dernier.
Outre le volet préventif, *l'avant-projet du Gouvernement* optait pour une procédure judiciaire.
Il institue une procédure judiciaire de règlement amiable du surendettement où le juge, saisi par le débiteur ou les créanciers, confie à une commission départementale ou à une autre personne ou même à l'un des créanciers le soin de mettre en place un plan recueillant l'accord des parties. Cette procédure est destinée à prévenir et à régler le surendettement du débiteur. Toutes les dettes exigibles ou à échoir sont appréhendées à l'exception des dettes d'aliments. Les dettes fiscales, parafiscales ou envers les organismes de sécurité sociale participent de l'examen de la situation d'endettement mais font l'objet d'un traitement séparé.
La décision d'ouverture emporte de plein droit et pour une durée de deux mois, renouvelable une fois, suspension provisoire des voies d'exécution de la part des créanciers. Elle suspend ou interdit, pour la même durée, notamment toute action en justice de la part des créanciers tendant à la résolution d'un contrat pour défaut de paiement d'une somme d'argent.
Les parties se concilient d'elles-mêmes, à l'initiative du juge, par l'intermédiaire de la commission départementale, d'un tiers ou de l'un des créanciers.
Le plan peut notamment prévoir un échelonnement des paiements, une remise de dettes, un report d'échéance, une réduction ou une suppression du taux d'intérêt, un prêt de consolidation, une création ou une substitution de garantie, la poursuite du bail en cours ou la conclusion d'un nouveau bail.
Le juge constate l'accord et homologue le plan, après avoir vérifié qu'il préserve suffisamment les intérêts des parties. Les suspensions et interdictions précédemment prévues demeurent pendant la durée de l'exécution du plan, sauf disposition contraire de l'accord.
Si les parties ne parviennent pas à un accord ou si le juge refuse l'homologation, il peut, par décision spéciale et motivée, reporter ou échelonner le paiement des dettes, le délai de report ou d'échelonnement ne pouvant en principe excéder cinq ans, décider que les sommes correspondant aux échéances reportées porteront intérêt à un taux réduit ou que les paiements s'imputeront d'abord sur le capital, subordonner ces mesures à l'accomplissement par le débiteur d'actes propres à faciliter ou à garantir le paiement de la dette. Le juge peut également, par décision spéciale et motivée, décider que les sommes restant dues aux organismes de crédit titulaires d'une sûreté seront, en cas de vente de ce bien et après distribution de son prix, réduites dans des proportions telles que leur paiement, assorti d'un échelonnement, soit compatible avec les ressources et les charges du débiteur.
Un avis de la décision d'ouverture, de celle d'homologation de l'accord ou du plan, de celle constatant l'inexécution ou la modification du plan, de celle imposant des mesures de règlement judiciaire est adressé au fichier national des incidents ainsi qu'au débiteur, aux créanciers et aux cautions.
Ce dispositif présentait l'avantage de confier au juge la responsabilité de la conduite des procédures et lui permettait de les contrôler selon un mécanisme s'inspirant largement des procédures collectives existantes.
Malheureusement, le projet de loi présenté par le Gouvernement s'écarte de cette construction judiciaire cohérente pour des motifs tirés principalement de l'insuffisance des moyens actuels du service public de la justice.

IV. Le projet de loi initial

Aux termes de l'exposé des motifs du projet de loi, le Gouvernement n'a pas l'intention de limiter la liberté d'accès au crédit, qui doit rester totale, ni de faire croire que l'on pourra s'endetter et ne pas rembourser. Pour remédier aux difficultés des familles surendettées, il propose d'organiser un cadre approprié au traitement du surendettement, de développer la prévention et de susciter auprès des professionnels l'élaboration de règles déontologiques adéquates.
Le projet de loi ne comporte que deux dispositions de nature préventive. L'essentiel du texte a trait au règlement de la situation des débiteurs déjà surendettés. Le dispositif proposé se veut équilibré, souple et peu coûteux et entend éviter que prêteurs comme emprunteurs ne puissent éluder leurs responsabilités.

A. La mise en place d'une procédure administrative aux fins de l'élaboration d'un plan conventionnel de règlement

Le projet du Gouvernement entend privilégier la voie de la conciliation amiable et institue, à cette fin, une commission départementale comprenant les administrations concernées, le représentant de la Banque de France ainsi que des représentants des professsionnels et des associations de consommateurs en nombre égal. La commission s'efforce de concilier les parties en établissant un plan de remboursement tenant compte de la capacité financière du débiteur. À cette fin, elle propose des mesures d'allègement et d'étalement de la dette. En cas d'accord des parties, les règles de droit commun des contrats sont applicables. Si un accord n'est pas obtenu dans les deux mois, le juge d'instance peut être saisi.

B. L'institution d'une procédure judiciaire de redressement

Le projet de loi permet au juge d'instance d'avoir une vue globale de la situation d'endettement de l'emprunteur et non une approche ponctuelle, dette par dette, créancier par créancier. Le juge est saisi en cas d'échec de la procédure amiable ou par une action en recouvrement de créance ou une demande d'obtention de délai de paiement.

Le juge d'instance peut chercher à concilier les intéressés en vue d'établir un plan conventionnel de redressement.

Il peut faire publier un appel aux créanciers et s'assurer du bien-fondé des créances.

Il prononce, s'il y a lieu, la suspension, jusqu'au jugement, des procédures civiles d'exécution portant sur les dettes autres que fiscales, parafiscales ou envers les organismes de sécurité sociale.

À défaut d'accord entre les parties, le juge se voit conférer des pouvoirs importants de réaménagement de la dette (échelonnement du paiement des dettes sur une durée de cinq ans, réduction du taux d'intérêt des échéances reportées) et même exorbitants en ce qui concerne les dettes immobilières, puisqu'il peut imposer une réduction du montant des sommes restant dues après la vente du logement lorsque le prix est insuffisant pour rembourser les établissements de crédit.

V. Les modifications apportées par le Sénat

Le Sénat a amélioré les procédures de règlement des situations de surendettement des particuliers et complété le dispositif préventif du projet de loi.

A. L'amélioration des procédures de règlements des situations de surendettement des particuliers

Le Sénat n'a pas modifié la logique du projet de loi et a accepté la mise en place d'une procédure administrative aux fins d'un règlement amiable sans saisine préalable du juge.

Il a précisé l'articulation entre la procédure de règlement amiable conduite par la commission départementale et celle de redressement judiciaire menée par le juge d'instance. En cas d'ouverture d'une procédure de redressement judiciaire, il a laissé au juge le pouvoir de concilier les parties ou de renvoyer à la commission départementale le soin de le faire.

Le Sénat a encadré les pouvoirs du juge dans la procédure de redressement judiciaire en fixant à la moitié du taux d'intérêt légal le plancher applicable à toute réduction judiciaire de taux d'intérêt afférant aux échéances restant à courir, si la situation du débiteur l'exige, et par décision spéciale et motivée. Le Sénat a maintenu la disposition lui conférant le pouvoir d'imposer une remise de dettes en cas de vente du logement du débiteur lorsque le prix n'est pas suffisant pour rembourser la créance des établissements de crédit, tout en précisant que la remise de dettes ne peut résulter que d'une décision spéciale et motivée et qu'elle ne s'applique qu'aux ventes sur saisie immobilière intervenues après la publication de la loi. Il l'a cependant étendu aux ventes intervenues dans le cadre d'un plan conventionnel de règlement amiable.

Le Sénat a étendu la suspension provisoire des procédures d'exécution prononcée par le juge aux dettes fiscales, parafiscales ou envers les organismes de sécurité sociale, l'État comme les autres créanciers devant participer à l'effort fourni pour redresser la situation du débiteur. Il n'a cependant pas été possible pour le Sénat de prévoir une disposition permettant au juge d'imposer à ces administrations des mesures d'échelonnement ou de report du paiement des dettes. Mais le Sénat a permis à l'administration fiscale d'accorder des remises d'impôts directs aux débiteurs surendettés.

Le Sénat a enfin réservé le bénéfice de ces procédures aux débiteurs de bonne foi et augmenté leurs obligations.

B. Le renforcement des dispositions préventives

Le Sénat a considérablement renforcé le volet préventif du projet de loi.

Il a institué *un fichier national des incidents de paiement*. Ce fichier, qui constitue l'élément central du dispositif préventif, recense les informations sur les incidents de paiement caractérisés liés aux crédits accordés aux personnes physiques pour des besoins non professionnels. Il est alimenté par les établissements de crédit visés par la loi bancaire du 24 janvier 1984, par les services financiers de la Poste et par les commissions départementales d'examen des situations de surendettement des particuliers. Les mesures de redressement judiciaire sont également communiquées.

À compter de deux ans après la date de la mise en œuvre du fichier, la Banque de France sera seule habilitée à centraliser les informations sur les incidents de paiement caractérisés. Le texte organise donc un monopole du fichier national entraînant la disparition des fichiers professionnels existants. Enfin, il interdit à la Banque de France et aux utilisateurs du fichier de remettre à quiconque copie des informations qu'il comporte.

Par ailleurs, le Sénat a, pour l'essentiel, modifié la loi n° 78-22 du 10 janvier 1978 en complétant les règles concernant la publicité en matière de crédit mobilier et donné au juge la possibilité de déterminer les modalités de paiement des sommes qui seront exigibles au terme du délai de grâce, y compris en modifiant la durée initiale du contrat. Il a complété la loi n° 79-596 du 13 juillet 1979 par l'obligation de remettre une nouvelle offre préalable en cas de modification substantielle des conditions d'obtention d'un prêt immobilier.

Il a étendu aux acquéreurs de logements neufs qui ne sollicitent pas de crédit le bénéfice d'un délai de rétrac-

tation de sept jours suivant un mécanisme inspiré de celui institué par la loi du 10 janvier 1978 en matière de crédit mobilier.
Il a introduit des dispositions pour améliorer l'information de la caution et atténuer les risques qu'elle assume.

VI. Les propositions de la Commission des lois

La Commission des lois s'est attachée, pour l'essentiel, à mieux articuler la procédure amiable avec la procédure judiciaire et a précisé les cas de saisine directe du juge aux fins d'ouverture de la procédure de redressement judiciaire.
Elle a allégé la composition de la commission administrative, dans un souci de plus grande efficacité et a prévu la possibilité de créer plus d'une commission dans le département, si la situation locale l'exige.
Contre l'avis du Rapporteur, elle a supprimé, dans la procédure judiciaire, le taux plancher de réduction des intérêts introduit par le Sénat et maintenu la possibilité pour le juge d'imposer une remise de dettes en cas de vente du logement du débiteur lorsque le prix n'est pas suffisant pour rembourser la créance des établissements de crédit.
Également contre l'avis du Rapporteur, elle a adopté un amendement de la commission de la production supprimant la possibilité pour l'administration fiscale d'accorder des remises d'impôts directs aux débiteurs surendettés et limité aux créances des organismes de prévoyance ou de sécurité sociale la possibilité de remises accordées dans des conditions prévues par décret en Conseil d'État.
La Commission s'est également préoccupée d'améliorer les dispositions du titre II concernant les mesures de prévention du surendettement, en prenant garde, toutefois, d'éviter que les conditions d'octroi de prêts ne soient alourdies à l'excès, notamment en matière de crédit à la consommation. C'est en particulier dans cet esprit qu'elle a supprimé la disposition introduite par le Sénat rendant obligatoire la transmission par lettre de l'offre préalable, puis de l'acceptation de l'emprunteur, mais qu'elle a maintenu et même élargi des dispositions comparables applicables aux prêts immobiliers.
La Commission a aussi souhaité rendre plus rigoureuses les régles auxquelles doivent satisfaire les documents publicitaires ayant trait au crédit.
En vue d'accroître le sens des responsabilités des prêteurs, elle a adopté deux articles additionnels obligeant les établissements de crédit à vérifier que les moyens financiers des emprunteurs et des cautions personnes physiques sont compatibles avec les engagements qu'ils prennent, du moins dans le domaine immobilier. La Commission a par ailleurs été sensible au souci du Sénat de voir les cautions personnes physiques mieux éclairées sur la portée de leur engagement et mieux informées de la défaillance éventuelle du débiteur principal.
Elle n'a pas souhaité, en revanche, que l'institution d'un fichier national des incidents de paiement caractérisés entraîne la disparition, à terme, de fichiers professionnels qui lui paraissent actuellement fonctionner dans des conditions acceptables.

*
**

Avant d'examiner le projet de loi, la Commission a procédé à l'audition de Mme Véronique Neiertz, Secrétaire d'État auprès du Ministre d'État, Ministre de l'économie, des finances et du budget, chargé de la consommation.

Après avoir souligné que le projet de loi traduisait le souci du Gouvernement de répondre à l'urgence sociale que constitue la situation de détresse d'un grand nombre de familles surendettées, le Secrétaire d'État a expliqué cette situation par le fait que, depuis son désencadrement en 1985, on avait assisté à une véritable « explosion » du crédit - auquel onze millions de Français ont recours - et à une diversification des produits offerts aux emprunteurs. Tout en insistant sur le fait que le taux d'endettement moyen des Français était moins élevé que dans des pays comme la Grande-Bretagne ou la République fédérale d'Allemagne, Mme Véronique Neiertz a noté que le développement du crédit s'accompagnait d'une multiplication des incidents de paiement : pour en apprécier l'ampleur, le Gouvernement a demandé au Conseil national du crédit en juin 1988 de déterminer les causes du surendettement et le nombre de familles concernées, nombre qui a pu être évalué entre deux et trois cent mille. Toutefois, l'impossibilité d'établir un ratio uniforme de surendettement en raison de la nécessité de prendre en compte les particularités de la situation financière, familiale, voire patrimoniale de chaque emprunteur a conduit le Gouvernement à retenir un dispositif très général qui, sans fixer de seuil au surendettement, pourrait bénéficier à toute personne dont la situation, appréciée individuellement, le justifierait.

Mme Véronique Neiertz a identifié quatre causes principales aux situations de surendettement : une conjoncture économique qui a affecté l'évolution des salaires et amené nombre de Français à emprunter pour maintenir leur niveau de consommation ; la mauvaise information sur les produits de crédit et les conséquences financières du recours à ces derniers, phénomène aggravé par des publicités confinant parfois à l'« escroquerie intellectuelle » ; la survenance d'accidents graves dans la vie de l'emprunteur - chômage, maladie, divorce... - conduisant à la rupture d'un équilibre financier précaire : une certaine responsabilité des établissements de crédit qui ont parfois développé des pratiques commerciales ne tenant plus un aussi grand compte qu'auparavant de la situation et de la solvabilité de leurs clients.
Après avoir noté l'évolution constatée chez les professionnels qui, il y a à peine dix-huit mois, manifestaient leur scepticisme sur l'existence même du phénomène de surendettement, le Secrétaire d'État a souligné que la gravité de la situation de certaines familles avait conduit le Gouvernement à trouver rapidement une solution évitant les deux écueils consistant, l'un, à restreindre la liberté d'accès de chacun au crédit quels que soient ses revenus, l'autre à donner à penser aux Français qu'ils pourraient, le cas échéant, s'endetter sans véritables contraintes de remboursement ; il convient en effet - a-t-elle souligné - de prévenir la réaction de l'immense majorité de ceux qui font face à leurs charges de remboursement et pourraient s'étonner de facilités trop larges accordées à ceux qui ne peuvent plus honorer leurs dettes.
Mme Véronique Neiertz a attiré l'attention de la Commission, sur le fait que le Gouvernement avait élaboré, en concertation, avec les parties intéressées, un dispositif qui s'inspire de procédures appliquées avec succès à l'étranger, notamment dans les pays anglo-saxons où la conciliation est privilégiée, mais qui tient aussi compte de la spécificité des relations entre les Français et leur justice, dont les procédures et les moyens matériels ne sont pas toujours adaptés à la solution urgente des questions de surendettement. Notant, à titre subsidiaire, que l'examen de ce projet serait également l'occasion de moderniser l'ensemble du dispositif d'accès au crédit et d'engager une harmonisation européenne en la matière, elle a indiqué que le texte s'articulait autour de la création d'une commission de conciliation, instance

administrative s'inspirant de l'exemple retenu par la loi du 30 décembre 1988 relative à l'adaptation de l'exploitation agricole à son environnement économique et social. Si aucun accord amiable n'est réalisé au sein de cette commission dans les deux mois, le juge d'instance sera saisi du dossier et disposera de prérogatives particulières pour alléger les dettes de l'emprunteur en tenant compte des intérêts du créancier ; la procédure de conciliation proposée est de nature, selon le Secrétaire d'État, à répondre à l'objectif de rapidité, de souplesse et d'efficacité qu'impose la gravité de certaines situations.
Mme Véronique Neiertz s'est félicitée de l'initiative prise par le Sénat d'inscrire dans la loi diverses dispositions relatives à la prévention des situations de surendettement, avant de conclure en insistant sur la nécessité de rendre plus conscients de leurs responsabilités aussi bien les professionnels - la création d'un fichier des incidents de paiements liés au crédit s'inscrivant dans cette perspective - que les emprunteurs, ce qui a conduit le Gouvernement à ne pas retenir la procédure de la faillite qui permet d'effacer la dette.
Le Rapporteur a demandé des précisions sur la part respective du crédit immobilier et du crédit à la consommation dans l'endettement des ménages. Après avoir estimé nécessaire de réduire le nombre des membres de la commission d'examen des situations de surendettement des particuliers, il a souhaité savoir comment le Gouvernement en envisageait le fonctionnement pratique, étant entendu qu'il lui semblait difficile de se référer à des décisions prises à la majorité dans la mesure où la commission a pour mission de concilier les parties en vue de l'élaboration d'un plan amiable. Il a jugé que les dettes fiscales devaient être traitées de la même manière que les créances privées et que l'État devait donner l'exemple en accordant des remises. Il s'est prononcé contre le monopole donné à la Banque de France sur le fichier national des incidents de paiement, monopole dont l'effet serait d'entraîner la disparition des fichiers professionnels actuels. Il s'est enfin demandé si l'option retenue par le Gouvernement en faveur de la procédure de conciliation devant la commission administrative ne reposait pas sur un pari hasardeux auquel aurait pu être préférée une procédure prévoyant une saisine préalable du juge - qui aurait appelé l'ensemble des créanciers et vérifié les créances - avant la mission de conciliation effectuée par la commission.

Mme Denise Cacheux a estimé que le dispositif proposé avait pour objet d'aider les familles en difficulté sans pénaliser tous ceux qui honorent leurs dettes. Elle s'est, toutefois, demandée si le texte allait assez loin dans la recherche d'engagements de la part de prêteurs et dans l'organisation de la prévention. S'agissant des dettes fiscales - qui ne sont pas incluses dans le plan de règlement - elle a souhaité qu'il soit possible d'obtenir de l'administration des informations sur l'endettement fiscal et sur l'ensemble des facilités qu'elle a pu consentir aux familles endettées. Elle a souhaité un renforcement de la protection des cautions et que tous les contrats proposés par les organismes de crédit soient lisibles et compréhensibles dans toutes leurs clauses. Rappelant que le projet de loi ne prévoyait pas la possibilité de prononcer la faillite des personnes surendettées, elle a estimé utile d'introduire la notion de délaissement pour l'habitation principale. Elle a enfin souhaité, au moins dans les départements les plus peuplés, que plusieurs commissions puissent fonctionner, faute de quoi une commission départementale unique serait certainement surchargée.

M. Jean-Pierre Michel, se déclarant également favorable au projet de loi, a estimé que se posaient des questions importantes concernant la commission administrative : celle-ci interviendra dans des rapports de pur droit privé, ce qui peut soulever des problèmes d'ordre juridique, voire constitutionnel ; cette commission sera saisie avant le juge, à la différence duquel elle ne pourra ni apprécier la réalité ou le bien-fondé de créances, ni interpréter ou annuler des contrats, pas plus qu'apprécier l'incidence d'une procédure sur un régime matrimonial. Il conviendra donc de prévoir - a-t-il estimé - une articulation entre les travaux de la commission et l'intervention du juge. Constatant qu'actuellement, les collectivités locales, et particulièrement les départements, supportent le surendettement des ménages par leurs subventions d'équilibre aux organismes publics d'HLM - des loyers étant impayés alors que souvent les dettes seules de droit privé sont réglées - il a jugé positive l'institution d'une procédure d'ensemble et a souhaité que les élus puissent aider les intéressés à saisir la commission, alors qu'actuellement ils se trouvent démunis lorsqu'ils reçoivent des personnes leurs soumettant leurs problèmes d'endettement.

M. Nicolas Sarkozy, déclarant apprécier la manière réaliste et équilibrée avec laquelle le Secrétaire d'État avait présenté son texte, s'est néanmoins demandé si, dans le souci de résoudre les problèmes urgents, le Gouvernement n'avait pas prévu une procédure trop lourde dans la mesure où, faute de moyens d'action, l'intervention de la commission allongera les délais avant toute saisine du juge d'instance. Il a estimé trop formaliste la procédure de l'échange de lettres prévue par l'article 10, qui devrait selon lui être réservée au crédit immobilier et a souhaité, à côté du fichier national géré par la Banque de France, que puissent être tenus des fichiers professionnels qui fonctionnent bien et sont peu coûteux. Il a enfin demandé des précisions concernant les effets de la procédure amiable sur les actions en recouvrement des créances impayées en notant que l'existence d'un délai de forclusion créerait des obstacles à la conclusion d'accords.

M. Gilbert Millet a souligné que l'intervention d'un projet de loi était rendue nécessaire par les difficultés grandissantes rencontrées par beaucoup de personnes ayant à faire face à un chômage brutal, ainsi que par la précarisation d'une partie de la population. Il a évoqué les conditions, selon lui anormales, dans lesquelles des dossiers de crédit sont traités. Concernant le texte lui-même, il s'est inquiété de la « déjudiciarisation » proposée, notant que dessaisir la justice parce qu'elle n'a pas de moyens suffisants ne contribuerait pas à redonner confiance en elle. Il a estimé que la procédure administrative lourde est culpabilisante pour celui qui se trouve en situation difficile. Enfin, il a critiqué le fait qu'il ne soit pas prévu d'apurer totalement les dettes des ménages, alors que la liquidation judiciaire le permet pour les sociétés commerciales et agricoles.

M. Philippe Marchand a estimé nécessaire de maintenir le principe du fichier unique tenu par la Banque de France en rappelant que la Commission nationale informatique et liberté avait fait valoir les inconvénients multiples de l'existence de plusieurs fichiers gérés par les créanciers. Il a souhaité que le projet de loi vise également à la protection des créanciers - dont l'accord sera nécessaire dans le cadre de la procédure prévue - et a comparé, à cet égard, le rôle de la commission à celui exercé dans le passé par les juges de paix suppléants dont le rôle essentiel était de rechercher un accord entre les parties.

M. François Massot s'est étonné de ce que l'on confie à une commission composée de fonctionnaires le soin d'effectuer le travail d'un magistrat, pour le motif que le nombre de ces derniers est insuffisant et a estimé qu'il aurait été préférable de créer des postes de magistrats. Il a souhaité savoir ce qu'il adviendrait si le débiteur cachait à la commission une partie de ses dettes et si, malgré le plan de règlement, il souscrivait de nouveaux emprunts.

En réponse aux intervenants, le Secrétaire d'État a notamment apporté les précisions suivantes :

- le Gouvernement a demandé la mise en place d'un observatoire statistique de l'endettement ; les données actuellement disponibles ne permettent que d'indiquer que crédit immobilier et crédit à la consommation représentent environ respectivement deux tiers et un tiers du total des encours ;
- le Gouvernement n'est pas opposé à un allègement de la composition de la commission d'examen des situations de surendettement des particuliers, à condition que le préfet, qui a autorité sur les services déconcentrés, et l'administration fiscale chargée d'accorder des délais ou des remises de paiement en soient membres et que la parité entre représentants des emprunteurs et des prêteurs soit respectée.
- sur le fonctionnement de la commission, après avoir procédé à l'examen de la situation du débiteur, elle prendra contact avec les créanciers et soumettra le plan qu'elle aura élaboré au débiteur qui sera libre de l'accepter ou de le refuser. Il semble préférable de réserver la saisine de la commission au débiteur afin de lui conserver la liberté d'exposer ou non sa situation personnelle devant la commission administrative ;
- il est impossible d'envisager la création de plusieurs commissions de conciliation dans les départements les plus peuplés ;
- il n'y a rien de choquant à ce qu'une commission administrative intervienne dans la solution de problèmes liés à des relations de droit privé, comme ceci existe déjà, notammemnt en matière de rapports entre bailleurs et locataires. N'ayant aucun pouvoir propre de décision, la commission ne pourra pas se substituer au juge dont elle ne fera que préparer, éventuellement, la tâche ;
- le texte ne prévoit pas expressément de comparution du débiteur devant la commission : le représentant de la Banque de France pourra mener à bien un dialogue singulier avec le débiteur ; il se chargera d'établir la liste des créanciers et le montant total des dettes, en vue d'aboutir à une solution à la fois globale et durable ; la procédure de conciliation devant la commission évitera ainsi au débiteur la situation vécue comme culpabilisante de comparution devant le juge ;
- le projet de loi comporte des dispositions de nature à écarter les débiteurs de mauvaise foi de son bénéfice ;
- dans l'état actuel de fonctionnement de la justice, il ne semble pas réaliste de recourir à une procédure purement judiciaire pour régler le problème des surendettés ; le projet ne peut éviter de tenir compte de cet état de fait qu'il n'a pas pour objet d'améliorer, un texte qui concerne la vie quotidienne de nos concitoyens devant être élaboré dans un esprit pragmatique et non faire l'objet d'une approche uniquement juridique ;
- la disposition de l'article 7 permettant au juge de réduire ou d'annuler les créances immobilières en cas de vente du logement du débiteur devrait largement répondre aux préoccupations de ceux qui étaient favorables à une procédure de délaissement de ces créances ;
- la rédaction adoptée par le Sénat pour l'article 10 bis relatif au fichier national prend en compte l'avis de la Commission nationale de l'informatique et des libertés ; il n'est pas question d'interdire à une entreprise, ou à un groupe d'entreprises, d'avoir son propre fichier ; mais il faut que la CNIL puisse contrôler les interconnexions de fichiers privés aboutissant à la constitution de fichiers nationaux ;
- le projet de loi ne transpose pas aux particuliers l'application des procédures de liquidation existant en droit des sociétés. Il n'a, en effet, pas paru au Gouvernement souhaitable de prévoir une possibilité d'effacement total des dettes qui aurait laissé croire qu'il était permis de s'endetter à l'excès sans en subir de conséquence ; il convenait en outre de tenir compte du fait que, dans notre pays, la faillite est toujours vécue comme une situation infamante ; au demeurant, la procédure de faillite civile qui existe dans le droit local d'Alsace et de Moselle, lourde, longue et coûteuse, ne fonctionne pas de manière satisfaisante. Le projet de loi s'engage le plus loin possible dans la voie de l'allègement des dettes ; il permet même l'effacement des créances immobilières en cas de vente du logement du débiteur ; dans les autres cas, il laisse subsister une dette modeste, afin de ne pas déresponsabiliser les emprunteurs ;
- au stade de la procédure de conciliation, les dettes fiscales et parafiscales sont traitées comme les autres, ce qui n'est pas possible à celui de la procédure judiciaire en raison du principe de la séparation des autorités administratives et juridictionnelles ; toutefois, il pourra être demandé aux services fiscaux de fournir régulièrement des états des remises des créances accordées par eux.

***

Dans la discussion générale du projet de loi, après l'exposé du Rapporteur, M. Francis Delattre a souhaité que la commission administrative soit présidée par un magistrat désigné par le tribunal de grande instance de préférence au préfet. Il a également demandé que les dettes fiscales et parafiscales, comme les créances privées, fassent l'objet d'un traitement dans le plan de réaménagement des dettes.

Document 2

Circulaire du 21 février 1990 relative à l'application de la loi du 31 décembre 1989 (*Journal officiel* du 27 février 1990)

décrets, arrêtés, circulaires

TEXTES GÉNÉRAUX

PREMIER MINISTRE

Circulaire du 21 février 1990 relative à l'application de la loi du 31 décembre 1989 relative à la prévention et au règlement des difficultés liées au surendettement des particuliers et des familles

NOR : *PRMX9010070C*

Paris, le 21 février 1990.

Le Premier ministre à Madame et Messieurs les préfets de département et Madame et Messieurs les trésoriers-payeurs généraux.

Le Gouvernement a pour ambition d'améliorer la vie quotidienne des Français : il s'applique dans ce but à faire un usage approprié des fruits d'une croissance économique retrouvée.

Mais, partout dans le pays, la crise a laissé ses séquelles, frappé les plus faibles, multiplié les facteurs d'exclusion. Il faut aujourd'hui y porter remède.

Le Gouvernement ne pouvait ainsi rester indifférent aux difficultés des familles surendettées. Nombreux sont en effet les ménages qui se trouvent dans l'impossibilité d'assumer le poids de charges financières excessives, en particulier lorsqu'ils subissent une réduction imprévue de leurs ressources.

La loi du 31 décembre 1989 relative à la prévention et au règlement des difficultés dues au surendettement des particuliers et des familles leur apporte une réponse qui privilégie la recherche d'un plan amiable d'allégement de leurs dettes.

Vous trouverez en annexe à cette lettre les instructions qui vous permettront de procéder à la création des commissions départementales de conciliation et à la mise en œuvre de la loi. Le dispositif proposé ayant pour objet de répondre à des situations d'urgence, vous vous assurerez que les délais prévus seront strictement respectés.

J'attache une importance toute particulière à ce que ces commissions puissent fonctionner dès la date d'entrée en vigueur de la loi fixée au 1er mars 1990 : je vous demande de veiller personnellement à l'application d'un texte qui répond à l'attente, et parfois à la détresse, de très nombreuses familles.

MICHEL ROCARD

ANNEXE

MISE EN PLACE ET FONCTIONNEMENT DES COMMISSIONS DÉPARTEMENTALES D'EXAMEN DES SITUATIONS DE SURENDETTEMENT DES PARTICULIERS ET DES FAMILLES

Le décret relatif à l'application du titre Ier de la loi n° 89-1010 du 31 décembre 1989 relative à la prévention et au règlement des difficultés liées au surendettement des particuliers et des familles sera publié très prochainement au *Journal officiel.*

L'objet de la présente circulaire est de vous préciser les modalités de mise en place et de fonctionnement des commissions prévues dans ce dispositif auquel le Gouvernement attache la plus grande importance.

I. - *Mise en place des commissions*

Le préfet devra mettre en place la commission de son département dans les plus brefs délais et en tout état de cause avant le 1er mars, date d'entrée en application de la loi. A cet effet, il devra nommer certains membres de la commission, s'assurer que les différentes administrations lui apporteront leur concours, informer les autres partenaires, installer la commission. Il devra également déterminer s'il convient de créer plus d'une commission dans son département.

1. Nomination des membres

Outre le préfet, le trésorier-payeur général et le représentant local de la Banque de France (ou, le cas échéant, le directeur d'agence de l'Institut d'émission des départements d'outre-mer), la commission comprend deux membres nommés par arrêté du préfet.

L'article 4 du décret prévoit à cet effet que le préfet nommera pour un an une personnalité, ainsi qu'un suppléant, qu'il choisira sur une même liste comportant quatre noms, transmise par l'Association française des établissements de crédit (A.F.E.C.). Si cette liste n'est pas parvenue dans des délais suffisants, il convient de le signaler à cet organisme. Le préfet veillera à ce que son choix tienne compte de la diversité des types d'établissements de crédit.

Cet article prévoit également qu'il nommera pour un an une personnalité, ainsi qu'un suppléant, qu'il choisira sur une même liste comportant quatre noms, transmise par les associations familiales ou de consommateurs siégeant au comité départemental de la consommation. Il veillera à ce que son choix tienne compte de la diversité des organisations concernées : associations familiales ou de consommateurs. Il est signalé, à cet égard, que les personnalités et les associations agréées dont elles émanent peuvent ne pas faire partie du comité départemental de la consommation.

2. Concours apporté par les différentes administrations

La commission ne pourra parvenir à l'élaboration d'un règlement amiable que si l'ensemble des administrations concernées participent activement à l'élaboration du plan conventionnel et facilitent son exécution. A cet effet, le préfet demandera aux chefs de services extérieurs de son département de désigner auprès de la commission un correspondant auquel il sera fait appel en tant que de besoin.

3. Information des autres partenaires

Le préfet informera les tribunaux d'instance du département de la mise en place de la commission et leur transmettra tous renseignements propres à faciliter leurs contacts avec celle-ci.

Il fera part de l'action entreprise au président du conseil général et aux maires des principales communes du département et leur indiquera que la collaboration des services relevant de leur compétence aux travaux de la commission est une condition essentielle au bon fonctionnement du dispositif.

4. Installation de la commission

L'installation de la commission sera l'occasion d'informer largement le public. Cette information sera la plus concrète possible : il faudra veiller, en particulier, à ce que l'adresse et le numéro de téléphone de son secrétariat soient largement diffusés.

5. Nombre de commissions dans le département

Il ne sera créé de commission supplémentaire que dans les cas où il aura été effectivement constaté que le nombre des dossiers à traiter ou leur dispersion géographique ne permet pas à la commission d'effectuer sa tâche dans des conditions satisfaisantes. Le directeur départemental de la Banque de France conseillera utilement le préfet à cet égard.

Pour chaque commission supplémentaire, le préfet demandera à l'A.F.E.C. et aux associations familiales ou de consommateurs du comité départemental de la consommation une liste comportant quatre noms.

II. - *Fonctionnement des commissions*

1. Organisation des réunions de la commission

a) Localisation de la commission.

Le siège de la commission est fixé au lieu de travail du secrétariat, que déterminera le directeur de la Banque de France. Les demandes et les dossiers y seront adressés.

b) Participation des membres de la commission à ses réunions.

La présidence exercée par le préfet permettra de réaliser la synthèse des travaux de la commission et visera à assurer leur cohérence. Le préfet pourra demander à un membre du corps préfectoral de suivre très attentivement ces travaux. Il le chargera de le représenter dans les cas où il ne pourra participer à certaines de ses réunions. Il pourra également demander à un chef de service extérieur, en particulier au directeur départemental de la concurrence, de la consommation et de la répression des fraudes, ainsi qu'au directeur départemental des affaires sanitaires et sociales ou au directeur départemental de l'équipement de le représenter à certaines séances de la commission.

Compte tenu de sa compétence dans le domaine économique et financier, les fonctions de vice-président ont été dévolues au trésorier-payeur général. Il lui appartiendra de présider la commission lorsque le préfet sera dans l'impossibilité d'y assister. En l'absence du trésorier-payeur général, le représentant du préfet présidera la commission.

Les membres habilités à présider la commission en l'absence du préfet signent tous documents qui en émanent.

Le préfet rappellera, si nécessaire, aux membres de la commission qu'ils doivent impérativement être présents à ses réunions et participer à ses travaux. Il est souligné, à cet égard, que la commission ne peut valablement se réunir que si au moins quatre de ses membres sont présents ou représentés.

Si le préfet constate l'absence à trois réunions consécutives de la commission d'une des personnalités choisies sur la liste présentée par l'A.F.E.C. ou sur proposition des associations familiales ou de consommateurs et de son suppléant, il pourra, en application de l'article 4 du décret, mettre fin à leur mandat.

2. Saisine de la commission par un débiteur

a) Lieu de la saisine.

Le débiteur doit saisir la commission du lieu de son domicile en s'adressant à son secrétariat. Afin de prendre en compte les situations particulières, la commission du lieu où le débiteur demeure au moment où il demande à bénéficier du dispositif pourra se déclarer compétente.

Dans le cas où la commission est saisie d'une situation qui relève de la compétence territoriale d'une autre commission, le secrétariat lui transmet immédiatement la demande et en avise le débiteur.

Dans le cas de création d'une commission supplémentaire, le préfet déterminera, en liaison avec le directeur départemental de la Banque de France, s'il convient de lui transmettre immédiatement tous les dossiers en cours concernant sa zone de compétence ou si seules les nouvelles demandes lui seront affectées.

Vous veillerez à ce que les services de l'Etat transmettent immédiatement au secrétariat de la commission les correspondances qui leur auraient été adressées par erreur.

b) Forme et date de la saisine.

Lorsque le secrétariat de la commission sera contacté par une personne physique estimant relever des dispositions de la loi, il devra lui indiquer que la commission n'est saisie qu'à la réception d'une déclaration suffisamment précise pour lui permettre de commencer son travail.

Pour accélérer le traitement des demandes, le secrétariat de la commission tiendra à la disposition des débiteurs une déclaration type. Celle-ci est destinée à éviter que le caractère incomplet des informations données par le débiteur ne permette pas à celui-ci d'établir son impossibilité manifeste de faire face à l'ensemble de ses dettes non professionnelles échues ou à échoir. Vous veillerez à ce que cette déclaration type soit largement disponible.

Le secrétariat informe immédiatement de la saisine de la commission le débiteur et les créanciers par lettre recommandée avec demande d'avis de réception. La commission est considérée comme saisie à la date de cette information.

c) Recevabilité de la demande.

Une fois saisie d'une déclaration, la commission l'examine sans délai pour décider, sur la base des informations qu'elle détient, s'il y a lieu ou non d'ouvrir la procédure de règlement amiable. Son secrétariat informe immédiatement le débiteur et les créanciers de cette décision par lettre recommandée avec demande d'avis de réception. Il avise également par lettre simple le juge d'instance du domicile du débiteur.

Il est rappelé à cet égard que n'entrent pas dans le champ d'application de la procédure ni les dettes professionnelles, ni les débiteurs suivants : les personnes morales ou les personnes qui relèvent des procédures instituées par les lois n° 84-148 du 1er mars 1984 relative à la prévention et au règlement amiable des difficultés des entreprises, n° 85-98 du 25 janvier 1985 relative au redressement et à la liquidation judiciaire des entreprises et n° 88-1202 du 30 décembre 1988 relative à l'adaptation de l'exploitation agricole à son environnement économique et social.

La loi prévoit que la procédure de règlement amiable est destinée à régler les seules situations de surendettement caractérisées par l'impossibilité manifeste pour un débiteur de bonne foi de faire face à l'ensemble de ses dettes. Il en résulte que la commission ne pourra déclarer recevables que les demandes faisant apparaître ces éléments et que devront être rejetés les dossiers montrant que le débiteur n'est pas dans la situation requise.

L'examen de la recevabilité des dossiers est la seule hypothèse dans laquelle la commission sera appelée à prendre une décision. En l'absence de consensus, un vote pourra s'avérer nécessaire. En cas de partage égal des voix, celle du président est prépondérante conformément à l'article 5 du décret.

L'article 9 du décret précise la procédure à suivre en cas de recours contre la décision de la commission sur la recevabilité de la demande d'ouverture de la procédure.

3. Instruction des dossiers

Dès que la commission a décidé d'ouvrir la procédure, elle charge le secrétariat d'instruire le dossier pour lui en faire rapport. La commission, à la demande du secrétariat, notamment lorsque la charge de travail ou la nature du dossier le rend utile, peut associer au cas par cas à l'instruction des dossiers un agent des services extérieurs de l'Etat.

Durant l'instruction, le secrétariat travaille en liaison avec les membres de la commission ou leurs collaborateurs et les correspondants de la commission auprès des administrations.

Le premier objet de cette instruction est de dresser avec exactitude l'état de l'endettement et des ressources (revenus et patrimoine) du débiteur et, le cas échéant, de son foyer.

a) Relations avec le débiteur et les créanciers.

Par souci d'efficacité, le secrétariat veille à ce que ses contacts avec le débiteur et les créanciers soient organisés sans excès de formalisme et de la manière qui convient le mieux à ses interlocuteurs. Il peut recevoir les parties et mettre en œuvre les réunions qui lui paraissent utiles ; dans ce cas, les réunions se tiennent au secrétariat de façon informelle et ne doivent pas donner lieu à procès-verbal. Le secrétariat prend, le cas échéant, contact avec les coobligés du débiteur et avec les personnes qui se seraient portées caution pour lui.

Il devra être rappelé au débiteur qu'il est de son intérêt qu'il soit dressé de son endettement un état exact et complet, que la loi lui impose des obligations à cet égard et que l'omission consciente d'une information lui ferait perdre le bénéfice de la procédure. Si, au cours de son travail d'instruction, le secrétariat a connaissance d'une dette non déclarée, il avertit le créancier de la procédure en cours.

Si l'état des voies d'exécution en cours rend impossible l'élaboration du plan amiable, le secrétariat demande aux créanciers s'ils sont disposés à suspendre leur action. En cas de refus, la commission peut demander au juge d'intervenir en application de l'article 1er de la loi et de l'article 10 du décret. La demande de suspension précise la date à laquelle la commission a été saisie.

b) Coordination avec d'autres instances.

Vous veillerez à ce que soit assurée la coordination de l'action de la commission avec les autres instances ou commissions qui auraient connu, connaîtraient ou seraient susceptibles de connaître du dossier et qui seraient appelées à intervenir dans l'élaboration du plan de règlement.

Pour certains dossiers nécessitant un traitement social adapté, il conviendra de vérifier s'il a été fait appel aux prestations sociales légales, réglementaires ou conventionnelles dont peut bénéficier le débiteur. Les travailleurs sociaux et les associations caritatives ou familiales, en particulier les unions départementales des associations familiales (U.D.A.F.), pourront sur ce point apporter leur concours. Je vous rappelle à cet égard que la commission peut demander aux collectivités territoriales et aux organismes de sécurité sociale de procéder à des enquêtes sociales.

Pour les dossiers présentant des difficultés liées au logement, les associations départementales d'information sur le logement (A.D.I.L.) pourront être consultées. Lorsque le débiteur est ayant droit à l'aide personnalisée au logement (A.P.L.), il conviendra d'informer la section départementale des aides publiques au logement de la saisine en lui précisant l'état des dettes.

4. Elaboration du plan conventionnel de règlement

Le travail d'instruction du secrétariat et les séances de la commission ont pour but de favoriser l'établissement d'une solution amiable entre les parties et d'aider à la définition de son contenu.

Le secrétariat veillera en conséquence à ce que les négociations entre les parties se déroulent dans de bonnes conditions : il s'efforcera de les convaincre de l'opportunité de parvenir à une solution amiable et les guidera en leur apportant assistance et conseil et en leur soumettant toute proposition.

A cet égard, différents moyens pourront être utilisés pour parvenir à un accord : délais de paiement, allongement des durées d'amortissement, report de certaines échéances en fin de prêt, baisse de taux, remises de dettes, domiciliation unique, rachat de petites créances facilitant des remboursements anticipés, vente amiable de certains éléments du patrimoine du débiteur...

Il conviendra de veiller tout particulièrement à ce que le contenu du plan ne laisse place à aucune ambiguïté. Ses modalités d'application, en particulier, devront être définies avec précision pour toute sa durée d'exécution en tenant compte des autres aides ou mesures proposées.

Pour les délais concernant les dettes fiscales, parafiscales ou envers les organismes de sécurité sociale, le débiteur saisira, soit par l'intermédiaire du secrétariat de la commission, soit directement, la commission des chefs des services financiers et des représentants des organismes de sécurité sociale, seule compétente, conformément au décret n° 78-486 du 31 mars 1978, modifié par le décret n° 86-908 du 30 juillet 1986, pour accorder des moratoires.

Dans le cas où la dette fiscale, parafiscale ou envers les organismes de sécurité sociale est peu importante et où les délais qu'il y a lieu d'accorder sont de durée limitée, le débiteur demandera, soit par l'intermédiaire du secrétariat de la commission, soit directement, aux comptables ou aux organismes compétents de déterminer des modalités de règlement compatibles avec sa situation financière sans que la commission des chefs des services financiers et des représentants des organismes de sécurité sociale soit saisie du dossier.

Le débiteur adressera, soit directement soit par l'intermédiaire du secrétariat de la commission, les demandes en remise d'impôts directs au directeur des services fiscaux compétents.

Un décret qui sera publié prochainement précisera les conditions dans lesquelles les créances de sécurité sociale pourront faire l'objet de remises.

5. Conclusion du plan conventionnel

Dès que le projet de plan de règlement est prêt et au plus tard à la fin du deuxième mois qui suit sa saisine, la commission le soumet à l'ensemble des parties et constate leur accord ou leur désaccord.

Si un plan conventionnel de règlement a pu être élaboré, il est visé par le président de la commission, signé et daté par les parties. Copie leur en est adressée, ainsi qu'au juge d'instance et, le cas échéant, à la section départementale des aides publiques au logement.

En cas de constatation par la commission de l'échec de la procédure de conciliation, elle avertit le débiteur par lettre recommandée avec demande d'avis de réception et informe les créanciers par le même moyen. Elle rappelle aux intéressés qu'ils peuvent saisir le juge en vue de l'ouverture d'une procédure de redressement judiciaire civil. Le secrétariat de la commission ne transmet le dossier au juge que sur invitation du greffier du tribunal.

6. Confidentialité

J'appelle votre attention sur la nécessité absolue de maintenir une stricte confidentialité sur les travaux du secrétariat et sur les délibérations de la commission. En particulier, tous les documents utilisés et les informations obtenues lors de l'instruction doivent être réservés à l'usage exclusif des membres de la commission.

Vous rappellerez cette obligation à tous ceux (services extérieurs, services sociaux, etc.) qui peuvent être appelés à participer aux travaux de la commission.

Document 3

Décret n° 90-175 du 21 février 1990 relatif à l'application du titre Ier de la loi n° 89-1010 du 31 décembre 1989 (*Journal officiel* du 27 février 1990)

MINISTÈRE DE L'ÉCONOMIE, DES FINANCES ET DU BUDGET

Décret n° 90-175 du 21 février 1990 relatif à l'application du titre Ier de la loi n° 89-1010 du 31 décembre 1989 relative à la prévention et au règlement des difficultés liées au surendettement des particuliers et des familles

NOR : *ECOT8913250D*

Le Premier ministre,

Sur le rapport du ministre d'Etat, ministre de l'économie, des finances et du budget, du garde des sceaux, ministre de la justice, du ministre délégué auprès du ministre d'Etat, ministre de l'économie, des finances et du budget, chargé du budget, et du secrétaire d'Etat auprès du ministre d'Etat, ministre de l'économie, des finances et du budget, chargé de la consommation,

Vu le code de procédure pénale ;

Vu le nouveau code de procédure civile ;

Vu la loi n° 89-1010 du 31 décembre 1989 relative à la prévention et au règlement des difficultés liées au surendettement des particuliers et des familles ;

Vu l'ordonnance n° 59-74 du 7 janvier 1959 portant réforme du régime de l'émission dans les départements de la Guadeloupe, de la Guyane, de la Martinique et de la Réunion ;

Vu la loi n° 73-7 du 3 janvier 1973 sur la Banque de France ;

Vu l'ordonnance n° 77-1107 du 26 septembre 1977 portant extension et adaptation au département de Saint-Pierre-et-Miquelon de diverses dispositions législatives relatives aux affaires économiques, financières et domaniales ;

Vu le décret n° 84-708 du 24 juillet 1984 pris pour l'application de la loi n° 84-46 du 24 janvier 1984 relative à l'activité et au contrôle des établissements de crédit ;

Vu le décret n° 86-1309 du 29 décembre 1986 fixant les conditions d'application de l'ordonnance n° 86-1243 du 1er décembre 1986 relative à la liberté des prix et de la concurrence ;

Le Conseil d'Etat (section des finances) entendu,

Décrète :

Section 1

Organisation et fonctionnement de la commission d'examen des situations de surendettement des particuliers

Art. 1er. - Il peut être créé par arrêté préfectoral plus d'une commission par département lorsque la situation économique, sociale, géographique ou démographique du département l'exige. Cet arrêté fixe la compétence territoriale de chaque commission et son siège.

Le secrétariat est situé dans les locaux que la Banque de France désigne.

Art. 2. - Au sein de chaque commission le préfet peut se faire représenter par un membre du corps préfectoral ou un chef de service départemental des services extérieurs de l'Etat.

Le trésorier-payeur général peut se faire représenter par l'un de ses adjoints ayant au moins le grade d'inspecteur principal adjoint ou par un receveur particulier des finances.

En l'absence du préfet et du trésorier-payeur général, le représentant du préfet préside la commission.

Art. 3. - Le gouverneur de la Banque de France désigne les représentants locaux de cet établissement auprès de ces commissions ainsi que les personnes habilitées à les représenter.

Art. 4. - Pour chaque commission, le préfet nomme par arrêté, pour une durée d'un an renouvelable, une personnalité et son suppléant qu'il choisit sur une liste départementale, comprenant quatre noms, qui lui est transmise par l'association française des établissements de crédit ainsi qu'une personnalité et son suppléant proposés, dans les mêmes conditions, par les associations familiales ou de consommateurs siégeant au comité départemental de la consommation défini à l'article 34 du décret du 29 décembre 1986 susvisé.

S'il constate l'absence de l'une de ces personnalités et de son suppléant à trois séances consécutives de la commission, le préfet peut mettre fin à leur mandat avant l'expiration de la période d'un an. Il nomme alors une autre personnalité et un suppléant choisis sur la même liste.

Art. 5. - La commission ne peut valablement se réunir que si au moins quatre de ses cinq membres sont présents ou représentés. En cas de partage égal des voix, la voix du président est prépondérante.

Art. 6. - Dans les départements d'outre-mer et dans la collectivité territoriale de Saint-Pierre-et-Miquelon, le directeur d'agence de l'institut d'émission des départements d'outre-mer est membre de la commission aux lieu et place du représentant de la Banque de France. Le directeur d'agence peut se faire représenter par l'un de ses adjoints. Ses services assurent le secrétariat de la commission.

Section 2

Règlement amiable

Art. 7. - La commission compétente est celle du domicile du débiteur.

Art. 8. - La commission est saisie des demandes d'ouverture de procédure de règlement amiable par une déclaration signée du débiteur et remise ou adressée à son secrétariat. A peine d'irrecevabilité, la demande doit préciser le nom et l'adresse du débiteur, indiquer sa situation familiale, fournir un état sommaire de ses revenus et des éléments actifs et passifs de son patrimoine et indiquer le nom et l'adresse des créanciers. La commission informe le débiteur et les créanciers de sa saisine par lettre recommandée avec demande d'avis de réception.

Art. 9. - La commission est tenue d'examiner la recevabilité de la demande. Elle notifie sa décision au débiteur et aux créanciers par lettre recommandée avec demande d'avis de réception. La lettre indique que la décision peut faire l'objet d'un recours dans un délai de quinze jours à compter de la notification, par déclaration remise ou adressée par lettre recommandée avec demande d'avis de réception au secrétariat de la commission.

La déclaration indique les nom, prénoms, profession et adresse de l'auteur du recours ainsi que la décision attaquée. Le secrétariat de la commission adresse immédiatement copie de la déclaration au juge d'instance et lui transmet le dossier.

Le greffier notifie le jugement statuant sur le recours au débiteur et à ses créanciers par lettre recommandée avec demande d'avis de réception. Il en envoie copie par lettre simple à la commission en lui renvoyant le dossier.

Le jugement n'est pas susceptible d'appel.

Art. 10. - Lorsque la commission, en application des dispositions de l'article 1er de la loi du 31 décembre 1989 susvisée, demande la suspension des voies d'exécution diligentées contre le débiteur, elle adresse une lettre simple au greffe du tribunal d'instance du domicile du débiteur, quel que soit celui où est poursuivie la procédure d'exécution. La lettre, signée du président de la commission, indique les nom, prénoms, profession et adresse du débiteur et ceux des créanciers poursuivants ou, pour les personnes morales, leur dénomination et leur siège social.

A cette lettre sont annexés un relevé des éléments actifs et passifs du patrimoine du débiteur, l'état de son endettement et la liste des procédures d'exécution en cours.

Art. 11. - La décision du juge ordonnant la suspension des voies d'exécution mentionne la date de saisine de la commission.

L'ordonnance est notifiée aux créanciers poursuivants et aux agents chargés de l'exécution par lettre recommandée avec demande d'avis de réception. La notification indique que la décision peut être l'objet de la part des créanciers poursuivants d'une demande en rétractation formée par déclaration remise ou adressée au greffe du tribunal à laquelle est jointe une copie de la décision.

Une copie de la décision du juge qui ordonne la suspension ou, s'il y a lieu, de celle qui statue sur une demande en rétractation est adressée par le greffier, par lettre simple, à la commission qui en informe le débiteur. Le greffier avise également, par lettre simple, l'auteur d'une demande en rétractation de la décision rendue sur cette demande.

La suspension cesse de produire effet de plein droit à l'expiration d'un délai de trois mois à compter de la date de saisine de la commission à moins que le juge n'ait fixé dans son ordonnance un délai plus bref.

Le juge d'instance ne peut ordonner la suspension des voies d'exécution diligentées pour le recouvrement des dettes alimentaires.

L'ordonnance n'est pas susceptible d'appel.

Art. 12. - La commission peut demander à entendre le débiteur et les créanciers ou les faire entendre par un de ses membres. La convocation leur rappelle qu'ils peuvent être assistés par toute personne de leur choix.

Art. 13. - Si un plan conventionnel de règlement a pu être élaboré, il est signé et daté par les parties : copie leur en est adressée, ainsi qu'au juge d'instance.

Art. 14. - Si la commission constate qu'il lui est impossible de recueillir l'accord des intéressés sur un plan conventionnel ou si l'accord n'a pu être recueilli dans le délai fixé à l'article 9 de la loi du 31 décembre 1989 susvisée, elle en avertit le débiteur et les créanciers par lettre recommandée avec demande d'avis de réception. Elle rappelle aux intéressés qu'ils peuvent saisir le juge en vue de l'ouverture d'une procédure de redressement judiciaire civil.

Section 3

Redressement judiciaire civil

Art. 15. - Hors les cas où elle est ouverte d'office ou à la demande d'un autre juge, la procédure de redressement judiciaire civil est ouverte sur déclaration remise ou adressée au greffe du tribunal d'instance du domicile du débiteur.

La déclaration indique les nom, prénoms, profession et adresse du déclarant.

Lorsque la commission a été préalablement saisie, le greffier invite le secrétariat de celle-ci à lui transmettre le dossier. Dans le cas contraire, la déclaration remise par le débiteur doit, à peine d'irrecevabilité, préciser la situation familiale de celui-ci, fournir l'état de ses revenus et des éléments actifs et passifs de son patrimoine et indiquer le nom et l'adresse de ses créanciers.

Le greffier informe le débiteur et les créanciers de la décision prise sur l'ouverture de la procédure par lettre recommandée avec demande d'avis de réception.

Art. 16. - Le juge qui constate, à l'occasion d'un litige ou d'une procédure d'exécution dont il est saisi, une situation de surendettement caractérisé au sens de l'article 1er de la loi du 31 décembre 1989 susvisée en informe par tout moyen le tribunal d'instance du domicile du débiteur et lui transmet les éléments portés à sa connaissance sur cette situation. Il en fait mention au dossier.

La transmission ne dessaisit pas le juge.

Art. 17. - L'appel aux créanciers est publié à la diligence du greffier du tribunal d'instance dans un journal habilité à recevoir les annonces légales dans le département du domicile du débiteur.

L'appel précise dans quel délai les créanciers doivent, par lettre simple adressée au greffe du tribunal d'instance du domicile du débiteur, déclarer leurs créances.

A défaut d'accord entre les parties, le juge désigne la ou les parties qui supporte les frais de l'appel aux créanciers.

Art. 18. - Le juge informe par lettre simple la commission qu'il la charge d'une mission de conciliation en application des dispositions de l'article 11 de la loi du 31 décembre 1989 susvisée. Il joint à sa lettre une copie de la décision d'ouverture du redressement judiciaire civil. Il fournit à la commission les éléments en sa possession sur l'état des éléments actifs et passifs du patrimoine.

La commission informe de sa mission le débiteur et les créanciers par lettre simple.

Art. 19. - Les mesures prévues aux quatrième et cinquième alinéas de l'article 11 de la loi du 31 décembre 1989 susvisée et à l'article 12 de la même loi sont prises les parties entendues ou appelées. Elles leur sont notifiées par le greffe par lettre recommandée avec demande d'avis de réception.

Art. 20. - Sont exécutoires de plein droit, à titre provisoire, les décisions prises par le juge d'instance en application du titre Ier de la loi du 31 décembre 1989 susvisée et du présent décret.

L'appel et le pourvoi en cassation sont formés, instruits et jugés selon les règles de la procédure sans représentation obligatoire prévue aux articles 931 à 949 et 983 à 995 du nouveau code de procédure civile.

Art. 21. - L'article R. 93 du code de procédure pénale est complété ainsi qu'il suit :

« 18° Des frais de l'appel aux créanciers prévu à l'article 11 de la loi n° 89-1010 du 31 décembre 1989 relative à la prévention et au règlement des difficultés liées au surendettement des particuliers et des familles. »

Art. 22. - Le ministre d'Etat, ministre de l'économie, des finances et du budget, le garde des sceaux, ministre de la justice, le ministre de l'intérieur, le ministre des départements et territoires d'outre-mer, porte-parole du Gouvernement, le ministre délégué auprès du ministre d'Etat, ministre de l'économie, des finances et du budget, chargé du budget, et le secrétaire d'Etat auprès du ministre d'Etat, ministre de l'économie, des finances et du budget, chargé de la consommation, sont chargés, chacun en ce qui le concerne, de l'exécution du présent décret, qui sera publié au *Journal officiel* de la République française.

Fait à Paris, le 21 février 1990.

MICHEL ROCARD

Par le Premier ministre :

Le ministre d'Etat, ministre de l'économie, des finances et du budget,
PIERRE BÉRÉGOVOY

Document 4

Loi n° 89-1010 du 31 décembre 1989 relative à la prévention et au règlement des difficultés liées au surendettement des particuliers et des familles (*Journal officiel* du 2 janvier 1990)

LOI n° 89-1010 du 31 décembre 1989 relative à la prévention et au règlement des difficultés liées au surendettement des particuliers et des familles (1)

NOR : *ECOX8900100L*

L'Assemblée nationale et le Sénat ont adopté,

Le Président de la République promulgue la loi dont la teneur suit :

TITRE Ier

DU RÈGLEMENT DES SITUATIONS DE SURENDETTEMENT DES PARTICULIERS

CHAPITRE Ier

Du règlement amiable

Art. 1er. - Il est institué une procédure de règlement amiable destinée, par l'élaboration d'un plan conventionnel approuvé par le débiteur et ses principaux créanciers, à régler la situation de surendettement des personnes physiques, caractérisée par l'impossibilité manifeste pour le débiteur de bonne foi de faire face à l'ensemble de ses dettes non professionnelles exigibles et à échoir.

La procédure est engagée, à la demande du débiteur, devant une commission d'examen des situations de surendettement des particuliers instituée dans chaque département.

La commission informe de l'ouverture de la procédure le juge d'instance du lieu du domicile du débiteur.

Elle peut, en outre, saisir le juge d'instance aux fins de suspension des voies d'exécution qui seraient diligentées contre le débiteur.

La commission peut être également saisie par un juge dans les conditions prévues à l'article 11.

Art. 2. - Il est institué, dans chaque département, au moins une commission d'examen des situations de surendettement des particuliers.

La commission comprend le représentant de l'Etat dans le département, président, le trésorier-payeur général, vice-président, le représentant local de la Banque de France, qui en assure le secrétariat, ainsi que deux personnalités choisies par le représentant de l'Etat dans le département, l'une sur proposition de l'Association française des établissements de crédit et l'autre sur proposition des associations familiales ou de consommateurs.

La commission peut entendre toutes les personnes dont l'audition lui paraît utile.

Un décret en Conseil d'Etat fixe les règles d'organisation et de fonctionnement de la commission. Il précise notamment les conditions dans lesquelles ses membres peuvent se faire représenter et celles dans lesquelles il peut être institué plus d'une commission dans le département.

Art. 3. - La commission dresse l'état d'endettement du débiteur. Celui-ci est tenu de lui déclarer les éléments actifs et passifs de son patrimoine dont il a connaissance.

Nonobstant toute disposition contraire, elle peut obtenir communication, auprès des administrations publiques, des établissements de crédit, des organismes de sécurité et de prévoyance sociale ainsi que des services chargés de centraliser les risques bancaires et les incidents de paiement, de tout renseignement de nature à lui donner une exacte information sur la situation du débiteur, l'évolution possible de celle-ci et les procédures de conciliation amiables en cours.

Les collectivités territoriales et les organismes de sécurité sociale procèdent, à sa demande, à des enquêtes sociales.

Art. 4. - La commission s'efforce de concilier les parties en vue de l'élaboration d'un plan conventionnel de règlement.

Il est tenu compte de la connaissance que pouvait avoir chacun des prêteurs, lors de la conclusion des différents contrats, de la situation d'endettement du débiteur.

Le plan peut comporter des mesures de report ou de rééchelonnement des paiements des dettes, de remise des dettes, de réduction ou de suppression du taux d'intérêt, de consolidation, de création ou de substitution de garantie.

Le plan peut subordonner ces mesures à l'accomplissement par le débiteur d'actes propres à faciliter ou à garantir le paiement de la dette. Il peut également les subordonner à l'abstention par le débiteur d'actes qui aggraveraient son insolvabilité.

Le plan prévoit les modalités de son exécution.

Art. 5. - Le tribunal d'instance est compétent pour connaître des recours dirigés contre les décisions prises par la commission sur la recevabilité des demandes d'ouverture d'une procédure amiable.

Art. 6. - Les parties peuvent être assistées devant la commission par toute personne de leur choix.

Art. 7. - Les membres de la commission, ainsi que toute personne qui participe à ses travaux ou est appelée au règlement amiable, sont tenus de ne pas divulguer à des tiers les informations dont ils ont eu connaissance dans le cadre de la procédure instituée par le présent chapitre, à peine des sanctions prévues à l'article 378 du code pénal.

Art. 8. - La commission informe le juge d'instance du lieu du domicile du débiteur de la conclusion du plan conventionnel de règlement et des mesures qu'il comporte.

Art. 9. - Si la commission a estimé que le débiteur ne relève pas des dispositions de l'article 1er de la présente loi ou si, dans un délai de deux mois à compter de sa saisine, la commission n'a pu recueillir l'accord des intéressés sur un plan conventionnel de règlement ou si, pendant l'examen du dossier, un créancier engage ou poursuit une procédure d'exécution, les intéressés peuvent demander au juge d'instance d'ouvrir une procédure de redressement judiciaire civil. La commission lui transmet le dossier.

CHAPITRE II

Du redressement judiciaire civil

Art. 10. - Il est institué, devant le tribunal d'instance du domicile du débiteur, une procédure collective de redressement judiciaire civil des difficultés financières du débiteur qui se trouve dans la situation de surendettement caractérisée au premier alinéa de l'article 1er.

Elle est ouverte devant le tribunal d'instance dans les cas mentionnés à l'article 9 de la présente loi.

Elle peut l'être également à la demande d'un débiteur ou, d'office, par le tribunal d'instance ou à la demande d'un autre juge lorsqu'à l'occasion d'un litige ou d'une procédure d'exécution est constatée une situation de surendettement.

Art. 11. - Au vu des éléments déclarés par le débiteur et, le cas échéant, des informations qu'il aura recueillies, le juge ouvre la procédure.

Il peut faire publier un appel aux créanciers ; il s'assure du caractère certain, exigible et liquide des créances.

Nonobstant toute disposition contraire, il peut obtenir communication de tout renseignement lui permettant d'apprécier la situation du débiteur et l'évolution possible de celle-ci.

Si la situation du débiteur l'exige, le juge prononce la suspension provisoire des procédures d'exécution portant sur les dettes autres qu'alimentaires pour une durée n'excédant pas deux mois renouvelable une fois.

Sauf autorisation du juge, la décision qui prononce la suspension provisoire des procédures d'exécution interdit au débiteur d'avoir recours à un nouvel emprunt, de payer, en tout ou partie, une créance autre qu'alimentaire née antérieurement à cette décision, de désintéresser les cautions qui acquitteraient des créances nées antérieurement, de faire un acte de disposition étranger à la gestion normale du patrimoine ; elle interdit aussi la prise de toute garantie ou sûreté.

Le juge charge la commission instituée à l'article 1er de conduire une mission de conciliation dans les conditions définies au chapitre Ier du présent titre sauf si la commission préalablement saisie n'est pas parvenue à concilier les parties, si les chances de succès de cette mission sont irrémédiablement compromises ou si la situation du débiteur exige la mise en œuvre immédiate de mesures de redressement judiciaire civil.

La commission rend compte au juge de sa mission.

Art. 12. - Pour assurer le redressement, le juge d'instance peut reporter ou rééchelonner le paiement des dettes autres que fiscales, parafiscales ou envers les organismes de sécurité sociale, sans que le délai de report ou d'échelonnement puisse excéder cinq ans ou la moitié de la durée restant à courir des emprunts en cours.

Il peut décider que les paiements s'imputeront d'abord sur le capital ou que les échéances reportées ou rééchelonnées porteront intérêt à un taux réduit qui peut être inférieur au taux d'intérêt légal sur décision spéciale et motivée et si la situation du débiteur l'exige.

Il peut subordonner ces mesures à l'accomplissement par le débiteur d'actes propres à faciliter ou à garantir le paiement de la dette. Il peut également les subordonner à l'abstention, par le débiteur, d'actes qui aggraveraient son insolvabilité.

En cas de vente forcée du logement principal du débiteur, grevé d'une inscription bénéficiant à un établissement de crédit ayant fourni les sommes nécessaires à son acquisition, le juge d'instance peut, par décision spéciale et motivée, réduire le montant de la fraction des prêts immobiliers restant due aux établissements de crédit après la vente, dans des proportions telles que son paiement, assorti d'un échelonnement calculé comme il est dit ci-dessus, soit compatible avec les ressources et les charges du débiteur. La même disposition est applicable en cas de vente amiable dont le principe, destiné à éviter une saisie immobilière, et les modalités, ont été arrêtés d'un commun accord entre le débiteur et l'établissement de crédit. En toute hypothèse, le bénéfice du présent alinéa ne peut être invoqué plus d'un an après la vente, à moins que dans ce délai la commission prévue à l'article 1er de la présente loi n'ait été saisie.

Pour l'application du présent article, le juge peut prendre en compte la connaissance que pouvait avoir chacun des prêteurs, lors de la conclusion des différents contrats, de la situation d'endettement du débiteur. Il peut également vérifier que le contrat de prêt a été consenti avec le sérieux qu'imposent les usages de la profession.

Art. 13. - Dans la première phrase de l'article 8 de la loi n° 78-22 du 10 janvier 1978 relative à l'information et à la protection des consommateurs dans le domaine de certaines opérations de crédit, les mots : « statuant en référé, » sont supprimés.

Art. 14. - Dans la première phrase de l'article 14 de la loi n° 79-596 du 13 juillet 1979 relative à l'information et à la protection des emprunteurs dans le domaine immobilier, les mots : « des référés » sont supprimés.

CHAPITRE III

Dispositions communes

Art. 15. - Les créances des organismes de prévoyance ou de sécurité sociale peuvent faire l'objet de remises dans des conditions prévues par décret en Conseil d'Etat.

Art. 16. - Est déchue du bénéfice des dispositions du présent titre :

1° Toute personne qui aura sciemment fait de fausses déclarations ou remis des documents inexacts en vue d'obtenir le bénéfice des procédures de règlement amiable ou de redressement judiciaire ;

2° Toute personne qui, dans le même but, aura détourné ou dissimulé, ou tenté de détourner ou de dissimuler, tout ou partie de ses biens ;

3° Toute personne qui, sans l'accord de ses créanciers ou du juge, aura aggravé son endettement en souscrivant de nouveaux emprunts ou aura procédé à des actes de disposition de son patrimoine pendant l'exécution du plan ou le déroulement des procédures de règlement amiable ou de redressement judiciaire.

Art. 17. - Les dispositions du titre Ier ne s'appliquent pas lorsque le débiteur relève des procédures instituées par les lois n° 84-148 du 1er mars 1984 relative à la prévention et au règlement amiable des difficultés des entreprises, n° 88-1202 du 30 décembre 1988 relative à l'adaptation de l'exploitation agricole à son environnement économique et social et n° 85-98 du 25 janvier 1985 relative au redressement et à la liquidation judiciaires des entreprises.

Ces mêmes dispositions ne font pas obstacle à l'application des articles 22, 23 et 24 de la loi du 1er juin 1924 portant introduction des lois commerciales françaises dans les départements du Haut-Rhin, du Bas-Rhin et de la Moselle.

Art. 18. - Les dispositions du présent titre sont applicables aux contrats en cours.

TITRE II

DE LA PRÉVENTION DES SITUATIONS DE SURENDETTEMENT DES PARTICULIERS

Art. 19. - La loi n° 78-22 du 10 janvier 1978 précitée est ainsi modifiée :

I. - Le premier alinéa de l'article 5 est remplacé par deux alinéas ainsi rédigés :

« Les opérations de crédit visées à l'article 2 sont conclues dans les termes d'une offre préalable, remise en double exemplaire à l'emprunteur et, éventuellement, en un exemplaire aux cautions. La remise de l'offre oblige le prêteur à maintenir les conditions qu'elle indique pendant une durée minimale de quinze jours à compter de son émission.

« Lorsqu'il s'agit d'une ouverture de crédit qui, assortie ou non de l'usage d'une carte de crédit, offre à son bénéficiaire la possibilité de disposer de façon fractionnée, aux dates de son choix, du montant du crédit consenti, l'offre préalable n'est obligatoire que pour le contrat initial. Elle précise que la durée du contrat est limitée à un an renouvelable et que le prêteur devra indiquer, trois mois avant l'échéance, les conditions de reconduction du contrat. Elle fixe également les modalités du remboursement, qui doit être échelonné, sauf volonté contraire du débiteur, des sommes restant dues dans le cas où le débiteur demande à ne plus bénéficier de son ouverture de crédit. »

II. - Dans le dernier alinéa de l'article 5, le mot : « deux » est supprimé.

III. - Dans le dernier alinéa de l'article 6, le mot : « premier » est remplacé par le mot : « deuxième ».

IV. - Après l'article 7, il est inséré un article 7-1 ainsi rédigé :

« *Art. 7-1.* - La personne physique qui s'engage par acte sous seing privé en qualité de caution pour l'une des opérations prévues à l'article 2 doit, à peine de nullité de son engagement, faire précéder sa signature de la mention manuscrite suivante, et uniquement de celle-ci :

« En me portant caution de X..., dans la limite de la somme de... couvrant le paiement du principal, des intérêts et, le cas échéant, des pénalités ou intérêts de retard et pour la durée de..., je m'engage à rembourser au prêteur les sommes dues sur mes revenus et mes biens si X... n'y satisfait pas lui-même. »

V. - Après l'article 7-1, il est inséré un article 7-2 ainsi rédigé :

« *Art. 7-2.* - Lorsque le créancier demande un cautionnement solidaire, la personne physique qui se porte caution doit, à peine de nullité de son engagement, faire précéder sa signature de la mention manuscrite suivante :

« En renonçant au bénéfice de discussion défini à l'article 2021 du code civil et en m'obligeant solidairement avec X..., je m'engage à rembourser le créancier sans pouvoir exiger qu'il poursuive préalablement X... ».

VI. - Après l'article 7-2, il est inséré un article 7-3 ainsi rédigé :

« *Art. 7-3.* - Toute personne physique qui s'est portée caution à l'occasion d'une opération de crédit relevant de la présente loi doit être informée par l'établissement prêteur de la défaillance du débiteur principal dès le premier incident de paiement caractérisé susceptible d'inscription au fichier institué à l'article 23 de la loi n° 89-1010 du 31 décembre 1989 relative à la prévention et au règlement des difficultés liées au surendettement des particuliers et des familles. Si l'établissement prêteur ne se conforme pas à cette obligation, la caution ne saurait être tenue du paiement des pénalités ou intérêts de retard échus entre la date de ce premier incident et celle à laquelle elle en a été informée. »

VII. - Après l'article 7-3, il est inséré un article 7-4 ainsi rédigé :

« *Art. 7-4.* - Un établissement de crédit ne peut se prévaloir d'un contrat de cautionnement conclu par une personne physique dont l'engagement était, lors de sa conclusion, manifestement disproportionné à ses biens et revenus, à moins que le patrimoine de cette caution, au moment où celle-ci est appelée, ne lui permette de faire face à son obligation. »

VIII. - A l'article 20, aux mots : « de l'article 1152 » sont substitués les mots : « des articles 1152 et 1231 ».

IX. - La dernière phrase de l'article 27 est complétée par les mots : « , y compris lorsqu'elles sont nées de contrats conclus antérieurement à l'entrée en vigueur de la loi n° 89-421 du 23 juin 1989 relative à l'information et à la protection des consommateurs ainsi qu'à diverses pratiques commerciales. »

X. - L'article 27 est complété par un alinéa ainsi rédigé :

« Lorsque les modalités de règlement des échéances impayées ont fait l'objet d'un réaménagement ou d'un rééchelonnement, le point de départ du délai de forclusion est le premier incident non régularisé intervenu après le premier aménagement ou rééchelonnement conclu entre les intéressés ou après adoption d'un plan de règlement ou décision du juge survenue en application de la loi n° 89-1010 du 31 décembre 1989 relative à la prévention et au règlement des difficultés liées au surendettement des particuliers et des familles. »

Art. 20. - Tout acte sous seing privé ayant pour objet l'acquisition ou la construction d'un immeuble neuf d'habitation, la souscription de parts donnant vocation à l'attribution en jouissance ou en propriété d'immeubles neufs d'habitation, les contrats préliminaires de vente d'immeubles à construire ou de location-accession à la propriété immobilière, ne devient définitif qu'au terme d'un délai de sept jours pendant lequel l'acquéreur non professionnel a la faculté de se rétracter, chaque fois que la loi ne lui donne pas un délai plus long pour exercer cette faculté.

Lorsque le contrat définitif est précédé d'un contrat préliminaire, les dispositions ci-dessus ne s'appliquent qu'au contrat préliminaire.

L'acte est adressé par lettre recommandée avec demande d'avis de réception à l'acquéreur. Le délai de rétractation mentionné au premier alinéa court à compter de la réception de cette lettre par l'acquéreur. Celui-ci peut exercer sa faculté de rétractation avant l'expiration de ce délai par lettre recommandée avec demande d'avis de réception.

Art. 21. - I. - Dans la première phrase du deuxième alinéa de l'article 4 de la loi n° 78-22 du 10 janvier 1978 précitée, après les mots : « crédit gratuit », sont insérés les mots : « ou proposant un avantage équivalent ».

II. - Le même article 4 est complété par deux alinéas ainsi rédigés :

« Est interdite hors des lieux de vente toute publicité promotionnelle relative aux opérations visées à l'article 2 de la présente loi proposant une période de franchise de paiement de loyers ou de remboursement des échéances du crédit supérieure à trois mois.

« Toute publicité sur les lieux de vente comportant la mention " crédit gratuit " ou proposant un avantage équivalent doit indiquer le montant de l'escompte consenti en cas de paiement comptant. »

Art. 22. - La loi n° 79-596 du 13 juillet 1979 précitée est ainsi modifiée :

I. - Le second alinéa de l'article 4 est remplacé par deux alinéas ainsi rédigés :

« Si cette publicité comporte un ou plusieurs éléments chiffrés, elle doit préciser en outre la durée de l'opération proposée ainsi que le coût total et le taux effectif global du crédit.

« Toutes les mentions obligatoires doivent être présentées de manière parfaitement lisible et compréhensible par le consommateur. »

II. - L'article 4 est complété par deux alinéas ainsi rédigés :

« Tout document publicitaire ou tout document d'information remis à l'emprunteur et portant sur l'une des opérations visées à l'article 1er doit mentionner que l'emprunteur dispose d'un délai de réflexion de dix jours, que la vente est subordonnée à l'obtention du prêt et que si celui-ci n'est pas obtenu, le vendeur doit lui rembourser les sommes versées.

« Est interdite toute publicité assimilant les mensualités de remboursement à des loyers ou faisant référence, pour le calcul des échéances, à des prestations sociales qui ne sont pas assurées pendant toute la durée du contrat. »

III. - Après l'article 9, il est inséré un article 9-1 ainsi rédigé :

« *Art. 9-1.* - La personne physique qui s'engage par acte sous seing privé en qualité de caution pour l'une des opérations prévues à l'article 1er doit, à peine de nullité de son engagement, faire précéder sa signature de la mention manuscrite suivante, et uniquement de celle-ci :

« En me portant caution de X... dans la limite de la somme de... couvrant le paiement du principal, des intérêts et, le cas échéant, des pénalités ou intérêts de retard et pour la durée de..., je m'engage à rembourser au prêteur les sommes dues sur mes revenus et mes biens si X... n'y satisfait pas lui-même. »

IV. - Après l'article 9-1, il est inséré un article 9-2 ainsi rédigé :

« *Art. 9-2.* - Lorsque le créancier demande un cautionnement solidaire, la personne physique qui se porte caution doit, à peine de nullité de son engagement, faire précéder sa signature de la mention manuscrite suivante :

« En renonçant au bénéfice de discussion défini à l'article 2021 du code civil et en m'obligeant solidairement avec X..., je m'engage à rembourser le créancier sans pouvoir exiger qu'il poursuive préalablement X... »

V. - Après l'article 9-2, il est inséré un article 9-3 ainsi rédigé :

« *Art. 9-3.* - Toute personne physique qui s'est portée caution à l'occasion d'une opération de crédit relevant de la présente loi doit être informée par l'établissement prêteur de la défaillance du débiteur principal dès le premier incident de paiement caractérisé susceptible d'inscription au fichier institué à l'article 23 de la loi n° 89-1010 du 31 décembre 1989 relative à la prévention et au règlement des difficultés liées au surendettement des particuliers et des familles. Si l'établissement prêteur ne se conforme pas à cette obligation, la caution ne saurait être tenue du paiement des pénalités ou intérêts de retard échus entre la date de ce premier incident et celle à laquelle elle en a été informée. »

VI. - Après l'article 9-3, il est inséré un article 9-4 ainsi rédigé :

« *Art. 9-4.* - Un établissement de crédit ne peut se prévaloir d'un contrat de cautionnement conclu par une personne physique dont l'engagement était, lors de sa conclusion, manifestement disproportionné à ses biens et revenus, à moins que le patrimoine de cette caution, au moment où celle-ci est appelée, ne lui permette de faire face à son obligation. »

VII. - Dans l'article 13, les mots : « de l'article 1152 » sont remplacés par les mots : « des articles 1152 et 1231 ».

VIII. - Les articles 17 et 28 sont complétés par un troisième alinéa ainsi rédigé :

« A compter du quinzième jour suivant la demande de remboursement, cette somme est productive d'intérêts au taux légal majoré de moitié. »

IX. - Dans le premier alinéa de l'article 5 et dans le premier alinéa de l'article 24, les mots : « remise ou adressée gratuitement contre récépissé », sont remplacés par les mots : « adressée gratuitement par voie postale ».

X. - Dans le premier alinéa de l'article 7 et dans le premier alinéa de l'article 25, les mots : « La remise de l'offre » sont remplacés par les mots : « L'envoi de l'offre ».

XI. - La dernière phrase du deuxième alinéa de l'article 7 et la dernière phrase du deuxième alinéa de l'article 25 sont ainsi rédigées :

« L'acceptation de l'offre doit être donnée par lettre, le cachet de la poste faisant foi. »

XII. - Après l'article 34, il est ajouté un article 34-1 ainsi rédigé :

« *Art. 34-1.* - Le tribunal d'instance connaît des actions nées de l'application des articles 14 et 29 de la présente loi. »

Art. 23. - Il est institué un fichier national recensant les informations sur les incidents de paiement caractérisés liés aux crédits accordés aux personnes physiques pour des besoins non professionnels. Ce fichier est géré par la Banque de France. Il est soumis aux dispositions de la loi n° 78-17 du 6 janvier 1978 relative à l'informatique, aux fichiers et aux libertés.

Les établissements de crédit visés par la loi n° 84-46 du 24 janvier 1984 relative à l'activité et au contrôle des établissements de crédit ainsi que les services financiers de la poste sont tenus de déclarer à la Banque de France les incidents visés à l'alinéa précédent.

Le fichier visé au premier alinéa recense également les mesures conventionnelles ou judiciaires mentionnées au titre Ier de la présente loi. Elles sont communiquées à la Banque de France soit par la commission mentionnée à l'article 1er de la présente loi soit par le greffe du tribunal d'instance.

La Banque de France est seule habilitée à centraliser les informations visées à l'alinéa précédent.

Les organismes professionnels ou organes centraux représentant les établissements visés au deuxième alinéa sont seuls autorisés à tenir des fichiers recensant des incidents de paiement.

La Banque de France est déliée du secret professionnel pour la diffusion, aux établissements de crédit et aux services financiers susvisés, des informations nominatives contenues dans le fichier.

Il est interdit à la Banque de France, aux établissements de crédit et aux services financiers de la poste de remettre à quiconque copie, sous quelque forme que ce soit, des informations contenues dans le fichier, même à l'intéressé lorsqu'il exerce son droit d'accès conformément à l'article 35 de la loi n° 78-17 du 6 janvier 1978 précitée, sous peine des sanctions prévues aux articles 43 et 44 de la même loi.

Un règlement du Comité de la réglementation bancaire, pris après avis de la Commission nationale de l'informatique et des libertés et du comité consultatif institué par l'article 59 de la loi n° 84-46 du 24 janvier 1984 précitée, fixe notamment les modalités de collecte, d'enregistrement, de conservation et de consultation de ces informations.

Dans les départements d'outre-mer, l'Institut d'émission des départements d'outre-mer exerce, en liaison avec la Banque de France, les attributions dévolues à celle-ci par le présent article.

Art. 24. - L'article 8 de la loi n° 78-22 du 10 janvier 1978 précitée est complété par un alinéa ainsi rédigé :

« En outre, le juge peut déterminer dans son ordonnance les modalités de paiement des sommes qui seront exigibles au terme du délai de suspension, sans que le dernier versement puisse excéder de plus de deux ans le terme initialement prévu pour le remboursement du prêt ; il peut cependant surseoir à statuer sur ces modalités jusqu'au terme du délai de suspension. »

Art. 25. - L'article 14 de la loi n° 79-596 du 13 juillet 1979 précitée est complété par un alinéa ainsi rédigé :

« En outre, le juge peut déterminer dans son ordonnance les modalités de paiement des sommes qui seront exigibles au terme du délai de suspension, sans que le dernier versement puisse excéder de plus de deux ans le terme initialement prévu pour le remboursement du prêt ; il peut cependant surseoir à statuer sur ces modalités jusqu'au terme du délai de suspension. »

Art. 26. - L'article 5 de la loi n° 79-596 du 13 juillet 1979 précitée est complété par deux alinéas ainsi rédigés :

« Toute modification des conditions d'obtention du prêt, notamment le montant ou le taux du crédit, donne lieu à la remise à l'emprunteur d'une nouvelle offre préalable.

« Toutefois, cette obligation n'est pas applicable aux prêts dont le taux d'intérêt est variable, dès lors qu'a été remise à l'emprunteur avec l'offre préalable une notice présentant les conditions et modalités de variation du taux. »

Art. 27. - Il est inséré, après l'article 22 de la loi n° 78-22 du 10 janvier 1978 précitée, un article 22-1 ainsi rédigé :

« *Art. 22-1.* - Tout vendeur, salarié ou non d'un organisme bancaire ou de crédit, ne peut, en aucun cas, être rémunéré en fonction du taux du crédit qu'il a fait contracter à l'acheteur d'un bien mobilier. »

Art. 28. - Il est inséré, avant l'article 30 de la loi n° 79-596 du 13 juillet 1979 précitée, un article 30 A ainsi rédigé :

« *Art. 30 A.* - Tout vendeur, salarié ou non d'un organisme bancaire ou de crédit, ne peut, en aucun cas, être rémunéré en fonction du taux du crédit qu'il a fait contracter à l'acheteur d'un bien immobilier. »

Art. 29. - I. - 1° Le premier alinéa de l'article 1er de la loi n° 66-1010 du 28 décembre 1966 relative à l'usure, aux prêts d'argent et à certaines opérations de démarchage et de publicité est ainsi rédigé :

« Constitue un prêt usuraire, tout prêt conventionnel consenti à un taux effectif global qui excède, au moment où il est consenti, de plus du tiers, le taux effectif moyen pratiqué au cours du trimestre précédent par les établissements de crédit pour des opérations de même nature comportant des risques analogues telles que définies par un arrêté du ministre chargé de l'économie, pris après avis du Conseil national du crédit. »

2° L'avant-dernier alinéa du même article est supprimé.

3° Le dernier alinéa du même article est ainsi rédigé :

« Un décret fixe les conditions de calcul et de publicité des taux effectifs moyens visés au premier alinéa. »

4° L'article 2 de la loi n° 66-1010 du 28 décembre 1966 précitée est supprimé.

5° Dans l'article 6 de la loi n° 66-1010 du 28 décembre 1966 précitée, aux mots : « des articles 1er et 2 », sont substitués les mots : « de l'article 1er ».

6° Ces dispositions entrent en vigueur à compter du 1er juillet 1990.

II. - 1° Le dernier alinéa de l'article 19 de la loi n° 78-22 du 10 janvier 1978 précitée est supprimé.

2° Dans le premier alinéa de l'article 19 de la loi n° 78-22 du 10 janvier 1978 précitée, après les mots : « rembourser par anticipation », sont insérés les mots : « sans indemnité ».

3° Les dispositions du présent paragraphe s'appliquent aux contrats conclus à compter de la publication de la présente loi.

Art. 30. - Le premier alinéa de l'article 11 de la loi n° 66-1010 du 28 décembre 1966 précitée est complété par les mots : « et qu'ils ne s'adressent qu'à des personnes majeures ».

TITRE III

DISPOSITIONS DIVERSES

Art. 31. - Des décrets en Conseil d'Etat déterminent les conditions d'application de la présente loi.

Art. 32. - Les dispositions de la présente loi entreront en vigueur à compter du 1er mars 1990.

Art. 33. - Le Gouvernement présentera au Parlement, dans un délai de deux ans suivant la date de publication de la présente loi, un rapport sur son application.

Art. 34. - Les dispositions du deuxième alinéa de l'article 67 de la loi n° 89-18 du 13 janvier 1989 portant diverses mesures d'ordre social sont prorogées jusqu'au 31 décembre 1990.

La présente loi sera exécutée comme loi de l'Etat.

Fait à Paris, le 31 décembre 1989.

FRANÇOIS MITTERRAND

Par le Président de la République :

Le Premier ministre,
MICHEL ROCARD

Le ministre d'Etat, ministre de l'économie, des finances et du budget,
PIERRE BÉRÉGOVOY

Le garde des sceaux, ministre de la justice,
PIERRE ARPAILLANGE

Le ministre de l'équipement, du logement, des transports et de la mer,
MICHEL DELEBARRE

Le ministre des départements et territoires d'outre-mer, porte-parole du Gouvernement,
LOUIS LE PENSEC

Le ministre de la solidarité, de la santé et de la protection sociale,
CLAUDE ÉVIN

Le ministre délégué auprès du ministre d'Etat, ministre de l'économie, des finances et du budget, chargé du budget,
MICHEL CHARASSE

Le ministre délégué auprès du ministre de l'équipement, du logement, des transports et de la mer, chargé du logement,
LOUIS BESSON

Le secrétaire d'Etat auprès du ministre d'Etat, ministre de l'économie, des finances et du budget, chargé de la consommation,
VÉRONIQUE NEIERTZ

---

(1) Travaux préparatoires : loi n° 89-1010.

Sénat :

Projet de loi n° 485 (rectificatif) (1988-1989) ;

Rapport de M. Jean Simonin, au nom de la commission des affaires économiques, n° 40 (1989-1990) ;

Avis de la commission des lois de M. Lucien Lanier, n° 43 (1989-1990) ;

Discussion les 31 octobre et 13 novembre 1989 ;

Adoption, après déclaration d'urgence, le 13 novembre 1989.

Assemblée nationale :

Projet modifié par le Sénat, n° 995 ;

Rapport de M. Pierre Lequiller, au nom de la commission des lois et annexe, observations de M. Gérard Bapt, n° 1049, au nom de la commission des finances, et de M. Roger Léron, au nom de la commission de la production ;

Discussion et adoption le 7 décembre 1989.

Assemblée nationale :

Rapport de M. Pierre Lequiller, au nom de la commission mixte paritaire, n° 1085 ;

Discussion et adoption le 15 décembre 1989.

Sénat :

Rapport de M. Jean Simonin, au nom de la commission mixte paritaire, n° 124 (1989-1990) ;

Discussion et adoption le 18 décembre 1989.

Commentaire

Première phase : découverte du dossier et mise en situation

Lecture du sujet

Que vous demande-t-on ?

Le sujet ici posé est précis et ne comporte aucune ambiguïté pouvant gêner la compréhension : attaché à la préfecture du Val-de-Marne vous devez présenter au Préfet les dispositions relatives au règlement des difficultés liées au surendettement.

Il faudra par conséquent :

- vous en tenir strictement à ce qui vous est demandé ; c'est-à-dire n'exposer que ce qui a trait aux procédures de règlement des difficultés à l'exclusion de toute autre considération ;
- ne donner aucun avis et ne formuler aucune proposition. Il s'agit d'une simple note technique destinée à faire le point et le sujet ne comporte aucune dimension critique.

Analyse de la composition du dossier

Vérifiez si votre dossier est bien complet.

Jetez un coup d'œil sur les documents dont vous disposez :

- un **rapport parlementaire** assez volumineux annexé au procès-verbal de la séance de l'Assemblée nationale du 30 novembre 1989 ;
- une **circulaire** du 21 février 1990 relative à l'application de la loi du 31 décembre 1989 ;
- un **décret** du 21 février 1990 relatif à l'application du titre Ier de la loi du 31 décembre 1989 ;
- la **loi** n° 89-1010 du 31 décembre 1989 relative à la prévention et au règlement des difficultés liées au surendettement des particuliers et des familles.

Dans quel ordre lire le dossier ?

Comme pour le sujet précédent, vous avez tout intérêt ici à modifier l'ordre des documents du dossier et à les reclasser.
Deux ordres de lecture sont ici possibles. Vous pouviez ainsi étudier la loi en premier lieu, puis le décret, la circulaire et enfin le rapport parlementaire.
Vous pouviez tout aussi bien commencer par le rapport dans la mesure où ce type de document marque une étape majeure dans la préparation du texte définitif. À ce titre il est susceptible de nous fournir des renseignements précieux pour bien comprendre le contenu de la loi.
La loi suivra immédiatement dès lors qu'elle constitue la pièce maîtresse du dispositif. À cette occasion, nous aurons noté que seule une partie du texte devrait nous intéresser. De fait, il nous faut présenter les mesures de règlement des difficultés ; or, un rapide coup d'œil sur la structure du texte montre que celui-ci est divisé en trois titres dont seul le premier traite du règlement des difficultés.
Très logiquement nous lirons ensuite le décret d'application de la loi pour terminer par la circulaire qui traite d'un point plus restreint (la mise en place des commissions départementales d'examen).
En conclusion de cette première phase :
- nous avons jaugé les documents mis à notre disposition en les parcourant rapidement (essentiellement par une lecture de leurs titres et de leurs sous-titres) ;
- nous avons repéré l'une des erreurs à éviter : traiter plus que l'aspect de règlement des difficultés ;
- nous avons préparé la lecture analytique des pièces en les classant dans l'ordre suivant :
document 1
document 4
document 3
document 2

Deuxième phase : lecture analytique du dossier

Vous devez maintenant analyser les pièces du dossier dans l'ordre que vous venez de définir.

Document 1

Le rapport parlementaire

Méfiez-vous d'une lecture trop hâtive des rapports. Au cours de la navette parlementaire entre l'Assemblée et le Sénat certains éléments du texte initial peuvent être amendés ou même disparaître de la version définitive qui sera votée.
Rien ne vous dit que les indications que vous trouverez dans ce rapport reflètent bien la loi du 31 décembre 1989.
Outre l'introduction, le rapport dont vous disposez comporte six parties et s'achève par une audition de Madame Neiertz.

1re partie : le phénomène économique et social du surendettement
Un survol rapide permet d'éliminer toute cette partie dans la mesure où elle traite d'informations certes intéressantes pour mieux appréhender la réalité du surendettement mais inutiles pour la préparation de la note.

2e partie : l'état du droit en France
Ce passage est par contre à lire car vous ne pouvez pas savoir *a priori* quel en est le degré d'intérêt pour votre étude.
Deux éléments résumés par les titres peuvent être notés :
- l'absence de procédure de traitement global ;
- l'existence de dispositions ponctuelles.
Ceci pourra peut-être vous servir, ne serait-ce que pour l'introduction de la note.

3e partie : les exemples européens et les solutions envisageables
Tout ce qui concerne les exemples européens peut être délibérément écarté, car l'étude ne justifie pas que vous fassiez appel à ces données.
En revanche, vous avez tout intérêt à lire rapidement les solutions envisagées ; on voit notamment apparaître deux catégories que nous retrouverons :

- le redressement judiciaire ;
- le règlement amiable.

Au passage, on peut relever qu'il existe à titre résiduel une procédure de faillite civile en Alsace et en Moselle. Ceci est plutôt de caractère anecdotique et ne devra en aucun cas constituer un des développements de votre note.

4e partie : le projet de loi initial

Bien entendu ce passage doit être examiné car il fournit des indications précieuses sur l'esprit du projet. Il met bien en évidence notamment, la préférence donnée aux deux possibilités rencontrées dans la 3e partie (règlement amiable et règlement judiciaire).

5e partie : les modifications apportées par le Sénat

Le premier point (l'amélioration des procédures de règlement) doit être lu attentivement car il précise un certain nombre de données (articulation entre la procédure amiable et le redressement judiciaire ; pouvoirs du juge ; extension de la suspension provisoire des procédures d'exécution prononcée par le juge aux dettes fiscales, parafiscales...).

En revanche, le second, qui porte sur le renforcement des dispositions préventives, peut être éliminé puisque la note n'a pas à traiter cet aspect du problème.

6e partie : les propositions de la Commission des lois de l'Assemblée

Ces propositions doivent être lues comme celles du Sénat.

L'audition de Madame Neiertz n'a que peu d'intérêt comme le montre un survol rapide des dernières pages du rapport.

Document 4

La loi du 31 décembre 1989

Assez brève (un peu plus de quatre pages du *Journal officiel*) la loi organise le dispositif autour de trois titres :

- le premier traite du règlement des situations de surendettement ;
- le deuxième traite de la prévention ;
- le dernier (très bref) prévoit des dispositions diverses.

La simple lecture de leurs intitulés permet d'éliminer immédiatement les titres II et III (soit les deux tiers de la loi) pour nous consacrer exclusivement à l'analyse du titre 1er.

Celui-ci se subdivise en trois éléments dont les deux premiers nous permettent très rapidement de saisir l'organisation du système de règlement des difficultés :

Toutes les informations peuvent être ici utiles pour la note ;

- chapitre 1er : le règlement amiable (principes ; existence, rôle et pouvoirs de la commission ; modalités du plan conventionnel de règlement) ;
- chapitre 2 : la procédure judiciaire (saisine, rôle et pouvoirs du juge).

Il faut noter un dispositif important qu'il conviendra sans doute de mentionner pour montrer que les deux procédures fonctionnent comme un tout et non comme deux systèmes séparés : l'existence de passerelles permanentes entre la commission et le juge (articles 1er et 8 : la commission doit informer le juge de l'ouverture d'une procédure amiable, de la conclusion d'un plan et des mesures qu'il comporte).

De même, l'article 11 impose au juge (sauf cas particuliers tels que l'évidente impossibilité d'espérer une conciliation) de saisir la commission pour qu'elle tente une mission de conciliation si elle n'a pas déjà été saisie.

Document 3

Le décret du 21 février 1990

L'organisation du décret permet là encore d'éviter la lecture de toute la section I. Relative à l'organisation et au fonctionnement de la commission, elle n'entre pas dans le champ de notre étude.

En revanche, il nous faut lire les sections 2 et 3. Nous constatons rapidement qu'en fait ces deux sections ne font que préciser la procédure mise en place par la loi (cf. notamment les articles 8, 9, 10, 12, 13, 17, 18).

Document 2

La circulaire du 21 février 1990

La circulaire traite de la mise en place et du fonctionnement des commissions départementales d'examen des situations de surendettement.

A priori, ce document n'a pas pour nous grand intérêt car, encore une fois, nous devons nous concentrer sur les dispositions relatives au règlement des difficultés. Une simple lecture des titres et sous-titres permet de repérer les quelques indications complémentaires dont nous pourrions avoir besoin.

Troisième phase : élaboration du raisonnement

Le dossier étant maintenant dépouillé, il nous faut choisir la ligne directrice de la note et vérifier que nous ne sortons pas du cadre imposé par le sujet.

Il faut se garder de deux erreurs possibles :

a

ne pas développer assez en ne traitant, par inattention, que l'une ou l'autre des deux procédures de règlement ;

b

trop en faire en exposant, par exemple, les dispositions relatives à la prévention ou en entrant dans le détail de la mise en place et du fonctionnement des commissions départementales.

Quatrième phase : construction du plan

S'agissant d'une note d'information, elle doit être parfaitement claire. Ceci nous conduit à privilégier une fois encore le plan le plus simple en présentant successivement la procédure de règlement amiable, puis la procédure de règlement judiciaire et en insistant au passage sur les passerelles qui les unissent.

Introduction

- la loi comble un vide juridique ;
- elle institue une double procédure de règlement.

Première partie : la procédure de règlement amiable

La loi s'efforce de privilégier la procédure de règlement amiable par la conclusion d'un plan de remboursement conclu entre le débiteur et ses créanciers.
1. Rôle de la commission départementale :
- saisine et recevabilité de la demande ;
- information de la commission (déclaration du débiteur, demandes de la communication de renseignements, pouvoirs d'enquête et obligation d'informer le juge).
2. Le plan conventionnel :
- contenu ;
- agrément des intéressés.
En cas d'échec, saisine du juge pour ouvrir une procédure judiciaire.

Seconde partie : la procédure de redressement judiciaire

1. Le rôle du juge :
- saisine du juge ;
- pouvoirs d'investigation et possibilité de demander une conciliation à la commission.
2. Le plan de redressement :
- les pouvoirs de décision du juge ;
- le contenu du plan.

Conclusion

L'intérêt d'une formule qui devrait permettre de sortir les familles des situations de précarité et d'exclusion.

Exemples d'erreurs rencontrées

Les commentaires de correction qui suivent ont été élaborés à partir d'une série de copies rédigées à l'occasion d'une préparation au concours (cf. voir p. 73 à 93). Ces copies n'ont pas obtenu la moyenne.

Les erreurs de présentation

Le destinataire

Le sujet précise que vous êtes attaché à la préfecture du Val-de-Marne et que la note est destinée au Préfet. La note doit donc commencer par :

Note pour Monsieur le Préfet

Plusieurs maladresses ont été commises sur ce point pourtant simple :
- certains ont purement et simplement oublié d'en faire état ; n'oubliez pas que toute note doit avoir un destinataire ;
- d'autres ont voulu trop bien faire en écrivant par exemple :

Note pour Monsieur le Préfet du département du Val-de-Marne

Bien évidemment, une telle précision est inutile dès lors que vous vous adressez à votre Préfet.

L'objet

Nous avons vu dans la première partie que l'objet doit être soigneusement rédigé car il doit renseigner en peu de mots et avec précision sur le contenu du document.
Compte tenu du sujet posé, voici quelques exemples d'erreurs qui montrent d'emblée que le candidat n'a pas compris ce qu'on lui demandait... ou qu'il ne sait pas rédiger.

Objet : dispositions relatives au règlement des difficultés liées au surendettement des particuliers et des familles, et mise en place de la commission départementale d'examen des situations de surendettement.

Au cas présent, toute la seconde partie de l'objet est hors-sujet.

Objet : commission départementale de conciliation chargée de l'examen des situations de surendettement des particuliers et des familles.

L'erreur est ici encore plus grave que dans l'exemple précédent car le candidat n'aborde même pas le problème du règlement des difficultés. Si sa note suit logiquement cet objet, elle sera totalement étrangère à ce qui est demandé.

Objet : rappel des dispositions relatives au surendettement des particuliers et des familles.

Celui-ci est trop imprécis. En annonçant un rappel des dispositions, on peut tout aussi bien faire allusion aux procédures de règlement qu'aux mesures de prévention qui ne font pas partie du sujet.

Le plan de la note

1er type d'erreur

Ne pas annoncer de plan du tout en fin d'introduction. Exemple d'introduction :

Le 1er mars 1990 entre en vigueur la loi n° 89-1010 du 31 décembre 1989 relative au surendettement des particuliers et des ménages.
Elle comporte à la fois des mesures de prévention et des mesures de règlement destinées à apporter un début de solution à ce problème crucial qui concerne près de 200 000 foyers et qui, jusqu'à présent, ne faisait l'objet que de mesures ponctuelles et limitées.

À l'issue de ces quelques lignes le lecteur ne peut absolument pas savoir de quoi vous allez lui parler et comment sera organisée votre note. Cette introduction est beaucoup trop vague.

2e type d'erreur

Annoncer un plan qui prouve que vous avez mal compris le sujet que l'on vous demandait de traiter.
Exemple d'introduction :

L'augmentation de l'endettement des ménages et le vide juridique en ce domaine ont conduit l'État à élaborer une loi concernant la prévention et le règlement des difficultés liées au surendettement... Cette loi vise principalement la résolution des litiges...
La présente note s'attachera donc à décrire la composition de la commission, son lieu d'implantation, son champ de compétence et son mode de saisine (A) ; son rôle, les moyens dont elle dispose et son mode d'articulation avec la justice feront l'objet de la seconde partie (B).

Outre les maladresses de rédaction, cette annonce de plan montre clairement que le candidat s'est trompé de sujet.

3e type d'erreur

Annoncer un plan et en suivre un autre.
Exemple : un candidat écrit en fin d'introduction :

C'est ainsi que la loi précise les modalités de règlement des difficultés liées au surendettement en instituant une procédure administrative aux fins de trouver une solution amiable.

Or, dans sa copie, il développe les points suivants :

1. l'institution de la commission ;
2. le fonctionnement des commissions ;
3. le redressement judiciaire.

Il commet du même coup deux fautes :
- d'abord, la fin de son introduction n'indique en réalité aucun plan digne de ce nom et montre qu'il a l'intention de ne traiter qu'une partie du sujet ;
- ensuite, il introduit des éléments nouveaux dans sa note en évoquant en dernière partie la procédure judiciaire.

Les fautes de fond

Ne traiter qu'une partie du sujet

C'est un défaut fréquent qui a été particulièrement visible à l'occasion de la correction de cette note.
Beaucoup de candidats n'ont examiné que la procédure de règlement amiable, ou même se sont limités à l'examen de la mise en place de la commission départementale.
Ceci peut conduire à des notes d'une telle brièveté qu'elles ne peuvent plus espérer renseigner utilement leur destinataire.
C'est le cas pour la **copie 1**.
Une erreur de fond identique peut conduire à une note beaucoup plus développée mais qui ne présente pas plus d'intérêt, comme le prouve la **copie 2**.
Une longue étude des causes (reprise du rapport de la Commission des lois) et de la typologie des ménages occupe toute une première partie et il faut attendre la cinquième page pour voir émerger des informations utiles. Après un bref exposé des procédures amiable et judiciaire, la note tombe à nouveau dans le hors-sujet.

Le hors-sujet

Il s'agit d'une faute des plus grave qui conduit inévitablement à une note éliminatoire.
Dans ce dossier sur le surendettement, il existe notamment deux possibilité de tomber dans ce travers qu'une lecture attentive du sujet permet pourtant d'éviter sans difficulté.
- La première consiste à traiter essentiellement de la composition et du rôle de la commission départementale de surendettement.
Exemple : **copie 3**
- La seconde revient à vouloir tout dire sur le surendettement, sur la loi, ses origines, ses motifs...
Exemple : **copie 4**

Copie 1

inutile de préciser le département dès lors que vous êtes censé être affecté dans cette préfecture.

Note pour M^r le Préfet du Département du Val de Marne.

Objet Reglement des difficultés liées au surendettement des particuliers et des familles.

Il n'était pas obligatoire d'indiquer les références puisqu'on ne vous le demandait pas.

Ref Loi n° 891010 du 31.12.89
Décret n° 90175 du 21.02.1990 relatif à l'application du titre 1er de la loi 891010
Circulaire du 2-2-90 relative à l'application de la loi sus-citée

Afin de remédier aux difficultés des Particuliers et des familles surendettées, le Gouvernement a, par le biais de texte sus-référencés (1) mis en place une procédure amiable (2) entre créanciers et débiteurs dont le fer de lance (3) est confié dans chaque Département à une Commission d'examen des situations de surendettement.

(1) Lourd ! C'est le type même de mot à éviter.
(2) c'est tout ? Et le règlement judiciaire ?
(3) maladroit.

~~La Commission de surendettement~~) évitez le système des titres.

vous pouviez dire un mot de la Commission, mais pas plus car ce n'est pas le sujet. Vous développez ici des points accessoires en négligeant l'essentiel : l'exposé des procédures de règlement.

C'est une instance départementale créée par le préfet qui en assure la Présidence.
Cette commission comprend :
le Trésorier Payeur Général Vice-Président
le Représentant local de la Banque de France qui en assure le secrétariat
Deux personnalités choisies par arrêté préfectoral :
L'une sur Proposition de l'Association Française des Etablissements de Crédit
L'autre sur proposition des association familliales de Consommateurs

Le texte est plus précis quant aux qualités de celui-ci.

Cette commission pour laquelle une large publicité doit être effectuée peut être saisie par le débiteur, soit par le juge en application de l'Article 11 de la loi 891010.

Elle a pour rôle, dans un premier temps, de dresser l'état d'endettement du débiteur qui devra déclarer les éléments passifs et actifs de son patrimoine dont il a connaissance.

oui

Elle pourra obtenir des renseignements complémentaires sur la situation du débiteur auprès des Administrations Publiques, Etablissements de crédit, organismes de sécurité sociale ainsi que des services chargés de centraliser les risques bancaires et les incidents de paiement.

ces éléments de procédure restent accessoires.

La saisine de cette Commission a lieu à son siège. Afin d'accélérer le traitement des demandes, des déclarations types seront tenues à la disposition des débiteurs. Le secrétariat doit informer les débiteurs et créanciers par accusé de réception de sa saisine : elle est considérée comme saisie à la date de cette information.

~~La Procédure~~

exact

Cette dernière étant de type amiable, le secrétariat de la Commission devra convaincre les parties de l'opportunité d'arriver à une solution. Pour cela il devra avoir un rôle de conseil et d'assistance en soumettant toute proposition pouvant aller de l'allègement des délais de paiement jusqu'à la vente amiable de certains éléments du patrimoine du débiteur.

Tout devra donc être fait pour arriver à un accord. En cas de dette fiscale ou parafiscale, ou envers les organismes de sécurité sociale, le débiteur devra saisir soit directement, soit par le biais de la Commission, la Commission des services fiscaux et des représentants de la sécurité sociale, seules compétentes pour accorder les moratoires.

La loi 891010 prévoit également le redressement judiciaire

c'est tout ?

c'est dans la mesure où la Commission a estimé que le débiteur ne relève pas de l'article 1 de la présente loi à savoir si sa bonne foi est mise en doute.

En tout état de cause il est rendu compte de la Mission de la Commission au Juge qui, en cas de désaccord entre les parties tranchera.

Ce n'est pas le sujet et alors constitue une fausse conclusion.

Enfin si le besoin s'en fait sentir le Préfet pourra créer d'autres commissions.

Appréciation générale

C'est un travail très médiocre.

- Vous êtes largement passé à côté de l'essentiel et l'on peut vous reprocher deux erreurs majeures :
    - Vous traitez des points qui n'ont pas à l'être ; vous êtes donc pour partie hors-sujet.
    - Votre note est très incomplète ; vous passez pratiquement sous silence le second point à traiter.

- Par ailleurs, votre introduction pose mal le problème et montre d'emblée que vous n'avez pas bien analysé le dossier.

- L'ensemble reste très incomplet et en aucun cas ne permet à son destinataire de prendre clairement connaissance du problème traité.

Copie 2

Note pour Monsieur le Préfet

Objet : Les dispositions relatives au règlement des difficultés liées au surendettement des particuliers et des familles.

Face à l'inadaptation des règles de droit au problème récent du surendettement des particuliers et des familles, la loi n° 89-1010 du 31 décembre 1989, le décret n° 90-175 et la circulaire du 21 février 1990 définissent un nouveau cadre.

L'analyse des situations de surendettement des particuliers et des familles montre qu'une politique sur le surendettement doit permettre le règlement des situations actuelles, et être axée sur la prévention.

L'étude des situations de surendettement permet d'en cerner les causes et de dégager une "typologie des ménages aux prises avec des difficultés financières".

Depuis le désencadrement du crédit en 1985, on a assisté à une véritable explosion du crédit, tant au niveau de l'offre que de la demande.

Bien

c'est sans doute exact, ... mais ce n'est pas le sujet

ce n'est pas ce qui vous était demandé

Tout ce qui suit est hors-sujet

Le taux d'endettement global des particuliers est passé de 43,7% à la fin de 1986 à 50,1% à la fin de 1988, soit une augmentation de 6,4 points.

Onze millions de Français y ont recours. Deux à trois cent milles ménages sont surendettés. Ils ont à supporter des mensualités de remboursement supérieures à 60% de leur revenu, le plus souvent faible.

Mademoiselle Véronique Neiertz, Secrétaire d'Etat chargé à la Consommation, a identifié quatre causes essentielles.

La première cause est lié au fait que le crédit est devenu le moyen de maintenir le niveau de consommation par rapport au ralentissement de l'augmentation du pouvoir d'achat.

La seconde cause résulte de l'attitude de certains professionnels du crédit, parfois à la limite de "l'escroquerie individuelle".

A ces trois causes de surendettement actif s'ajoute une quatrième cause de surendettement passif: celle que provoque la survenance d'accidents graves dans la vie de l'emprunteur - perte d'emploi, maladie, divorce -

Se référant à une étude réalisée par le Centre de recherche économique sur l'épargne, le conseil national du crédit présente une "typologie des ménages aux prises avec des difficultés financières".

idem

Il distingue quatre catégories assez voisines de celles résultant de l'analyse des pertes subies par les établissements de crédit.

Les "victimes" se caractérisent par des budgets serrés et la hantise d'incidents éventuels.

Les "cigales" se caractérisent par leur jeunesse et le recours au crédit permanent et prêts affectés.

Les "fourvoyés" se caractérisent par l'impulsivité de leur décision d'emprunt et leur fragilité devant les méthodes offensives des professionnels du crédit.

Les "as du crédit" se caractérisent par l'importance de leur ressource, la politique du "crédit mode de vie" et par une sorte de fuite en avant dans les limites de situations négociables avec leur créancier.

idem

La loi n° 89-1010 du 31 décembre 1989 permet de pallier à l'absence de procédure globale du traitement du surendettement des particuliers.

attention ! (faute de construction fréquente).

Les dispositions de la loi n° 84-148 du 1er mars 1984 relative à la prévention et au règlement amiable des difficultés des entreprises, de la loi n° 88-102 du 30 décembre 1988 relative à l'adaptation de l'exploitation agricole à son environnement économique et social, et de la loi n° 85-98 du 25 janvier 1985 relative au redressement et à la liquidation judiciaire des entreprises, dès lors que leurs dettes n'ont pas une origine professionnelle.

En application du droit commun, les parties concernées peuvent modifier de manière conventionnelle les conditions d'exécution d'un contrat.

En l'application de l'article 1244 du Code civil, le juge peut accorder au débiteur en difficulté des délais de grâce, délais ne pouvant dépasser deux ans depuis la loi n° 85-1097 du 11 octobre 1985.

La déconfiture se définit comme l'état d'insolvabilité notoires du débiteur civil : les biens du débiteur insolvable sont liquidés comme s'il était solvable, le débiteur n'est pas dessaisi, les créanciers conservent chacun leur droit de poursuite individuelle.

La loi n° 89-1010 du 31 décembre 1989 entre en vigueur le 1er mars 1990 et entend privilégier la voie de conciliation amiable.

A la demande écrite du débiteur, une procédure est engagée devant la commission d'examen des situations de surendettement des particuliers de chaque département.

Cette commission est présidée par le préfet ou son représentant, vice-présidée par

Le traitement du sujet commence en fait ici.

oui, mais il y a une autre voie : le règlement judiciaire -

le trésorier-payeur-général ou l'un de ses adjoints. Le secrétariat est assuré par un représentant local de la Banque de France. Deux représentants et leur suppléant sont choisis par le préfet pour une durée de 1 an renouvelable : l'un sur proposition de l'Association Française des établissements de crédit, et l'autre sur proposition des associations familiales des consommateurs.

Le décret n° 90-175 du 21 février 1990 stipule que - si besoin est - par arrêté préfectoral il peut être créé plus d'une commission par département, la commission ne pouvant se réunir qu'en présence d'au moins quatre membres.

La circulaire du 21 février 1990 indique que le préfet doit demander aux chefs de service extérieur de son département de désigner auprès de la commission un correspondant chargé de coordonner les actions des différentes administrations. Cette circulaire insiste sur la nécessité de maintenir une stricte confidentialité. Elle indique que le préfet doit informer les tribunaux d'instance, le président du conseil général et les maires des principales communes de son département.

La commission dresse l'état d'endettement du débiteur en fonction des éléments donnés par celui-ci, de tout ren-

La composition et le mode de fonctionnement de la commission n'avait pas à être développé. Il y avait plus important à exposer

c'est du détail inutile.

quels sont ses pouvoirs d'investigation ?

seignement de nature à lui donner une exacte information, les résultats d'enquêtes sociales.

La commission est tenue d'examiner d'après le décret 90-175, la recevabilité de la demande. Sa décision peut faire l'objet d'un recours dans un délai de quinze jours à compter de la notification par déclaration. La commission adresse copie au juge d'instance en lui transmettant le dossier. Le jugement n'est pas susceptible d'appel.

La décision – à la demande de la commission – du juge ordonnant la suspension des voies d'exécution est notifiée par ordonnance aux créanciers qui peuvent poser une demande en rétractation.

Dans le cas où un plan conventionnel de règlement n'a pu être élaboré au plus tard à la fin du deuxième mois qui suit la saisine de la commission, les parties concernées peuvent saisir le juge en vue de l'ouverture d'une procédure de redressement judiciaire civil des difficultés financières. Le juge d'instance peut reporter ou rééchelonner le paiement de certaines dettes, réduire les taux d'intérêts, obliger le débiteur à s'abstenir d'actes susceptibles d'aggraver son insolvabilité. Il peut, en cas de vente du logement principal réduire le montant de la fraction des prêts immobiliers restant dûs.

c'est tout ?

Tout ce qui suit est à nouveau hors-sujet.

La loi n° 89-1010 du 31 décembre 1990 modifie la loi n° 78-22 du 10 janvier 1978 relative à l'information et à la protection des consommateurs dans le domaine de certaines opérations de crédit. La loi n° 89-1010 se propose de renforcer les dispositions préventives.

La loi oblige les prêteurs à maintenir les conditions indiquées sur l'offre préalable pendant une durée minimale de quinze jours.

Toute modification des conditions d'obtention d'un prêt à taux d'intérêt constant donne lieu à une nouvelle offre préalable. Le remboursement par anticipation doit se faire sans indemnité.

L'établissement de crédit doit vérifier la solvabilité de la personne se portant caution. Celle-ci s'engage, sans poursuite possible, à rembourser le créancier si le débiteur n'est plus solvable.

La loi stipule qu'aucune rémuneration ne doit être accordée à un vendeur d'un organisme bancaire ou de crédit en fonction du taux de crédit qu'il a fait contracter à l'acheteur d'un bien mobilier ou immobilier. Un décret fixe les conditions de calcul et de publicité des taux effectifs moyens.

La loi 89-1010 impose que toute publicité sur les lieux de vente comportant la mention "crédit gratuit" soit accompagnée du montant de l'escompte consentie en cas de paiement comptant. Enfin, la loi instaure la création d'un fichier national géré par la Banque de France. Ce fichier recense les informations sur les incidents de paiement liés au crédit des particuliers. Obligation ~~des~~ est faite aux établissements de crédit de déclarer ces incidents.

Hors-sujet

Ces dispositions entreront en vigueur au 1er mars 1990 et s'inscrivent dans un cadre d'harmonisation européenne en la matière, puisque ce dispositif s'inspire de procédures appliquées avec succès à l'étranger, notamment dans les pays Anglo-saxons.

Appréciation générale :

Votre note est très longue inutilement car vous commettez l'erreur la plus grave qui soit : vous êtes pour l'essentiel hors-sujet. La question posée exigeait une réponse précise présentant les deux procédures de règlement amiable et de règlement judiciaire. Or, vous vous contentez de rédiger une synthèse des pièces du dossier. De ce fait, sur plus de sept pages, moins de deux sont consacrées à l'essentiel.

- Ne confondez pas note administrative et note de synthèse
- Lisez le sujet attentivement.

Copie 3

Note à l'attention de Monsieur le Préfet

Objet : Mise en place de la Commission départementale de surendettement et le règlement des difficultés liées au surendettement des particuliers et des familles

> Ce n'est pas ce q[ui] vous est demandé
>
> seul ceci correspond au sujet posé.

Pour faire face à l'évolution importante de l'endettement des ménages, le Gouvernement a été amené à prendre des mesures pour venir en aide aux particuliers confrontés au surendettement. C'est pourquoi, le décret n° 90.175 et la circulaire du 21 février 1990 sont venus compléter la loi n° 89.1010 du 31 décembre 1989. Ainsi, dans chaque département, il doit être créé, pour le 1er mars 1990, une commission départementale d'examen des situations du surendettement qui étudiera un plan conventionnel soumis aux débiteurs et créanciers.

> Vous pouviez en quelques mots rappeler le vide juridique existant jusqu'i[ci] et préciser l'esprit du texte qui organise des modes particuliers de règlement.
>
> quid de la procédure judiciaire ?

Une commission départementale d'examen du surendettement est instituée dans chaque département.

Elle est composée de 5 membres : le Représentant de l'Etat, président, le Trésorier Payeur Général du département, vice-président, le représentant local de la Banque de France ainsi que deux personnalités choisies par le Représentant de l'Etat, l'une sur proposition de l'Association française des établissements de crédit et l'autre sur proposition des associations familiales de consommateurs. Cette commission peut faire appel à certains services extérieurs. Le Représentant de l'Etat informe les juges d'instance des dossiers, il fera part de son action auprès du Président du Conseil Général, ainsi qu'aux maires des principales communes. La plus grande information auprès du public sera diffusée afin de faire connaître cette commission. Celle-ci ne statue pas pour des dettes professionnelles, pour des entreprises en difficultés, en redressement ou liquidation judiciaire ainsi que pour l'adaptation des exploitations agricoles au nouvel environnement économique et social.

Pour permettre l'ouverture d'un dossier, le débiteur saisit lui-même la commission du lieu de son domicile. La commission va s'efforcer de concilier les parties : débiteur et créanciers. Le débiteur doit dresser l'état de son endettement et définir clairement les créances ainsi que les ressources et les éléments de son patrimoine. Les collectivités locales et les organismes sociaux procèdent, s'il y a lieu, à des enquêtes sociales ; les services extérieurs peuvent aussi

La composition de la commission n'avait pas à être précisée dans la mesure où le sujet porte sur les procédures de règlement. Celles-ci devaient être examinées en priorité.

Votre note n'est pas assez construite ; vous énumérez des points qui n'ont pas de points entre eux. Il manque une ligne directrice.

Quelles conditions doit-il remplir ?

oui

être convoqués pour la vérification des droits aux prestations sociales ou des aides pour le logement. — *mal dit*

Quand tous les éléments du dossier sont réunis, il y a lieu d'établir un plan conventionnel. Ce plan peut comporter des mesures de report ou de rééchelonnement des paiements de dettes, des remises de dettes, de réduction ou de suppression du taux d'intérêt, de la consolidation, de la création ou de la substitution de garantie, ou de vente à l'amiable de certains éléments du patrimoine. — *oui*

Le débiteur et les créanciers peuvent être entendus ou être assistés lors de ces commissions. Le plan conventionnel doit définir clairement les clauses, il est soumis à chaque partie, daté et signé. La durée de la procédure ne doit pas être supérieure à deux mois. Après lecture de ce plan, les parties font part de leur accord ou désaccord. En cas d'échec de la procédure de conciliation, ils peuvent saisir le juge pour un redressement judiciaire civil. — *c'est tout ?*

En raison de l'importance des dossiers ou d'une dispersion géographique, le Représentant de l'Etat peut décider la création d'une commission supplémentaire. — *cette conclusion ne sert rigoureusement à __rien__.*

__Appréciation générale__ : Vous commettez des erreurs d'importance inégale, mais dont certaines sont graves.
Ainsi, vous ne traitez qu'une __moitié__ du sujet en ne disant rien de la procédure judiciaire. Par ailleurs, vous êtes en partie __hors-sujet__ en développant à l'excès les points relatifs à la commission (notamment sa composition). Enfin, votre note n'est pas assez __construite__ et demeure très lacunaire.

Copie 4

Précision inutile.

Note à l'attention de
Monsieur le Préfet ~~du département de~~ ...

bien

Objet : dispositions relatives au règlement des difficultés liées au surendettement des particuliers et des familles

~~Le règlement des difficultés~~

Le souci de prévention et du règlement des difficultés consécutives au surendettement des particuliers et des familles est à l'origine de la loi n° 89-1010 du 31 décembre 1989 ainsi que de ses deux textes d'application : le décret n° 90-125 du 21 février 1990 relatif à l'application du titre 1er de ladite loi et de la circulaire du 21 février 1990.

Évitez l'usage des titres et des sous-titres ce n'est pas le sujet.

<u>Le phénomène du surendettement proprement dit</u> :

Tout ceci est exact, mais ce n'est pas ce qui vous est demandé

Le surendettement de beaucoup de ménages est générateur de nombreuses situations dramatiques. Ni les règles de droit en vigueur actuellement, ni les solutions proposées par les agents économiques n'ont jusque là pu régler ce difficile problème. C'est surtout dans le domaine immobilier avec l'accès à la propriété ou à la co-propriété que se rencontrent ces situations de surendettement.

Les causes ~~liées~~ des problèmes liés au surendettement sont diverses. La plupart du temps, la manière dont le crédit est distribué au bénéficiaire est tellement complexe que l'emprunteur de bonne foi se trouve, sans trop l'avoir envisagé, pris au piège et en face de difficultés que ses revenus ou sa situation matérielle ne peuvent solutionner. Une législation en ce domaine s'imposait d'autant plus que le Conseil national du crédit fait état d'une très nette augmentation du taux d'endettement global des ménages.

idem

Depuis 1985, les établissements susceptibles d'offrir des crédits se sont du même coup multipliés. Les banques notamment ont été amenées à s'intéresser à la clientèle des ménages qui jusqu'alors était demeurée la clientèle des établissements spécialisés.

Carences de la législation concernant le surendettement

A l'exception de la législation locale en vigueur en Alsace-Lorraine, notre droit ne possède pas de procédure globale permettant de traiter les cas de surendettement des particuliers. Il n'existe en effet aucun texte général permettant un mode de gestion éventuel du patrimoine d'un débiteur insolvable et donc d'assurer une égalité entre les créanciers, de modifier le règlement des contrats en cours.

idem

Il existe seulement quelques dispositions ponctuelles. Ainsi l'article 1244 du code civil fait que le juge peut accorder au débiteur en difficulté des délais de grâce qui d'ailleurs ne peuvent dépasser deux ans en application de la loi n° 85- du 11 octobre 1985.

D'autres dispositions peuvent intervenir partiellement mais il faut reconnaître que l'état d'insolvabilité du débiteur n'est pas un cas de figure dont le profil est clairement défini.

Solutions proposées par les pays étrangers :

Plusieurs types de procédures sont utilisés à l'étranger :

- la faillite civile qui consiste à éponger la dette du débiteur en liquidant la totalité de ses biens ;
- le redressement judiciaire qui permet au juge de diminuer soit le montant des créances, soit celui des intérêts, soit encore de constituer un nouvel échéancier des remboursements à assurer
- le règlement à l'amiable qui exige l'accord du débiteur et du créancier

idem

Remèdes proposés :

Plusieurs propositions émanant du Parlement ont essayé d'introduire la notion de faillite civile dans le droit français.

En premier lieu, il faut signaler la proposition de loi déposée le 30 mai 1989 par M. Germain Gengenvin sur le bureau de l'Assemblée nationale et qui tend à instituer la faillite civile. L'essentiel du projet consisterait à confier au tribunal d'instance la procédure à engager qui comporterait l'élaboration d'un plan d'apurement des dettes établi en fonction de la situation patrimoniale du débiteur

idem

Projets gouvernementaux : l'objectif du gouvernement n'est pas de porter atteinte à la liberté du crédit mais seulement de créer un cadre approprié à la résolution des difficultés liées aux problèmes du surendettement. Le projet gouvernemental se propose de remédier à cet état de fait au moyen de deux propositions à caractère préventif :

- la création d'une commission

idem

départementale composée des représentants des administrations concernées, le représentant de la Banque de France, ainsi que des représentants des professionnels et des associations de consommateurs en nombre égal.

— l'institution d'une procédure judiciaire de redressement dont l'objectif est de permettre au juge d'instance d'avoir une vue globale de la situation d'endettement de l'emprunteur et par conséquent de voir s'il est possible d'établir un plan conventionnel de redressement.

Le Sénat tout en acceptant la mise en place d'une procédure administrative permettant un règlement à l'amiable a veillé à renforcer le caractère préventif du projet de loi en instituant un fichier national des incidents de paiement alimenté par les établissements de crédit visés par la loi bancaire du 24 janvier 1984, par les services financiers de la Poste et par les commissions départementales de l'examen des situations de surendettement des particuliers. Ce fichier devra dans un délai de 2 ans être placé sous le monopole de la Banque de France.

— La Commission des lois, quant à elle, dans un souci d'efficacité, a proposé d'alléger, la commission administrative, le maintien de la possibilité pour le juge d'imposer une remise de dettes en cas de vente du logement du débiteur lorsque le prix de celui-ci n'atteint pas la somme nécessaire au remboursement de la créance des établissements de crédit.

~~Les nouvelles dispositions législatives~~

Dans le but d'atténuer les difficultés liées au surendettement des particuliers

Le traitement du sujet commence en fait ici. Tout ce qui précède est hors-sujet.

La loi n° 89-1010 du 31 décembre 1989
institue une procédure de règlement à
l'amiable caractérisée par l'élaboration
d'un plan conventionnel négocié entre le
débiteur et ses principaux créanciers.
Cette procédure engagée à la demande
du débiteur est soumise à l'échelon
départemental à l'examen d'une commission
d'examen des situations de surendettement
des particuliers.

— La commission d'examen des situations
de surendettement des particuliers

…és détails relatifs à …x composition …e la commission …'entrent pas …aiment dans le …adre du sujet. … y a plus …eportant à …xposés.

Cet organisme peut être considéré
comme la cheville régulatrice du
compromis à réaliser entre débiteur et
créancier d'autant qu'il est officialisé par
la présence en son sein du représentant
de l'Etat dans le département, du trésorier
payeur général, du représentant local de
la Banque de France et de deux personnalités
choisies par le représentant de l'Etat
dans le département. En fait, le préfet peut
se faire représenter par un membre du
corps préfectoral ou un chef de service
départemental des services extérieurs de l'Etat.
Le Trésorier payeur général peut se faire
représenter par un de ses adjoints ayant
au moins le grade d'inspecteur principal
adjoint ou par un receveur particulier des finances.
Le Gouverneur de la Banque de France
désigne les représentants locaux de cet
établissement auprès de ces commissions
ainsi que les personnes habilitées à les
représenter.

Ce type de commission qui a pour rôle
d'établir l'état d'endettement du débiteur
est habilité également à connaître les
éléments actifs et passifs du patrimoine
de ce dernier.

oui

Sur le plan judiciaire, il est prévu que le
Tribunal d'instance est compétent pour
connaître des recours dirigés contre les
décisions prises par la commission,

les explications sur la procédure amiable sont très insuffisantes.

Si la commission juge que le débiteur ne peut bénéficier d'une procédure de règlement à l'amiable et si dans un délai de 2 mois la commission n'a pu recueillir l'accord des intéressés sur un plan conventionnel de règlement ou en cas de poursuite venant d'un créancier, les intéressés pourront demander au juge d'instance d'ouvrir une procédure de redressement judiciaire civil.

~~Le redressement judiciaire civil~~

quels sont les cas d'ouverture

La procédure de redressement judiciaire civil est de la compétence du tribunal d'instance du domicile du débiteur. Une mission de conciliation est toutefois prévue avant la mise en oeuvre des mesures de redressement judiciaire civil.

quels sont les pouvoirs d'information dont dispose le juge ?

Parmi les mesures susceptibles d'être prises par le juge figure notamment le rééchelonnement ~~ou~~ des échéances autres que fiscale, parafiscale ou envers ~~encore~~ des organismes de sécurité sociale sans que le délai de report d'échelonnement ne puisse excéder 5 ans ou ~~ou~~ la moitié de la durée restant à courir des emprunts en cours.

Par ailleurs, les créances des organismes de prévoyance ou de sécurité sociale peuvent faire l'objet de remises dans des conditions prévues par décret en Conseil d'Etat.

Sont toutefois exclues du bénéfice de ces dispositions, les personnes coupables :

- d'avoir fait de fausses déclarations ;
- d'avoir tenté de dissimuler tout ou une partie de leurs biens ;
- d'avoir aggravé leur endettement sans l'accord de leurs créanciers en souscrivant de nouveaux emprunts.

S'agissant du cautionnement par une personne physique, tout établissement de crédit doit être prévenu qu'il lui sera impossible de s'en prévaloir en cas de défaillance du débiteur si l'engagement de cette personne était disproportionné à ses biens et revenus.

Ce n'est pas le sujet -

La création d'un fichier national

Un fichier national géré par la Banque de France enregistrera les informations relatives aux incidents de paiement à l'occasion de crédit accordé à des personnes physiques pour des motifs autres que professionnels. Dans un souci d'efficacité la Banque de France sera déliée du secret professionnel.

Conclusion

Ces mesures constituent une garantie à la fois pour les créanciers et les débiteurs et tendent à faire disparaître certaines opérations de surendettement insolubles. De plus malgré son aspect centralisateur, cette nouvelle procédure laisse une large autonomie aux départements qui pourront si cela est nécessaire mettre en oeuvre plusieurs commissions.

Appréciation générale:

Pour avoir mal lu le sujet, vous commettez les 2 erreurs les plus graves:

1/ la majeure partie de votre note est hors sujet. Vous avez voulu tout dire alors que le sujet portait sur un point précis (les procédures de règlement).

2/ Lorsque vous abordez enfin le sujet, vos explications laissent de côté des éléments d'explication nécessaires. Le lecteur de la note est incapable, sur la base de votre travail, de voir clair dans le dispositif en cause.

Corrigé proposé

Note pour Monsieur le Préfet

Objet : les dispositions relatives au règlement des difficultés liées au surendettement des particuliers et des familles.

Jusqu'à la loi n° 89-1010 du 31 décembre 1989 relative à la prévention et au règlement des difficultés liées au surendettement des particuliers, le droit français, à l'exception de la législation en vigueur en Alsace-Moselle, ne disposait d'aucune procédure collective de traitement du surendettement des particuliers.
Pour combler ce vide juridique face à l'essor croissant du surendettement des ménages, ce nouveau texte s'est attaché à mettre en place, sinon une véritable procédure de faillite civile, du moins un mode organisé de règlement des difficultés financières des particuliers.
Ce dispositif, qui constitue un bouleversement dans le droit commun des contrats, s'organise autour d'une procédure de règlement amiable confiée à une commission administrative départementale et d'une procédure civile confiée au juge d'instance.

La loi s'efforce de privilégier la procédure de règlement amiable en offrant la possibilité à tout débiteur en difficulté de s'adresser à la commission administrative départementale d'examen des situations de surendettement. Cette instance a alors pour objectif d'obtenir des différentes parties la conclusion d'un plan de remboursement.
Les règles d'organisation et de fonctionnement des commissions départementales sont fixées par le décret n° 90-175 du 21 février 1990 et par la circulaire du même jour (J.O. du 27 février 1990).
Aux termes de l'article 1er de la loi, la procédure de règlement amiable est réservée au débiteur de bonne foi, personne physique, en situation de surendettement caractérisée par l'impossibilité manifeste de faire face à l'ensemble de ses dettes non professionnelles. Il convient d'observer que cette procédure ne peut être engagée qu'à la demande du débiteur, le Parlement n'ayant pas jugé opportun que ce droit soit également reconnu au créancier.
Il appartient à la commission d'apprécier la situation du débiteur afin de statuer sur la recevabilité de sa demande d'une part, et de dresser son état d'endettement, d'autre part. Pour cela, elle dispose d'importants moyens d'information. À cet effet, le débiteur est tenu de lui déclarer les éléments actifs et passifs de son patrimoine. Par ailleurs, elle peut obtenir communication, auprès des administrations publiques, des établissements de crédit, des organismes de sécurité et de prévoyance sociale ainsi que des services chargés de centraliser les risques bancaires et les incidents de paiement, de tout renseignement de nature à lui donner une exacte information sur la situation du débiteur, l'évolution possible de celle-ci et les procédures de conciliation en cours.

De surcroît, afin de compléter l'information de la commission, les collectivités territoriales et les organismes de Sécurité sociale peuvent procéder, sur sa demande, à des enquêtes sociales ;
Il est important de souligner que le législateur a conféré à la commission le pouvoir de prendre en compte la connaissance que pouvaient avoir les créanciers de la situation d'endettement, ou même, dans certains cas, de surendettement de leurs débiteurs au moment de la conclusion des conventions de prêt.
Pour éviter que le juge d'instance ne statue à la demande d'un créancier alors que la commission est saisie, la loi prescrit à la commission d'informer le juge de l'ouverture de la procédure amiable. Enfin, le juge peut intervenir au cours de la phase amiable pour ordonner, à la demande de la commission, la suspension des voies d'exécution engagées à l'encontre de l'endetté pour des dettes autres qu'alimentaires. L'ordonnance de suspension, limitée à trois mois, n'est pas susceptible d'appel.
La commission n'a pas de pouvoir de décision (sauf en matière de recevabilité de la saisine elle-même) mais simplement un pouvoir de conciliation pour favoriser la conclusion d'un plan conventionnel de règlement.
Ce plan peut aller très loin dans les dispositions qui pourront être convenues entre les parties ; il peut comporter des reports d'échéances, des échelonnements de paiements, des remises, des réductions ou des suppressions de taux d'intérêt, des mesures de consolidation, des créations ou des substitutions de garanties.
Le plan peut également subordonner ces mesures à l'accomplissement par le débiteur d'actes propres à faciliter ou à garantir le paiement de la dette : par exemple, obligation de céder un bien ou engagement à ne pas commettre d'actes aggravant l'endettement.
L'ensemble de ces mesures devront recevoir l'agrément des intéressés, le contenu du plan étant fixé librement par les parties signataires. Conformément au droit commun des contrats, le plan ne produira effet qu'entre les intéressés et ne sera pas opposable aux tiers.
À ce stade final, la commission est tenue d'informer le juge d'instance de la conclusion du plan et des mesures qu'il comporte.
Si, dans un délai de deux mois à compter de la saisine, la commission n'a pu recueillir l'accord des intéressés sur un plan conventionnel de règlement, ceux-ci peuvent demander au juge d'instance d'ouvrir une procédure de redressement judiciaire.

Comme celle du règlement amiable, la procédure de redressement judiciaire civil peut être ouverte à la demande du débiteur. Mais elle peut l'être également dans les autres cas suivants, par l'une quelconque des parties :
- la commission a estimé que le débiteur ne relevait pas de la procédure de règlement amiable ;
- la commission n'est pas parvenue, dans un délai de deux mois à compter de sa saisine, à faire conclure un plan de règlement ;
- au cours de la procédure suivie devant la com-

mission, un créancier a engagé ou poursuivi une procédure d'exécution, manifestant ainsi son refus *a priori* d'un accord amiable ;

- d'office par le tribunal d'instance ou à la demande d'un autre juge lorsqu'un créancier souhaite obtenir l'exécution judiciaire d'un contrat de prêt ou lorsqu'un débiteur demande à obtenir un moratoire.

Le juge saisi dispose de larges pouvoirs pour obtenir toute information sur la situation réelle du débiteur. Si la commission a été préalablement saisie, il disposera du dossier constitué. Dans les autres cas, il pourra obtenir communication de tout renseignement lui permettant de réunir les informations nécessaires sur la situation du débiteur et son évolution prévisible. Il a, en outre, la possibilité de faire publier un appel aux créanciers, contrairement à la commission départementale.

Par ailleurs, et sauf pour les dettes alimentaires, le juge peut prononcer la suspension provisoire des procédures d'exécution déjà engagées pour une durée de deux mois renouvelable une fois. En contrepartie de cette suspension des poursuites, le débiteur se voit, sauf autorisation spéciale du juge, interdire de recourir à un nouvel emprunt, de rembourser une créance antérieure ou de désintéresser une caution.

Nouvelle passerelle entre les phases amiable et judiciaire : le juge transmet le dossier à la commission sauf si celle-ci, précédemment saisie, n'est pas parvenue à trouver un accord entre les parties. Cette transmission ne peut être faite non plus lorsque les chances de réussite de la mission de conciliation se révèlent irrémédiablement compromises ou s'il y a urgence à mettre en œuvre la procédure judiciaire.

Contrairement à la commission, le juge dispose de pouvoirs de décision qui vont bien au-delà des prérogatives confiées par l'article 1244 du Code civil. Toutefois, ces pouvoirs sont similaires à ceux conférés aux magistrats dans le cadre des procédures collectives des commerçants, des artisans ou des agriculteurs.

Ainsi, le juge d'instance peut reporter le paiement des dettes et donner à l'intéressé le temps de redresser sa situation, notamment lorsque celle-ci résulte d'une réduction brutale de ses revenus (chômage, maladie, divorce) sans que le délai de report puisse excéder cinq ans ou la moitié de la durée restant à courir à l'emprunt. Il peut aussi rééchelonner le paiement des dettes dans les mêmes conditions.

Dans les deux cas, sont visées toutes les dettes non professionnelles à l'exception des dettes fiscales, parafiscales et envers les organismes de Sécurité sociale.

Par ailleurs, le juge a la possibilité de réduire le taux d'intérêt afférent aux échéances restant à couvrir.

Le juge dispose toutefois d'un pouvoir de remise partielle du principal de la dette dans un cas particulier : celui de la vente forcée du logement principal du débiteur, lorsque ce logement est grevé d'une hypothèque bénéficiant à un établissement de crédit ayant financé son exécution. Le juge peut réduire le montant de la fraction des prêts immobiliers restant dû après la vente ; à la limite, cette disposition peut aller jusqu'à l'effacement total du solde.

Le dispositif mis en place par la loi du 31 décembre 1989 a le mérite de combler un vide juridique en étendant aux particuliers et aux familles le système d'une procédure collective dont bénéficient les artisans et les agriculteurs. Il devrait permettre aux familles concernées de sortir d'une situation qui risquerait de les conduire à la précarité et à l'exclusion.

Remarque

Le thème du surendettement, sujet d'actualité, peut également être traité en note de synthèse (1). Les différences avec la note administrative portent sur les points suivants :

la composition du dossier : des articles de presse sont mêlés aux documents législatifs et administratifs ;

la forme de la note : pas de destinataire, pas d'objet mais un titre général pour la note de synthèse ;

le traitement du sujet : dans un cas (note administrative) un caractère technique et un sujet bien circonscrit « rappel des dispositions relatives au règlement... », dans l'autre (note de synthèse) une description plus globale du phénomène (ses causes, ses conséquences) et des remèdes proposés.

(1) Cf. G. Castex, *La note de synthèse*, collection Formation, Administration, Concours, La Documentation française, Paris, 1991, note de synthèse 3, p. 53.

Exercice 6
Le régime des dépenses électorales et du financement des activités politiques

Catégorie A
Durée : 4 heures

Ce dernier exercice est plus délicat à traiter, dans la mesure où le caractère professionnel et technique de la note administrative devra être respecté alors que le sujet du devoir, objet de nombreux débats et de polémiques, peut facilement se prêter à la dissertation générale ou à des prises de position personnelles dont il faudra se garder de faire état.

Énoncé du sujet

Attaché au bureau des élections et des études politiques de la direction de l'administration territoriale du ministère de l'Intérieur, vous êtes chargé de préparer pour votre chef de bureau une note exposant le régime des dépenses électorales et du financement des activités politiques issu de la loi n° 90-55 du 15 janvier 1990.

Document 1

Code électoral (articles L. 93 à L. 167-1)

Document 2

Travaux préparatoires ; projet de loi n° 798 relatif à la limitation des dépenses électorales et à la clarification du financement des activités politiques (extraits)

Document 3

Loi n° 88-227 du 11 mars 1988 relative à la transparence financière de la vie politique

Document 4

Loi n° 90-55 du 15 janvier 1990 relative à la limitation des dépenses électorales et à la clarification du financement des activités politiques

Document 5

Décision du conseil constitutionnel n° 89-271 DC du 11 janvier 1990

Document 1

Code électoral (articles L. 93 à L. 167-1)

Article L. 93
Sera puni de la même peine tout citoyen qui aura profité d'une inscription multiple pour voter plus d'une fois.

Article L. 94
Quiconque étant chargé, dans un scrutin, de recevoir, compter ou dépouiller les bulletins contenant les suffrages des citoyens, aura soustrait, ajouté ou altéré des bulletins, ou lu un autre nom que celui inscrit, sera puni d'un emprisonnement d'un an à cinq ans et d'une amende de « 2 000 F à 150 000 F ».

Article L. 95
La même peine sera appliquée à tout individu qui, chargé par un électeur d'écrire son suffrage, aura inscrit sur le bulletin un nom autre que celui qui lui était désigné.

Article L. 96
En cas d'infraction à l'article L. 61 la peine sera d'un emprisonnement de quinze jours à trois mois et d'une amende de « 2 000 F à 50 000 F » si les armes étaient cachées.

Article L. 97
Ceux qui, à l'aide de fausses nouvelles, bruits calomnieux ou autres manœuvres frauduleuses, auront surpris ou détourné des suffrages, déterminé un ou plusieurs électeurs à s'abstenir de voter, seront punis d'un emprisonnement d'un mois à un an et d'une amende de « 2 000 F à 100 000 F ».

Article L. 98
Lorsque, par attroupements, clameurs ou démonstrations menaçantes, on aura troublé les opérations d'un collège électoral, porté atteinte à l'exercice du droit électoral ou à la liberté du vote, les coupables seront punis d'un emprisonnement de trois mois à deux ans et d'une amende de « 2 000 F à 100 000 F ».

Article L. 99
Toute irruption dans un collège électoral consommée ou tentée avec violence, en vue d'empêcher un choix, sera punie d'un emprisonnement d'un an à cinq ans et d'une amende de « 2 000 F à 150 000 F ».

Article L. 100
Si les coupables étaient porteurs d'armes, ou si le scrutin a été violé, la peine sera la réclusion criminelle à temps de cinq ans à dix ans.

Article L. 101
Elle sera la réclusion criminelle à temps de dix à vingt ans si le crime a été commis par suite d'un plan concerté pour être exécuté soit dans toute la République, soit dans un ou plusieurs départements, soit dans un ou plusieurs arrondissements.

Article L. 102
Les membres d'un collège électoral qui, pendant la réunion, se seront rendus coupables d'outrages ou de violences, soit envers le bureau, soit envers l'un de ses membres, ou qui, par voies de fait ou de menaces, auront retardé ou empêché les opérations électorales, seront punis d'un emprisonnement d'un mois à un an et d'une amende de « 2 000 F à 100 000 F ». Si le scrutin a été violé, l'emprisonnement sera d'un an à cinq ans, et l'amende de « 2 000 F à 150 000 F ».

Article L. 103
L'enlèvement de l'urne contenant les suffrages émis et non encore dépouillés sera puni d'un emprisonnement d'un an à cinq ans, et d'une amende de « 2 000 F à 150 000 F ».
Si cet enlèvement a été effectué en réunion et avec violence, la peine sera la réclusion criminelle à temps de cinq à dix ans.

Article L. 104
La violation du scrutin faite, soit par les membres du bureau, soit par les agents de l'autorité préposés à la garde des bulletins non encore dépouillés, sera punie de la réclusion criminelle à temps de cinq à dix ans.

Article L. 105
La condamnation, s'il en est prononcé, ne pourra, en aucun cas, avoir pour effet d'annuler l'élection déclarée valide par les pouvoirs compétents ou dûment définitive par l'absence de toute protestation régulière formée dans les délais prévus par les dispositions spéciales aux différentes catégories d'élections.

Article L. 106
Quiconque, par des dons ou libéralités en argent ou en nature, par des promesses de libéralité, de faveurs, d'emplois publics ou privés ou d'autres avantages particuliers, faits en vue d'influencer le vote d'un ou de plusieurs électeurs aura obtenu ou tenté d'obtenir leur suffrage soit directement, soit par l'entremise d'un tiers, quiconque, par les mêmes moyens, aura déterminé ou tenté de déterminer un ou plusieurs d'entre eux à s'abstenir, sera puni de trois mois à deux ans d'emprisonnement et d'une amende de « 2 000 F à 100 000 F ».
Seront punis des mêmes peines ceux qui auront agréé ou sollicité les mêmes dons, libéralités ou promesses *(Loi n° 88-227 du 11 mars 1988, art. 12)*, « ainsi que ceux qui auront contrevenu aux dispositions de l'article L.O. 163-3 ».

Article L. 107
Ceux qui, soit par voies de fait, violences ou menaces contre un électeur, soit en lui faisant craindre de perdre son emploi ou d'exposer à un dommage sa personne, sa famille ou sa fortune, l'auront déterminé ou auront tenté de le déterminer à s'abstenir de voter, ou auront influencé ou auront tenté d'influencer son vote, seront punis d'un emprisonnement de trois mois à deux ans et d'une amende de « 2 000 F à 100 000 F ».

Article L. 108
Quiconque, en vue d'influencer le vote d'un collège électoral ou d'une fraction de ce collège, aura fait des dons ou libéralités, des promesses de libéralités ou de faveurs administratives soit à une commune, soit à une collectivité quelconque de citoyens, sera puni d'un emprisonnement de trois mois à deux ans et d'une amende de « 2 000 F à 100 000 F ».

Article L. 109
Dans les cas prévus aux articles L. 106 à L. 108, si le coupable est fonctionnaire public, la peine sera double.

Article L. 110
Aucune poursuite contre un candidat, en vertu des articles L. 106 et L. 108, ne pourra être exercée, aucune citation directe à un fonctionnaire ne pourra être donnée en vertu de l'article L. 115 avant la proclamation du scrutin.

Article L. 111
Toute manœuvre frauduleuse ayant pour but d'enfreindre les dispositions des articles L. 71 à L. 77 sera punie des peines prévues à l'article L. 107.

Article L. 112
(Abrogé par la loi n° 75-1329 du 31 décembre 1975, art. 10)

Article L. 113
En dehors des cas spécialement prévus par les dispositions des lois et décrets en vigueur, quiconque, soit dans une commission administrative ou municipale, soit dans un bureau de vote ou dans les bureaux des mairies, des préfectures ou sous-préfectures, avant, pendant ou après un scrutin, aura, par inobservation volontaire de la loi ou des arrêtés prefecturaux, ou par tous autres actes frauduleux, violé ou tenté de violer le secret du vote, porté atteinte ou tenté de porter atteinte à sa sincérité, empêché ou tenté d'empêcher les opérations du scrutin, ou qui en aura changé ou tenté de changer le résultat, sera puni d'une amende de 360 F à « 100 000 F » et d'un emprisonnement d'un mois à un an ou de l'une de ces deux peines seulement.
(Alinéa 2 abrogé par la loi n° 88-126 du 30 décembre 1988, art. 21-II)
Si le coupable est fonctionnaire de l'ordre administratif ou judiciaire, agent ou préposé du Gouvernement ou d'une administration publique, ou chargé d'un ministère de service public, *(Loi n° 88-1262 du 30 décembre 1988, art 20)* « ou président d'un bureau de vote », la peine sera portée au double.

Article L. 114
L'action publique et l'action civile intentées en vertu des articles L. 86, L. 87, L. 91 à L. 104, L. 106 à L. 108 et L. 113 ou pour infraction à l'article L. 61 si les armes étaient apparentes, seront prescrites après six mois à partir du jour de la proclamation du résultat de l'élection.

Article L. 115
(Loi n° 74-646 du 18 juillet 1974, art. 4)
Les articles 679 à 688 du code de procédure pénale sont inapplicables aux crimes et aux délits ou à leurs tentatives qui auront été commis afin de favoriser ou de combattre une candidature de quelque nature qu'elle soit.

Article L. 116
Ceux qui, par des manœuvres frauduleuses quelconques, accomplies même en dehors des locaux ou commissions visés à l'article L. 113, auront porté atteinte ou tenté de porter atteinte à la sincérité d'un scrutin, violé ou tenté de violer le secret du vote, empêché ou tenté d'empêcher les opérations du scrutin, ou qui, par les mêmes manœu-

vres, en auront changé ou tenté de changer les résultats, seront punis des peines portées audit article.

(Loi n° 69-419 du 10 mai 1969, art. 16) « Les mêmes peines seront portées à tout individu qui aura porté atteinte ou tenté de porter atteinte au fonctionnement d'une machine à voter en vue d'empêcher les opérations du scrutin ou d'en fausser les résultats. »

(Loi n° 75-1329 du 31 décembre 1975, art. 11) « Les mêmes peines seront appliquées à toute personne qui aura fait expulser sans motif légitime de la salle de vote un assesseur ou un délégué ou qui l'aura empêché d'exercer ses prérogatives. »

Article L. 116-1

(Loi n° 88-1262 du 30 décembre 1988, art. 21-1)

Sans préjudice de l'application de l'article 28 du code pénal, toute personne condamnée en application des articles L. 86 à L. 88, L. 91 à L. 104, L. 106 à L. 109, L. 111, L. 113 et L. 116 est, en outre, privée de ses droits civiques pendant deux ans au moins et dix ans au plus.

Le tribunal peut ordonner, aux frais du condamné, la publication intégrale ou par extraits de sa décision et, éventuellement, la diffusion d'un message, dont il fixe explicitement les termes, informant le public des motifs et du contenu de sa décision, dans un ou plusieurs journaux qu'il désigne, ainsi que son affichage dans les conditions et sous les peines prévues, suivant les cas, aux articles 51 et 471 du code pénal, sans toutefois que les frais de cette publicité puissent excéder le montant maximum de l'amende encourue.

Article L. 117

Les dispositions des articles 109 à 113 du code pénal [(1)] sont applicables dans la mesure où elles ne sont pas contraires aux dispositions du présent livre.

Article L. 117-1

(Loi n° 75-1329 du 31 décembre 1975, art. 12)

Lorsque la juridiction administrative a retenu, dans sa décision définitive, des faits de fraude électorale, elle communique le dossier au procureur de la République compétent.

Chapitre VIII : contentieux

Article L. 118

Ainsi qu'il est dit à l'article 1131 du code général des impôts, les actes, décisions et registres relatifs aux procédures en matière d'élections sont dispensés du timbre, de l'enregistrement et du droit de frais de justice édicté par l'article 698 dudit code.

Article L. 118-1

(Loi n° 75-1329 du 31 décembre 1975, art. 7)

La juridiction administrative, en prononcant l'annulation d'une élection pour fraude, peut décider que la présidence d'un ou plusieurs bureaux de vote sera assurée par une personne désignée par le président du tribunal de grande instance lors de l'élection partielle consécutive à cette annulation.

Titre II
Dispositions spéciales à l'élection des députés

Chapitre Ier : composition de l'Assemblée nationale et durée du mandat des députés

Article L.O. 119

(Loi organique n° 85-688 du 10 juillet 1985, art. 1er)

Le nombre de députés à l'Assemblée nationale élus dans les départements est de 570.

(1) Ces articles concernent les crimes et délits relatifs à l'exercice des droits civiques.

Article L.O. 120

L'Assemblée nationale se renouvelle intégralement.

Article L.O. 121

Les pouvoirs de l'Assemblée nationale expirent à l'ouverture de la session ordinaire d'avril de la cinquième année qui suit son élection.

Article L.O. 122

Sauf le cas de dissolution, les élections générales ont lieu dans les nationales [(2)].

Chapitre II : mode de scrutin

(Loi n° 86-825 du 11 juillet 1986, art. 1er)

Article L. 123

Les députés sont élus au scrutin uninominal majoritaire à deux tours.

Article L. 124

Le vote a lieu par circonscription.

Article L. 125

Les circonscriptions sont déterminées conformément au tableau n° 1 annexé au présent code.

Article L.O. 160

Est interdit l'enregistrement de la candidature d'une personne inéligible.

S'il apparaît qu'une déclaration de candidature a été déposée par une personne inéligible, le préfet doit surseoir à l'enregistrement de la candidature et saisir, dans les vingt-quatre heures, le tribunal administratif, qui statue dans les trois jours. La décision du tribunal ne peut être contestée que devant le Conseil constitutionnel saisi de l'élection.

Si les délais mentionnés à l'alinéa précédent ne sont pas respectés, la candidature doit être enregistrée.

Article L. 161

Un récépissé définitif est délivré dans les quatre jours du dépôt de la déclaration de candidature sur présentation du récépissé de versement du cautionnement, délivré par le trésorier-payeur général.

Le récépissé définitif n'est délivré que si la candidature est conforme aux prescriptions des lois en vigueur.

Article L. 162

Les déclarations de candidatures pour le second tour de scrutin doivent être déposées avant le mardi minuit qui suit le premier tour.

Toutefois, si, par suite d'un cas de force majeure, le recensement des votes n'a pu être effectué dans le délai prévu à l'article L. 175, les déclarations seront reçues jusqu'au mercredi minuit.

(Loi n° 76-665 du 19 juillet 1976, art. 1er) « Sous réserve des dispositions de l'article L. 163, nul ne peut être candidat au deuxième tour s'il ne s'est présenté au premier tour et s'il n'a obtenu un nombre de suffrages au moins égal à 12,5 p. 100 du nombre des électeurs inscrits. »

(Loi n° 66-1022 du 29 décembre 1966, art. 4) « Dans le cas où un seul candidat remplit ces conditions, le candidat ayant obtenu après celui-ci le plus grand nombre de suffrages au premier tour peut se maintenir au second.

« Dans le cas où aucun candidat ne remplit ces conditions, les deux candidats ayant obtenu le plus grand nombre de suffrages au premier tour peuvent se maintenir au second. »

Un candidat ne peut présenter pour le second tour de scrutin un remplaçant autre que celui qu'il avait

(2) En cas de dissolution de l'Assemblée nationale, les élections générales ont lieu vingt jours au moins et quarante jours au plus tard après la dissolution (Constitution : art. 12, al. 2)

NB - La mention L.O. indique que le texte de l'article est issu d'une loi organique.

désigné dans sa déclaration de candidature lors du premier tour.
Les dispositions de l'article L. 159 sont applicables aux déclarations de candidatures pour le second tour de scrutin. Dans ce cas, le tribunal administratif statue dans un délai de vingt-quatre heures.

Article L. 163
Lorsqu'un candidat décède dans un délai postérieurement à l'expiration du délai prévu pour le dépôt des déclarations de candidatures, son remplaçant devient candidat et peut désigner un nouveau remplaçant.
Lorsqu'un remplaçant décède pendant la même période, le candidat peut désigner un nouveau remplaçant.

Chapitre VI : propagande
(Loi organique n° 88-226 du 11 mars 1988, art. 7)

Article L.O. 163-1
(Loi organique n° 88-226 du 11 mars 1988, art. 7)
Chaque candidat à l'élection des députés est tenu d'établir un compte de campagne retraçant, selon leur origine, l'ensemble des recettes perçues et, selon leur nature, l'ensemble des dépenses effectuées en vue de son élection par lui-même ou pour son compte dans les trois mois précédant le scrutin.

Article L.O. 163-2 (3)
(Loi organique n° 88-226 du 11 mars 1988, art. 7)
Les dépenses de campagne d'un candidat, autres que les dépenses de propagande directement prises en charge par l'État, ne peuvent dépasser un plafond de 500 000 F.
Ce plafond est actualisé chaque année par décret en fonction de l'évolution prévue de la moyenne annuelle des prix à la consommation des ménages telle qu'elle résulte du rapport économique et financier accompagnant le projet de loi de finances.

Article L.O. 163-3
(Loi organique n° 88-226 du 11 mars 1988, art. 7)
Les dons manuels consentis à un candidat par des personnes physiques ou morales dûment identifiées ne peuvent excéder 20 000 F pour une personne physique et 50 000 F pour une personne morale. Ces dispositions ne sont toutefois pas applicables aux dons consentis par un parti ou groupement politique.
Tout don de plus de 2 000 F consenti à un candidat en vue de sa campagne doit être versé par chèque.
Le montant global des dons en espèces faits au candidat ne peut excéder 20 p. 100 du total des recettes mentionnées à l'article L.O. 163-1.
Le montant global des dons consentis au candidat ne peut excéder le plafond de dépenses prévu à l'article L.O. 163-2.
Les personnes morales de droit public, les casinos, cercles et maisons de jeux ne peuvent effectuer aucun don aux candidats.

Article L.O. 163-4
(Loi organique n° 88-226 du 11 mars 1988, art. 7)
Aucun candidat ne peut recevoir, directement ou indirectement, pour quelque dépense que ce soit , des contributions ou aides matérielles d'un État étranger ou d'une personne physique ou morale de nationalité étrangère.

Article L.O. 164
La campagne électorale est ouverte à partir du vingtième jour qui précède la date du scrutin.
Les dispositions de l'article L. 51 sont applicables à partir du même jour.

Article L. 165
(Loi 86-825 du 11 juillet 1986, art. 1er)
Un décret en Conseil d'État fixe le nombre et les dimensions des affiches que chaque candidat peut faire apposer sur les emplacements prévus par l'article L. 51 ainsi que le nombre et les dimensions des circulaires et bulletins de vote qu'il peut faire imprimer et envoyer aux électeurs.
Sous réserve des dispositions de l'article L. 163, le bulletin de vote doit comporter le nom du candidat et celui du remplaçant.
L'impression et l'utilisation, sous quelque forme que ce soit, de toute autre circulaire ou bulletin et de tout tract sont interdites.

Article L. 166
(Loi n° 86-825 du 11 juillet 1986, art. 1er)
Vingt jours avant la date des élections, il est institué pour chaque circonscription une commission chargée d'assurer l'envoi et la distribution de tous les documents de propagande électorale.
La composition et les conditions de fonctionnement de cette commission sont fixées par un décret en Conseil d'État.
Les candidats désignent un mandataire qui participe aux travaux de cette commission avec voix consultative.

Article L. 167
(Loi n° 88-825 du 11 juillet 1986, art. 1er)
L'État prend à sa charge les dépenses provenant des opérations effectuées par les commissions instituées par l'article L. 166 ainsi que celles qui résultent de leur fonctionnement.
En outre, il est remboursé aux candidats ayant obtenu au moins 5 p. 100 des suffrages exprimés, le coût du papier, l'impression des bulletins de vote, affiches, circulaires ainsi que les frais d'affichage.
(Loi n° 88-227 du 11 mars 1988, art. 6) « Les autres dépenses des candidats ayant obtenu au moins 5 p. 100 des suffrages exprimés au premier tour font l'objet d'un remboursement forfaitaire de la part de l'État égal au dixième du plafond prévu à l'article L.O. 163-2.
« Ce remboursement ne peut excéder le montant des dépenses du candidat, retracées dans son compte de campagne.
« Le remboursement forfaitaire prévu à l'alinéa précédent n'est pas effectué aux candidats qui ne se sont pas conformés aux prescriptions de l'article L.O. 179-1 ou de l'article L.O. 163-2 et aux candidats élus qui n'ont pas déposé la déclaration prévue à l'article L.O. 135-1. »

Article L. 167-1 (4)
(Loi n° 66-1022 du 29 décembre 1966, art. 5)
I. - *(Loi n° 77-1446 du 28 décembre 1977, art. 1er)* « Les partis et groupements peuvent utiliser *(Loi n° 85-690 du 10 juillet 1985, art. 11)* « les antennes du service public de radiodiffusion et de télévision » pour leur campagne en vue des élections législatives. *(Loi n° 85-1317 du 13 décembre 1985, art. 22-V)* « Chaque émission est diffusée par les sociétés nationales de télévision et de radiodiffusion sonore. Cette diffusion s'effectue simultanément sur les antennes des sociétés nationales de télévision. »

(3) Aux termes de la décision du Conseil constitutionnel n° 88-242 DC du 10 mars 1988, les dispositions des articles L.O. 163-2, L.O. 163-3 et L.O. 163-4 n'ont pas valeur de loi organique.

(4) Aux termes de la loi n° 77-1446 du 28 décembre 1977, article 4 : « L'article L. 167-1 du code électoral est applicable à Mayotte et dans les territoires d'outremer. L'article 3 de la loi n° 66-1023 du 29 décembre 1966 relative à l'élection des députés à l'Assemblée nationale représentant les territoires d'outremer est abrogé. »

Document 2

Projet de loi relatif à la limitation des dépenses électorales et à la clarification du financement des activités politiques présenté au nom de Michel Rocard, Premier ministre, par Pierre Joxe, ministre de l'intérieur.

Exposé des motifs

Mesdames, messieurs,

Lorsqu'est en cause l'intégrité des responsables politiques dans un régime démocratique, il n'y a qu'une chose pire que des soupçons injustes : des soupçons qui pourraient ne pas l'être.
Soupçons seulement, dans l'un et l'autre cas, parce que l'opacité même, le plus souvent, rend les preuves difficiles, ce qui a d'ailleurs comme effet non pas de supprimer la suspicion mais de la généraliser.
Il s'ensuit dans l'opinion une perception globalement péjorative et désabusée d'un personnel politique crédité de plus d'astuce que d'honnêteté.
Il faut reconnaître en retour qu'on prête à cette même opinion bien plus de candeur qu'elle n'en a lorsqu'on prétend lui faire accroire que les dépenses électorales considérables faites à son intention sont financées par les cotisations de militants dévoués, seule ressource avouée jusqu'à une date récente.
La démocratie ne saurait s'accommoder plus longtemps d'une hypocrisie condamnable en elle-même et de surcroît génératrice d'expédients, de subterfuges, qui toujours alimentent des rumeurs et parfois des scandales.
Une première fois en 1987, le Président de la République a voulu qu'il soit mis fin à des pratiques anciennes sans être vénérables. Ainsi est née la loi du 11 mars 1988.
Ce fut un premier pas significatif mais insuffisant. Au moins a-t-il permis qu'à l'expérience se révèlent les lacunes. Elles sont plus ou moins graves mais sont autant de brèches ouvertes à la malversation.
Aussi le Président de la République a-t-il décidé de poursuivre aujourd'hui ce qu'il avait engagé hier en demandant au Gouvernement d'aller plus loin encore.
À cette fin, il importe de poursuivre et d'atteindre simultanément trois objectifs : diminuer les dépenses, clarifier les recettes, aggraver les peines.

I - Diminuer les dépenses

L'essentiel du combat politique se livre sans bourse délier. C'est là une évidence trop souvent oubliée. À travers la presse, qu'elle soit écrite, radiophonique ou télévisée, les Français sont quotidiennement informés des positions et des idées défendues par chacun, de l'action conduite par les pouvoirs publics et des réactions qu'elle provoque dans l'opposition. Pour qui reste fidèle à la conception de la politique qui privilégie la confrontation des idées sur celles des personnes, cela seul devrait suffire.
Naturellement il n'en est rien. Qu'on souhaite exprimer ses conceptions soi-même et davantage, qu'on tente de se bâtir une notoriété ou qu'enfin on estime devoir compenser la partialité traditionnellement attribuée aux organes de presse, il est jugé indispensable de mener campagne.
À compter de là on serait en droit de penser que tout parti ou tout candidat cherchera le mode d'expression le plus approprié et guidera ses choix, aussi raisonnés que possible, en fonction de l'impact positif optimum.
Tel est fort loin d'être le cas. Il semble bien plutôt que s'engage une sorte de course-poursuite, frénétique en contexte électoral, entre les principales formations ou les principaux candidats. Faute de pouvoir se dépenser plus on dépense davantage, non parce que la preuve est faite que cela est utile mais en quelque sorte à tout hasard, pour mettre tous les atouts de son côté et surtout par peur de subir un handicap par rapport à l'adversaire.
Or, ce qui vaut dans le domaine commercial, et dont les effets sont quantifiables objectivement, ne peut nullement être transposé dans le domaine politique. Le déploiement de moyens considérables ne garantit pas plus l'élection - et c'est heureux - que ne la compromet le fait d'avoir des ressources limitées.
Il reste que dans le doute, la tentation subsiste de dépenser plus que son concurrent pour espérer faire mieux.
Et c'est en prévision de cela que chacun cherche à se procurer les sommes dont il croit avoir besoin. L'enjeu lui paraît tel qu'il pourra cesser d'être vigilant sur l'origine ou rigoureux sur la méthode, et c'est ainsi que se met en place l'engrenage douloureux qui peut conduire un militant dévoué à manipuler de l'argent d'origine douteuse.
Aussi est-ce sur le besoin qu'il faut commencer par agir, en plafonnant efficacement les dépenses.
La première mesure en ce sens remonte à 1986 lorsque le législateur a très sagement refusé la proposition qui lui était faite d'autoriser la publicité politique à la télévision.
Le présent projet va au-delà puisqu'il ne se contente pas de fixer un plafond des dépenses mais limite également les possibilités matérielles de recours aux formes les plus coûteuses de publicité politique.
Dans ces conditions, la recherche de financement n'aura plus lieu de se faire à tout prix s'il n'est de toute façon pas possible de dépenser utilement les sommes excessives collectées.
En outre, les limites quantitatives ainsi imposées stimuleront les efforts qualitatifs et, accessoirement, la manière, imaginative ou non, moderne ou désuète, rationnelle ou désordonnée, efficace ou impuissante, dont partis et candidats sauront se soumettre à ces contraintes nouvelles, pourra fournir à l'électeur des indications précieuses sur leurs qualités prévisibles dans l'exercice des mandats.

II - Clarifier les recettes

En 1989, pour la première fois, les partis et groupements politiques ont bénéficié du financement prévu par la loi du 11 mars 1988. Ceci constituait un progrès indiscutable mais insuffisant.
Ce financement, en premier lieu, se limite aux formations représentées au Parlement, ce qui a eu pour double effet, d'une part, d'exclure celles qui n'y ont pas accédé lors même qu'elles peuvent avoir une existence réelle, d'autre part, de faire fleurir des groupements qui, au contraire, semblent n'avoir d'existence éphémère que le temps de percevoir un virement annuel.
C'est pourquoi le présent projet envisage, à l'instar du système en vigueur en Espagne, d'allouer aux formations politiques présentes dans un nombre significatif de circonscriptions une somme calculée en fonction du nombre de suffrages recueillis, tandis que ceux des partis qui sont représentés à l'Assemblée nationale recevront de surcroît une somme proportionnelle au nombre de leurs députés.
Mais il reste que le financement public n'est pas à la hauteur du besoin, même limité comme il le sera. À partir de là deux solutions sont concevables : l'une tend à relever ce financement public, l'autre à le compléter.
Revaloriser le financement public pour le mettre au niveau convenable aurait comme conséquences d'abord

un effort budgétaire notable à un moment où il est difficile, ensuite l'acceptation de ce que le financement de la vie politique soit mis pour l'essentiel à la charge du contribuable.
Cela pourrait naturellement s'envisager. Mais certains exemples étrangers nous démontrent que le financement public, même élevé, s'ajoute aux financements occultes bien plus qu'il ne s'y substitue.
C'est pourquoi il paraît plus sage et plus réaliste de permettre les financements privés, voire de les favoriser, avec comme contrepartie le fait qu'ils soient clairs, identifiés et plafonnés.
Avec un tel système, dont le Québec a fait l'expérience heureuse, la transparence est sauve et chacun en profite : les partis et candidats qui rencontrent moins de difficultés que naguère à accéder à des financements nouveaux dès lors qu'ils sont admis ; les donateurs, personnes physiques ou morales, qui savent pouvoir contribuer avec l'esprit libre, dès lors qu'ils trouvent dans l'existence du plafond un rempart efficace contre toute exigence abusive ; les finances publiques, enfin, qui peuvent être ainsi soulagées d'une fraction importante du coût de la démocratie.
La chose est aujourd'hui rendue possible par une tolérance nouvelle. Contribuer au financement d'activités politiques a revêtu longtemps un caractère jugé peccamineux : ce n'était tolérable qu'en cachette et l'on a même vu des carrières se briser pour avoir soutenu des formations ou candidats malheureux.
Nous n'en sommes heureusement plus là et le développement de la vie démocratique, à travers les alternances successives, permet désormais des avancées inconcevables hier.
Mais il demeure que les partis et groupements politiques ont eu souvent la tentation compréhensible de se réfugier derrière l'article 4 de la Constitution, qui garantit le libre exercice de leur activité, pour refuser toute immixtion dans leurs affaires internes.
Ce souci légitime ne peut évidemment plus s'imposer avec la même vigueur dès lors qu'ils recueillent des fonds d'État. En effet, un autre principe constitutionnel trouve alors à s'appliquer, celui qui, dans l'article 14 de la Déclaration des droits de l'homme et du citoyen de 1789, prévoit le contrôle sur l'emploi de la contribution publique.
Aussi, l'obligation d'une comptabilité est-elle prévue dans le projet de sorte que ceux qui la tiennent soient ainsi protégés contre toute forme de suspicion.

III - Aggraver les sanctions

La contrepartie légitime de l'ensemble des mesures ainsi prises est que ne pourraient avoir aucune espèce d'excuse ceux qui les enfreindraient dans l'avenir.
Il a pu se trouver des gens pour commettre des malversations à des fins d'enrichissement personnel. Ceux-là sont malhonnêtes. Il s'en est trouvé, en nombre beaucoup plus élevé, pour en commettre afin de financer leurs activités politiques, pensant ne pouvoir faire autrement. Ceux-là sont fautifs, mais également victimes d'un système pernicieux.
Les dispositions nouvelles mettent fin à ce système. Dès lors, il est naturel que la loi soit intraitable à l'égard de quiconque la transgresserait désormais. Et c'est pourquoi il est proposé de renforcer les peines existantes, ou parfois, de les moduler pour les rendre plus effectives.
C'est dans cet esprit général que le titre premier prévoit un ensemble de dispositions consacrées aux campagnes électorales. Parmi elles figurent notamment l'extension du régime de plafonnement des dépenses électorales, l'obligation de constituer des associations électorales, seules habilitées à recevoir des dons et la création d'une Commission nationale des comptes de campagne et des financements politiques. Ainsi, une instance collégiale exercera le contrôle objectif nécessaire et transmettra au juge compétent, sans jamais se substituer à lui, tout ce qui serait susceptible de constituer un manquement.
S'il est vrai que le projet qui vous est soumis met particulièrement l'accent, pour des raisons d'évidence, sur les périodes électorales, il n'entend pas laisser les autres dans l'ombre car l'intégrité ne peut connaître d'éclipses. C'est pourquoi le titre II porte sur le financement des partis politiques et envisage l'existence d'associations de financement, instruments privilégiés de la transparence recherchée. De plus, il est proposé d'aménager le mode de financement public des partis politiques.
Le titre III, quant à lui, porte sur le fonctionnement des collectivités territoriales et introduit des dispositions clarifiant certaines des procédures par lesquelles transitent trop souvent des financements indus.
Enfin, le titre IV comporte diverses dispositions au nombre desquelles figure l'amnistie de ceux qu'on a qualifiés plus haut de partiellement victimes d'un système de financement de la vie publique jusqu'ici très défectueux.
(...)

Il importe donc d'analyser rapidement la législation en vigueur, ses lacunes et ses insuffisances avant d'examiner le projet de loi qui nous est soumis. Si l'on excepte les dispositions relatives aux déclarations de patrimoine des hommes politiques qu'il n'est pas envisagé de modifier, la loi organique n° 88-226 et la loi n° 88-227 du 11 mars 1988 traitent, d'une part, du financement des campagnes électorales et, d'autre part, du financement des partis.

1. Le financement des campagnes

On observera d'abord que la première lacune de la réglementation existante tient au fait qu'elle ne concerne que l'élection présidentielle et les élections législatives, laissant de côté les élections européennes comme les élections locales.

La réglementation des dons

Aux termes de la loi, les dons manuels consentis aux candidats sont plafonnés à 20 000 F pour une personne physique et 50 000 F pour une personne morale. En retenant ainsi l'expression de « don manuel », le législateur a écarté du plafonnement les services rendus, les rabais consentis ou autres avantages indirects. Sous cette réserve, pour l'élection présidentielle, le montant maximum autorisé pour les dons émanant d'une personne morale semble fort peu élevé et, pour tout dire, irréaliste, compte tenu du coût de la campagne.
Par ailleurs, pour faciliter le contrôle du plafonnement, il est précisé que tout don supérieur à 2 000 F doit être effectué par chèque, le total des dons en espèces ne pouvant excéder 20 % des recettes.
Les dons consentis aux candidats, par des personnes physiques comme par des personnes morales, sont déductibles du revenu imposable ou des bénéfices, dans les mêmes conditions que ceux consentis à des organismes d'intérêt général.

Le plafonnement des dépenses

La loi organique du 11 mars 1988 prévoit que le total des dépenses engagées par les candidats ne peut être supérieur à 500 000 F, au cours des trois mois précédant le scrutin pour les élections législatives et 120 millions de francs, sur une période de six mois, pour

l'élection présidentielle, ce plafond étant porté à 140 millions de francs pour les deux candidats présents au second tour.
Outre diverses imperfections de détail relevées par le Conseil constitutionnel dans ses observations relatives à l'élection présidentielle des 24 avril et 8 mai 1988, la principale lacune de la loi, mise également en lumière par le Conseil, tient au fait que seules sont prises en compte les dépenses effectuées par le candidat ou son mandataire, à l'exclusion de celles engagées à son profit par les partis ou groupements qui le soutiennent.

La présentation du compte de campagne

La loi prévoit que les candidats doivent établir un compte de campagne présenté par un membre de l'ordre des experts-comptables agréés, retraçant l'ensemble des dépenses et des recettes, adressé, pour les candidats à l'élection présidentielle, au Conseil constitutionnel qui en assure la publication au *Journal officiel* et, pour les candidats aux élections législatives, déposé à la préfecture, ceux des candidats élus étant transmis au Bureau de l'Assemblée nationale.
S'agissant de l'élection présidentielle, le Conseil constitutionnel « a estimé qu'il ne tenait pas de ces dispositions compétence pour vérifier la régularité et la sincérité des comptes de campagne ».
Les comptes des candidats aux élections législatives ne sont pas davantages contrôlés, sauf par le Conseil constitutionnel dans le cas d'une contestation de l'élection si le dépassement du plafond des dépenses est l'un des moyens invoqués à l'appui de la requête.
L'obligation faite aux candidats de présenter un compte de campagne n'a donc qu'une portée limitée, dès lors qu'aucun contrôle systématique n'est exercé par une instance qualifiée.

Le remboursement forfaitaire des frais de campagne

Les lois du 11 mars 1988 ont considérablement augmenté la participation de l'État aux dépenses de campagne des candidats.
Pour l'élection présidentielle, tous les candidats peuvent prétendre, dans la limite des frais qu'ils ont réellement engagés, à un remboursement forfaitaire égal à 5 % du plafond des dépenses - soit six millions de francs - ce remboursement étant porté au quart du plafond - soit trente millions de francs pour les deux candidats présents au second tour - pour les candidats ayant obtenu au moins 5 % des suffrages exprimés.
Quant aux candidatures aux élections législatives, ils ont droit à un remboursement égal à 10 % du plafond des dépenses - soit 50 000 F - s'ils ont recueilli 5 % des suffrages exprimés au premier tour.
On notera que l'existence du remboursement forfaitaire permet de sanctionner le non respect des dispositions légales, puisque son versement est subordonné au dépôt des comptes de campagne, au respect du plafonnement des dépenses, ainsi d'ailleurs, en ce qui concerne les élus, qu'au dépôt de la déclaration de patrimoine.

2. Le financement des partis

S'agissant du financement des partis politiques, il n'existe encore qu'une ébauche de réglementation : la loi du 11 mars 1988 a institué le principe d'un financement public et prévu en contrepartie que les comptes des partis bénéficiaires doivent être rendus publics.

Le financement public

La loi prévoit que chaque année sont inscrits dans le projet de loi des finances des crédits destinés au financement des partis, qui peuvent faire l'objet de propositions conjointes des Bureaux des deux assemblées au Gouvernement.
Ces crédits sont répartis entre les partis représentés à l'Assemblée nationale ou au Sénat proportionnellement au nombre de parlementaires ayant déclaré y être rattachés.
On notera d'abord qu'il est curieux de prendre en compte les sénateurs pour répartir les crédits, alors que ceux-ci sont élus au suffrage indirect et, aux termes mêmes de la Constitution, n'assurent pas la représentation de la population mais celle des collectivités locales et subsidiairement des Français établis hors de France.
Par ailleurs, dès lors que la loi ne retient que les élus et non les suffrages exprimés, certains partis qui recueillent une part non négligeable des votes, mais n'ont ni députés, ni sénateurs, se trouvent écartés du financement public.

Le contrôle des comptes des partis

En la matière, le législateur a été particulièrement prudent. Redoutant sans doute d'aller à l'encontre de l'article 4 de la Constitution qui prévoit que les partis se forment et exercent leur activité librement, il a écarté l'application des dispositions de droit commun relatives au contrôle financier exercé sur les organismes bénéficiaires de fonds publics.
La seule contrepartie au financement public est constituée par l'obligation faite aux partis bénéficiaires d'établir chaque année des comptes certifiés par deux commissaires aux comptes et faisant apparaître les recettes et les dépenses. Ces comptes sont déposés sur le Bureau de l'Assemblée nationale ou du Sénat, qui en assurent la publication au *Journal officiel*. Le non respect de cette obligation fait perdre droit au financement public.
On doit souligner qu'il n'existe en revanche aucune réglementation des financements privés. Sous réserve pour les personnes morales de la conformité à l'objet social, les dons aux partis sont libres. Ils ne font par ailleurs l'objet d'aucune déductibilité fiscale à la différence de ceux consentis aux candidats.

Document 3

Loi n° 88-227 du 11 mars 1988 (*Journal officiel* du 12 mars 1988)

LOI n° 88-227 du 11 mars 1988 relative à la transparence financière de la vie politique (1)

NOR : *INTX8800003L*

L'Assemblée nationale et le Sénat ont adopté,

Le Président de la République promulgue la loi dont la teneur suit :

TITRE Ier

DISPOSITIONS RELATIVES A LA DECLARATION DU PATRIMOINE DES MEMBRES DU GOUVERNEMENT ET DES TITULAIRES DE CERTAINES FONCTIONS ELECTIVES

Art. 1er. – Tout membre du Gouvernement, dans les quinze jours suivant sa nomination, dépose une déclaration de situation patrimoniale conforme aux dispositions de l'article L.O. 135-1 du code électoral, auprès du président de la commission prévue à l'article 3 de la présente loi.

La même obligation est applicable dans les quinze jours qui suivent la date de cessation des fonctions pour une cause autre que le décès.

Art. 2. – Le titulaire d'une fonction de président de conseil régional, de président de l'assemblée de Corse, de président d'une assemblée territoriale d'outre-mer, de président de conseil général, de président élu d'un exécutif de territoire d'outre-mer, de maire d'une commune de plus de 30 000 habitants est tenu, dans les quinze jours qui suivent son entrée en fonctions, d'adresser au président de la commission prévue à l'article 3 de la présente loi une déclaration de situation patrimoniale conforme aux dispositions de l'article L.O. 135-1 du code électoral.

La même obligation est applicable à chacune des personnes soumises aux dispositions de l'alinéa précédent deux mois au plus tôt et un mois au plus tard avant la date normale d'expiration de ses fonctions ou, en cas de démission, de révocation ou de dissolution de l'assemblée qu'elle préside, dans les quinze jours qui suivent la fin de ses fonctions.

Les déclarations prévues au présent article sont déposées, lorsque l'intéressé a la qualité de parlementaire, devant le bureau de l'assemblée à laquelle il appartient. Les dispositions des articles L.O. 135-1 et L.O. 135-2 du code électoral sont applicables à ces déclarations.

Lorsque le titulaire de l'une des fonctions visées au premier alinéa est élu député ou sénateur, la dernière déclaration qu'il a adressée au président de la commission est transmise au bureau de l'Assemblée nationale ou du Sénat.

Si le mandat de député ou de sénateur prend fin avant l'expiration des fonctions visées au premier alinéa, la dernière déclaration déposée au titre desdites fonctions est transmise au président de la commission.

Pour l'application du présent article, la population prise en compte est celle résultant du dernier recensement national connu au moment du renouvellement du conseil municipal.

Art. 3. – Il est institué une commission composée du vice-président du Conseil d'Etat, président, du premier président de la Cour de cassation et du premier président de la Cour des comptes, qui est chargée de recevoir les déclarations des personnes mentionnées aux articles 1er et 2.

Elle informe les autorités compétentes du non-respect par ces personnes des obligations mentionnées à ces articles.

La commission assure le caractère confidentiel des déclarations reçues ainsi que des observations formulées, le cas échéant, par les déclarants sur l'évolution de leur patrimoine.

Les déclarations déposées et les observations formulées ne peuvent être communiquées qu'à la demande expresse du déclarant ou de ses ayants droit ou sur requête des autorités judiciaires lorsque leur communication est nécessaire à la solution du litige ou utile pour la découverte de la vérité.

La commission apprécie la variation des situations patrimoniales des personnes mentionnées aux articles 1er et 2 telle qu'elle résulte des déclarations et des observations qu'elles ont pu formuler. Elle établit, chaque fois qu'elle le juge utile, et en tout état de cause tous les trois ans, un rapport publié au *Journal officiel* de la République française. Ce rapport peut comporter, le cas échéant, soit à l'initiative de la commission, soit à la demande des intéressés, leurs observations.

Art. 4. – Seront punis des peines de l'article 368 du code pénal ceux qui, en dehors du rapport visé à l'article L.O. 135-1 du code électoral ou à l'article 3 de la présente loi, auront, de quelque manière que ce soit, publié ou divulgué tout ou partie des déclarations ou observations prévues à l'article L.O. 135-1 du code électoral et aux articles 1er et 2 de la présente loi.

Art. 5. – I. – L'article L. 195 du code électoral est complété par un alinéa ainsi rédigé :

« Est également inéligible, pendant un an, le président de conseil général qui n'a pas déposé l'une des déclarations prévues à l'article 2 de la loi n° 88-227 du 11 mars 1988 relative à la transparence financière de la vie politique. »

II. – L'article L. 230 du code électoral est complété par un 4° ainsi rédigé :

« 4° Pour une durée d'un an, le maire qui n'a pas déposé l'une des déclarations prévues à l'article 2 de la loi n° 88-227 du 11 mars 1988 relative à la transparence financière de la vie politique. »

III. – Il est inséré, après le troisième alinéa de l'article L. 340 du code électoral, un 3° ainsi rédigé :

« 3° Pour une durée d'un an, le président de conseil régional ou le président de l'assemblée de Corse qui n'a pas déposé l'une des déclarations prévues à l'article 2 de la loi n° 88-227 du 11 mars 1988 relative à la transparence financière de la vie politique. »

IV. – Sont inéligibles, pendant un an, à l'assemblée territoriale d'un territoire d'outre-mer le président d'une assemblée territoriale et le président élu d'un exécutif qui n'ont pas déposé l'une des déclarations prévues à l'article 2 de la présente loi.

TITRE II

DISPOSITIONS RELATIVES AU FINANCEMENT DES CAMPAGNES POUR L'ELECTION DES DEPUTES

Art. 6. – L'article L. 167 du code électoral est complété par trois alinéas ainsi rédigés :

« Les autres dépenses électorales des candidats ayant obtenu au moins 5 p. 100 des suffrages exprimés au premier tour font l'objet d'un remboursement forfaitaire de la part de l'Etat égal au dixième du plafond prévu à l'article L.O. 163-2.

« Ce remboursement ne peut excéder le montant des dépenses du candidat, retracées dans son compte de campagne.

« Le remboursement forfaitaire prévu à l'alinéa précédent n'est pas effectué aux candidats qui ne se sont pas conformés aux prescriptions de l'article L.O. 179-1 ou de l'article L.O. 163-2 et aux candidats élus qui n'ont pas déposé la déclaration prévue à l'article L.O. 135-1. »

TITRE III

DISPOSITIONS RELATIVES AUX PARTIS ET GROUPEMENTS POLITIQUES ET A LEUR FINANCEMENT

Art. 7. - Les partis et groupements politiques se forment et exercent leur activité librement. Ils jouissent de la personnalité morale.

Ils ont le droit d'ester en justice.

Ils ont le droit d'acquérir à titre gratuit ou à titre onéreux des biens meubles ou immeubles : ils peuvent effectuer tous les actes conformes à leur mission et notamment créer et administrer des journaux et des instituts de formation conformément aux dispositions des lois en vigueur.

Art. 8. - Le montant des crédits inscrits dans le projet de loi de finances de l'année pour être affecté au financement des partis et groupements politiques, peut, de la part des Bureaux de l'Assemblée nationale et du Sénat, faire l'objet de propositions conjointes au Gouvernement.

Art. 9. - Les aides prévues à l'article précédent sont attribuées aux partis et groupements politiques proportionnellement au nombre de parlementaires qui ont déclaré au bureau de leur assemblée, dans le mois qui suit l'ouverture de la première session ordinaire de chaque année, y être inscrits ou s'y rattacher.

Chaque parlementaire ne peut indiquer qu'un seul parti ou groupement politique pour l'application de l'alinéa précédent.

Au plus tard le 31 décembre de l'année, le bureau de l'Assemblée nationale et le bureau du Sénat communiquent au Premier ministre la répartition des parlementaires entre les partis et groupements politiques, telle qu'elle résulte des déclarations des parlementaires.

Le montant des aides attribuées à chaque parti ou groupement est retracé dans un rapport annexé au projet de loi de finances de l'année.

Le délai mentionné au premier alinéa du présent article court, lorsque l'Assemblée nationale a été dissoute et n'est pas encore réunie, à compter du deuxième jeudi qui suit son élection.

Art. 10. - Les dispositions relatives au contrôle financier de la loi du 10 août 1922 relative à l'organisation du contrôle des dépenses engagées ne sont pas applicables à la gestion des crédits mentionnés au présent titre.

Les partis et groupements politiques bénéficiaires ne sont pas soumis au contrôle de la Cour des comptes. Les dispositions du décret du 30 octobre 1935 relatif au contrôle des associations, œuvres et entreprises privées subventionnées ne leur sont pas applicables.

Art. 11. - Les comptes de chaque parti ou groupement politique bénéficiaire des dispositions de l'article 9 sont arrêtés chaque année. Ils sont certifiés par deux commissaires aux comptes.

Ces comptes, faisant apparaître les recettes récapitulatives selon leur origine et les dépenses selon leur nature, sont déposés dans le premier trimestre de l'année suivant celle de l'exercice sur les bureaux de l'Assemblée nationale ou du Sénat qui en assurent la publication au *Journal officiel* de la République française.

En cas de manquement aux obligations prévues au présent article, le parti ou groupement politique perd le droit, pour l'année suivante, aux aides de l'Etat mentionnées au présent titre.

TITRE IV

DISPOSITIONS DIVERSES ET TRANSITOIRES

Art. 12. - Le second alinéa de l'article L. 106 du code électoral est complété par les mots : « ainsi que ceux qui auront contrevenu aux dispositions de l'article L.O. 163-3 ».

Art. 13. - I. - Dans le second alinéa de l'article L. 28 du code électoral, après les mots : « Tout électeur », sont insérés les mots : «, tout candidat et tout parti ou groupement politique ».

II. - L'article 32 de la loi n° 78-17 du 6 janvier 1978 relative à l'informatique, aux fichiers et aux libertés est abrogé.

Art. 14. - A la fin du dernier alinéa (5°) de l'article 168 de la loi n° 66-537 du 24 juillet 1966 sur les sociétés commerciales, les mots : « la liste des actions de parrainage et de mécénat » sont remplacés par les mots : « la liste des actions nominatives de parrainage, de mécénat et des dons effectués dans les conditions prévues à l'article L.O. 163-3 du code électoral. »

Art. 15. - Après l'article 5 de la loi n° 82-471 du 7 juin 1982 relative au Conseil supérieur des Français de l'étranger, est inséré un article additionnel ainsi rédigé :

« *Art. 5* bis. - L'Etat prend à sa charge les frais d'acheminement des circulaires et des bulletins de vote des listes et des candidats entre les chefs-lieux des circonscriptions électorales et les bureaux de vote.

« Les listes ou les candidats ayant obtenu au moins 5 p. 100 des suffrages exprimés sont remboursés, sur une base forfaitaire, du coût du papier et des frais d'impression des circulaires et des bulletins de vote.

« Un décret en Conseil d'Etat détermine, en tant que de besoin, les conditions d'application du présent article. »

Art. 16. - Dans le deuxième alinéa de l'article 14 de la loi n° 86-1067 du 30 septembre 1986 relative à la liberté de communication, les mots : « jusqu'à l'entrée en vigueur d'une loi visant à garantir la transparence du financement des mouvements politiques en France » sont remplacés par les mots : « durant une période de quatre ans à compter de la date de la promulgation de la loi n° 88-227 du 11 mars 1988 relative à la transparence financière de la vie politique ».

Art. 17. - Les dispositions des articles 1er et 2 ne sont applicables qu'aux personnes nommées ou élues postérieurement à l'élection présidentielle qui suivra la publication de la présente loi.

Art. 18. - Dix-huit mois après la promulgation de la présente loi, le Gouvernement déposera sur les bureaux des deux assemblées un rapport sur la mise en œuvre des dispositions contenues dans la présente loi et la loi organique n° 88-226 du 11 mars 1988 relative à la transparence financière de la vie politique.

Un mois au moins et deux mois au plus après le dépôt du rapport, un débat public sera organisé durant la première session ordinaire de 1989-1990 sur les conditions d'application des lois mentionnées à l'alinéa précédent.

Art. 19. - Les dispositions de la présente loi sont applicables aux territoires d'outre-mer et à la collectivité territoriale de Mayotte.

La présente loi sera exécutée comme loi de l'Etat.

Fait à Paris, le 11 mars 1988.

FRANÇOIS MITTERRAND

Par le Président de la République :

Le Premier ministre,
JACQUES CHIRAC

Le ministre d'Etat, ministre de l'économie, des finances et de la privatisation,
ÉDOUARD BALLADUR

Le garde des sceaux, ministre de la justice,
ALBIN CHALANDON

Le ministre de la culture et de la communication,
FRANÇOIS LÉOTARD

Le ministre des affaires étrangères,
JEAN-BERNARD RAIMOND

Le ministre de l'intérieur,
CHARLES PASQUA

Le ministre des départements et territoires d'outre-mer,
BERNARD PONS

Le ministre délégué auprès du ministre de l'économie, des finances et de la privatisation, chargé du budget,
ALAIN JUPPÉ

Document 4

Loi n° 90-55 du 15 janvier 1990 (*Journal officiel* du 16 janvier 1990)

LOIS

LOI n° 90-55 du 15 janvier 1990 relative à la limitation des dépenses électorales et à la clarification du financement des activités politiques (1)

NOR : *INTX8900076L*

L'Assemblée nationale et le Sénat ont délibéré,

L'Assemblée nationale a adopté,

Le Conseil constitutionnel a déclaré conforme à la Constitution ;

Le Président de la République promulgue la loi dont la teneur suit :

TITRE Ier

DISPOSITIONS RELATIVES AU FINANCEMENT ET AU PLAFONNEMENT DES DÉPENSES ÉLECTORALES

Art. 1er. - Il est inséré, dans le titre Ier du livre Ier du code électoral, un chapitre V *bis* ainsi rédigé :

« ***Chapitre V* bis**

« Financement et plafonnement des dépenses électorales

« *Art. L. 52-4.* - Pendant l'année précédant le premier jour du mois d'une élection et jusqu'à la date du tour de scrutin où l'élection a été acquise, un candidat à cette élection ne peut avoir recueilli des fonds en vue du financement de sa campagne que par l'intermédiaire d'un mandataire nommément désigné par lui, qui est soit une association de financement électorale, soit une personne physique dénommée " le mandataire financier ".

« Lorsque le candidat a décidé de recourir à une association de financement électorale ou à un mandataire financier, il ne peut régler les dépenses occasionnées par sa campagne électorale que par leur intermédiaire, à l'exception du montant du cautionnement éventuel et des dépenses prises en charge par un parti ou groupement politique.

« En cas d'élection anticipée ou partielle, ces dispositions ne sont applicables qu'à compter de l'événement qui rend cette élection nécessaire.

« Les dispositions du présent article ne sont pas applicables à l'élection des conseillers généraux dans les cantons de moins de 9 000 habitants et à l'élection des conseillers municipaux dans les communes de moins de 9 000 habitants.

« *Art. L. 52-5.* - L'association de financement électorale doit être déclarée selon les modalités prévues par l'article 5 de la loi du 1er juillet 1901 relative au contrat d'association. La déclaration doit être accompagnée de l'accord écrit du candidat.

« L'association de financement électorale est tenue d'ouvrir un compte bancaire ou postal unique retraçant la totalité de ses opérations financières. Les comptes de l'association sont annexés au compte de campagne du candidat qu'elle a soutenu ou au compte de campagne du candidat tête de liste lorsque le candidat qu'elle a soutenu figure sur cette liste.

« L'association ne peut recueillir de fonds que pendant la période prévue à l'article L. 52-4.

« Elle est dissoute de plein droit trois mois après le dépôt du compte de campagne du candidat qu'elle soutient. Avant l'expiration de ce délai, elle est tenue de se prononcer sur la dévolution de son actif net. Celui-ci doit être attribué soit à une autre association de financement électorale, soit à une association de financement d'un parti politique, soit à un ou plusieurs établissements reconnus d'utilité publique. A défaut de décision de dévolution dans les conditions et délais prévus ci-dessus, à la demande du préfet du département dans lequel est situé le siège de l'association de financement électorale, le procureur de la République saisit le président du tribunal de grande instance, qui détermine le ou les établissements reconnus d'utilité publique attributaires de l'actif net. Il en va de même dans le cas où la dévolution n'est pas acceptée.

« Si le candidat soutenu par l'association de financement électorale n'a pas déposé sa candidature, l'association est dissoute de plein droit à l'expiration du délai de dépôt des candidatures. La dévolution de l'actif net, sur laquelle l'association doit se prononcer dans les trois mois suivant la dissolution, s'effectue dans les conditions prévues à l'alinéa précédent.

« *Art. L. 52-6.* - Le candidat déclare par écrit à la préfecture de son domicile le nom du mandataire financier qu'il choisit. La déclaration doit être accompagnée de l'accord exprès du mandataire désigné.

« Le mandataire financier est tenu d'ouvrir un compte bancaire ou postal unique retraçant la totalité de ses opérations financières. L'intitulé du compte précise que le titulaire agit en qualité de mandataire financier du candidat, nommément désigné. Les comptes du mandataire sont annexés au compte de campagne du candidat qui l'a désigné ou au compte de campagne du candidat tête de liste lorsque le candidat qui l'a désigné figure sur cette liste.

« Le mandataire financier ne peut recueillir de fonds que pendant la période prévue à l'article L. 52-4.

« Les fonctions du mandataire financier cessent de plein droit trois mois après le dépôt du compte de campagne du candidat qui l'a mandaté, ou bien, si le candidat n'a pas déposé sa candidature dans les délais légaux, à l'expiration du délai de dépôt des candidatures.

« Au terme de son mandat, le mandataire remet au candidat un bilan comptable de son activité. Lorsqu'un solde positif apparaît, il est dévolu, sur décision du candidat, soit à une association de financement électorale, soit à une association de financement d'un parti politique, soit à un ou plusieurs établissements reconnus d'utilité publique. A défaut de décision de dévolution dans les conditions et délais prévus ci-dessus, à la demande du préfet du département dans lequel est domicilié le candidat, le procureur de la République saisit le président du tribunal de grande instance qui détermine le ou les établissements reconnus d'utilité publique attributaires de l'actif net. Il en va de même lorsque la dévolution n'est pas acceptée.

« *Art. L. 52-7.* - Pour une même élection, un candidat ne peut recourir en même temps à une association de financement électorale et à un mandataire financier.

« Il peut toutefois recourir successivement à deux ou plusieurs intermédiaires. Dans cette hypothèse, le candidat doit mettre fin aux fonctions du mandataire ou retirer son accord à l'association de financement électorale dans les mêmes formes que la désignation ou l'attribution de l'accord. Le compte bancaire ou postal unique est bloqué jusqu'au moment où le candidat désigne un nouveau mandataire financier ou donne son accord à une nouvelle association de financement électorale. Chaque association ou chaque mandataire financier, sauf le cas de décès de ce dernier, établit le compte de sa gestion.

« Les dispositions de l'alinéa précédent ne sont pas applicables lorsque le candidat a donné son accord, dans le cadre d'un scrutin plurinominal, à une association à laquelle un ou plusieurs candidats avaient déjà donné leur accord.

« *Art. L. 52-8.* - Les dons consentis par des personnes dûment identifiées pour le financement de la campagne d'un candidat ou de plusieurs candidats lors d'une même élection ne peuvent excéder 30 000 F s'ils émanent d'une personne physique et 10 p. 100 du plafond des dépenses électorales dans la limite de 500 000 F s'ils émanent d'une personne morale autre qu'un parti ou groupement politique.

« Tout don de plus de 1 000 F consenti à un candidat en vue de sa campagne doit être versé par chèque.

« Le montant global des dons en espèces faits au candidat ne peut excéder 20 p. 100 du montant des dépenses autorisées lorsque ce montant est égal ou supérieur à 100 000 F en application de l'article L. 52-11.

« Les personnes morales de droit public, les personnes morales de droit privé dont la majorité du capital appartient à une ou plusieurs personnes morales de droit public ou les casinos, cercles et maisons de jeux ne peuvent effectuer, directement ou indirectement, aucun don en vue du financement de la campagne d'un candidat.

« Aucun candidat ne peut recevoir, directement ou indirectement, pour quelque dépense que ce soit, des contributions ou aides matérielles d'un Etat étranger ou d'une personne morale de droit étranger.

« *Art. L. 52-9.* - Les actes et documents émanant d'une association de financement électorale ou d'un mandataire financier et destinés aux tiers, notamment ceux utilisés pour des appels à des dons, doivent indiquer le candidat ou la liste de candidats destinataires des sommes collectées ainsi que la dénomination de l'association et la date à laquelle elle a été déclarée ou le nom du mandataire financier et la date à laquelle il a été désigné.

« Ils doivent indiquer que le candidat ne peut recueillir de dons que par l'intermédiaire de ladite association ou dudit mandataire et reproduire les dispositions de l'article précédent.

« *Art. L. 52-10.* - L'association de financement électorale ou le mandataire financier délivre au donateur un reçu dont un décret en Conseil d'Etat fixe les conditions d'établissement et d'utilisation. Ce décret détermine également les modalités selon lesquelles les reçus délivrés pour les dons d'un montant égal ou inférieur à 20 000 F consentis par les personnes physiques ne mentionnent pas le nom du ou des candidats bénéficiaires ou la dénomination de la liste bénéficiaire.

« *Art. L. 52-11.* - Pour les élections auxquelles l'article L. 52-4 est applicable, il est institué un plafond des dépenses électorales, autres que les dépenses de propagande directement prises en charge par l'Etat, exposées par chaque candidat ou chaque liste de candidats, ou pour leur compte, au cours de la période mentionnée au même article.

« Le montant du plafond est déterminé en fonction du nombre d'habitants de la circonscription d'élection, conformément au tableau ci-après :

(en francs)

FRACTION DE LA POPULATION de la circonscription	PLAFOND PAR HABITANT DES DÉPENSES ÉLECTORALES		
	Election des conseillers municipaux	Election des conseillers généraux	Election des conseillers régionaux
N'excédant pas 15 000 habitants	11	6	5
De 15 001 à 30 000 habitants	10	5	5
De 30 001 à 60 000 habitants	9	4	5
De 60 001 à 100 000 habitants	8	3	5
De 100 001 à 150 000 habitants	7	»	4
De 150 001 à 250 000 habitants	6	»	3
Excédant 250 000 habitants	5	»	2

« Le plafond des dépenses pour l'élection des députés est de 500 000 F par candidat. Il est ramené à 400 000 F dans les circonscriptions dont la population est inférieure à 80 000 habitants.

« Ces plafonds sont actualisés tous les trois ans par décret, en fonction de l'indice du coût de la vie de l'Institut national de la statistique et des études économiques.

« *Art. L. 52-12.* - Chaque candidat ou candidat tête de liste soumis au plafonnement prévu à l'article L. 52-11 est tenu d'établir un compte de campagne retraçant, selon leur origine, l'ensemble des recettes perçues et, selon leur nature, l'ensemble des dépenses engagées ou effectuées en vue de l'élection, par lui-même ou pour son compte, au cours de la période mentionnée à l'article L. 52-4. Sont réputées faites pour son compte les dépenses exposées directement au profit du candidat et avec l'accord, même tacite, de celui-ci, par les personnes physiques ou morales, les groupements et partis qui lui apportent leur soutien. Le candidat estime et inclut, en recettes et en dépenses, les avantages directs ou indirects, les prestations de services et dons en nature dont il a bénéficié.

« Dans les deux mois qui suivent le tour de scrutin où l'élection a été acquise, chaque candidat ou candidat tête de liste présent au premier tour dépose à la préfecture son compte de campagne et ses annexes, présentés par un membre de l'ordre des experts-comptables et des comptables agréés et accompagné des justificatifs de ses recettes ainsi que des factures, devis et autres documents de nature à établir le montant des dépenses payées ou engagées par le candidat ou pour son compte.

« Le montant du cautionnement n'est pas compris dans les dépenses. Sous réserve du règlement de dépenses engagées avant le premier tour de scrutin, le compte de campagne des candidats présents au seul premier tour ne peut retracer de dépenses postérieures à la date de celui-ci. La valeur vénale résiduelle des immobilisations éventuellement constituées au cours de la période mentionnée à l'article L. 52-4 doit être déduite des charges retracées dans le compte de campagne.

« Le compte de campagne et ses annexes sont transmis à la Commission nationale des comptes de campagne et des financements politiques.

« La commission assure la publication des comptes de campagne dans une forme simplifiée.

« *Art. L. 52-13.* - Les dépenses exposées par des candidats ayant agi séparément avant de figurer sur une même liste sont totalisées et décomptées comme faites au profit de cette liste lorsqu'elle a été constituée avant le premier tour.

« Lorsqu'il est établi une nouvelle liste en vue du second tour de scrutin, les dépenses visées à l'article L. 52-12 sont totalisées et décomptées à compter du premier tour de scrutin au profit de la liste à laquelle appartenait le candidat tête de liste lorsqu'il avait cette qualité au premier tour ou, à défaut, de la liste dont est issu le plus grand nombre de candidats figurant au second tour sur la nouvelle liste.

« *Art. L. 52-14.* - Il est institué une Commission nationale des comptes de campagne et des financements politiques.

« Cette commission comprend neuf membres nommés, pour cinq ans, par décret :

« - trois membres ou membres honoraires du Conseil d'Etat, désignés sur proposition du vice-président du Conseil d'Etat, après avis du bureau ;

« - trois membres ou membres honoraires de la Cour de cassation, désignés sur proposition du premier président de la Cour de cassation, après avis du bureau ;

« - trois membres ou membres honoraires de la Cour des comptes, désignés sur proposition du premier président de la Cour des comptes, après avis des présidents de chambres.

« Elle élit son président.

« La commission peut bénéficier, pour l'accomplissement de ses tâches, de la mise à disposition de fonctionnaires chargés de l'assister et recourir à des experts. Elle peut également demander à des officiers de police judiciaire de procéder à toute investigation qu'elle juge nécessaire pour l'exercice de sa mission.

« *Art. L. 52-15.* - La Commission nationale des comptes de campagne et des financements politiques approuve et, après procédure contradictoire, rejette ou réforme les comptes de campagne.

« Hors le cas prévu à l'article L. 118-2, elle se prononce dans les six mois du dépôt des comptes. Passé ce délai, les comptes sont réputés approuvés.

« Lorsque la commission a constaté que le compte de campagne n'a pas été déposé dans le délai prescrit, si le compte a été rejeté ou si, le cas échéant après réformation, il fait apparaître un dépassement du plafond des dépenses électorales, la commission saisit le juge de l'élection.

« Dans le cas où la commission a relevé des irrégularités de nature à contrevenir aux dispositions des articles L. 52-4 à L. 52-13 et L. 52-16, elle transmet le dossier au parquet.

« Le remboursement total ou partiel des dépenses retracées dans le compte de campagne, quand la loi le prévoit, n'est possible qu'après l'approbation du compte de campagne par la commission.

« Dans tous les cas où un dépassement du plafond des dépenses électorales a été constaté par une décision définitive, la commission fixe alors une somme égale au montant du dépassement que le candidat est tenu de verser au Trésor public. Cette somme est recouvrée comme les créances de l'Etat étrangères à l'impôt et au domaine.

« *Art. L. 52-16.* - Aucune forme de publicité commerciale ne peut être mise en œuvre à des fins électorales au profit d'un candidat ou d'une liste de candidats sans l'accord exprès du candidat, du responsable de la liste ou de leur représentant dûment qualifiés.

« *Art. L. 52-17.* - Lorsque le montant d'une dépense déclarée dans le compte de campagne ou ses annexes est inférieur aux prix habituellement pratiqués, la Commission nationale des comptes de campagne et des financements politiques évalue la différence et l'inscrit d'office dans les dépenses de campagne après avoir invité le candidat à produire toute justification utile à l'appréciation des circonstances. La somme ainsi inscrite est réputée constituer un don, au sens de l'article L. 52-8, effectué par la ou les personnes physiques ou morales concernées.

« La commission procède de même pour tous les avantages directs ou indirects, les prestations de services et dons en nature dont a bénéficié le candidat.

« *Art. L. 52-18.* - Dans l'année qui suit des élections générales auxquelles sont applicables les dispositions de l'article L. 52-4, la Commission nationale des comptes de campagne et des financements politiques dépose sur le bureau des assemblées un rapport retraçant le bilan de son action et comportant toutes les observations qu'elle juge utile de formuler. »

Art. 2. - Le début du dernier alinéa de l'article L. 51 du code électoral est ainsi rédigé :

« Pendant les trois mois précédant le premier jour du mois d'une élection et jusqu'à la date du tour de scrutin où celle-ci est acquise, tout affichage relatif à l'élection... (Le reste sans changement). »

Art. 3. - L'article L. 52-1 du code électoral est ainsi rédigé :

« *Art. L. 52-1.* - Pendant les trois mois précédant le premier jour du mois d'une élection et jusqu'à la date du tour de scrutin où celle-ci est acquise, l'utilisation à des fins de propagande électorale de tout procédé de publicité commerciale par la voie de la presse ou par tout moyen de communication audiovisuelle est interdite.

« A compter du premier jour du sixième mois précédant le mois au cours duquel il doit être procédé à des élections générales, aucune campagne de promotion publicitaire des réalisations ou de la gestion d'une collectivité ne peut être organisée sur le territoire des collectivités intéressées par le scrutin. »

Art. 4. - Il est inséré, après l'article L. 50 du code électoral, un article L. 50-1 ainsi rédigé :

« *Art. L. 50-1.* - Pendant les trois mois précédant le premier jour du mois d'une élection et jusqu'à la date du tour de scrutin où celle-ci est acquise, aucun numéro d'appel téléphonique ou télématique gratuit ne peut être porté à la connaissance du public par un candidat, une liste de candidats ou à leur profit. »

Art. 5. - Après l'article L. 113 du code électoral, il est inséré un article L. 113-1 ainsi rédigé :

« *Art. L. 113-1.* - I. - Sera puni d'une amende de 360 F à 15 000 F et d'un emprisonnement d'un mois à un an, ou de l'une de ces deux peines seulement, tout candidat en cas de scrutin uninominal, ou tout candidat tête de liste en cas de scrutin de liste, qui :

« 1° Aura, en vue de financer une campagne électorale, recueilli des fonds en violation des prescriptions de l'article L. 52-4 ;

« 2° Aura accepté des fonds en violation des dispositions de l'article L. 52-8 ;

« 3° Aura dépassé le plafond des dépenses électorales fixé en application de l'article L. 52-11 ;

« 4° N'aura pas respecté les formalités d'établissement du compte de campagne prévues par les articles L. 52-12 et L. 52-13 ;

« 5° Aura fait état, dans le compte de campagne ou dans ses annexes, d'éléments comptables sciemment minorés ;

« 6° Aura bénéficié, sur sa demande ou avec son accord exprès, d'affichages ou de publicité commerciale ne respectant pas les dispositions des articles L. 51 et L. 52-1 ;

« 7° Aura bénéficié, sur sa demande ou avec son accord exprès, de la diffusion auprès du public d'un numéro d'appel téléphonique ou télématique gratuit.

« II. - Sera puni d'une amende de 360 F à 15 000 F et d'un emprisonnement d'un mois à un an, ou de l'une de ces deux peines seulement, quiconque aura, en vue d'une campagne électorale, accordé un don en violation des dispositions de l'article L. 52-8.

« Lorsque le donateur sera une personne morale, les dispositions de l'alinéa ci-dessus seront applicables à ses dirigeants de droit ou de fait.

« III. - Sera puni d'une amende de 360 F à 15 000 F et d'un emprisonnement d'un mois à un an, ou de l'une de ces deux peines seulement, quiconque aura, pour le compte d'un candidat ou d'un candidat tête de liste, sans agir sur sa demande, ou sans avoir recueilli son accord exprès, effectué une dépense de la nature de celles prévues à l'article L. 52-12. »

Art. 6. - Après l'article L. 118-1 du code électoral, sont insérés les articles L. 118-2 et L. 118-3 ainsi rédigés :

« *Art. L. 118-2.* - Si le juge administratif est saisi de la contestation d'une élection dans une circonscription où le montant des dépenses électorales est plafonné, il surseoit à statuer jusqu'à réception des décisions de la commission instituée par l'article L. 52-14 qui doit se prononcer sur les comptes de campagne des candidats à cette élection dans le délai de deux mois suivant l'expiration du délai fixé au deuxième alinéa de l'article L. 52-12.

« *Art. L. 118-3.* - Saisi par la commission instituée par l'article L. 52-14, le juge de l'élection constate, le cas échéant, l'inéligibilité d'un candidat. S'il s'agit d'un candidat proclamé élu, il annule son élection ou, si l'élection n'a pas été contestée, le déclare démissionnaire d'office.

« Le juge de l'élection peut également déclarer inéligible pendant un an le candidat dont le compte de campagne, le cas échéant après réformation, fait apparaître un dépassement du plafond des dépenses électorales. »

Art. 7. - I. - Il est rétabli dans le code électoral un article L. 197 ainsi rédigé :

« *Art. L. 197.* - Est inéligible pendant un an celui qui n'a pas déposé son compte de campagne dans les conditions et le délai prescrits par l'article L. 52-12 et celui dont le compte de campagne a été rejeté à bon droit. »

II. - Il est rétabli dans le code électoral un article L. 234 ainsi rédigé :

« *Art. L. 234.* - Est inéligible pendant un an celui qui n'a pas déposé son compte de campagne dans les conditions et le délai prescrits par l'article L. 52-12 et celui dont le compte de campagne a été rejeté à bon droit. »

III. - Il est inséré dans le code électoral un article L. 341-1 ainsi rédigé :

« *Art. L. 341-1.* - Est inéligible pendant un an celui qui n'a pas déposé son compte de campagne dans les conditions et le délai prescrits par l'article L. 52-12 et celui dont le compte de campagne a été rejeté à bon droit. »

Art. 8. - I. - Les articles L.O. 163-2 à L.O. 163-4 du code électoral sont abrogés.

II. - Dans le second alinéa de l'article L. 106 du même code, les mots : « ainsi que ceux qui auront contrevenu aux dispositions de l'article L.O. 163-3 » sont supprimés.

III. - Dans le troisième alinéa de l'article L. 167 du même code, la référence à l'article L. 52-11 est substituée à celle à l'article L.O. 163-2.

IV. - Dans le dernier alinéa du même article, les mots : « aux prescriptions de l'article L.O. 179-1 ou de l'article L.O. 163-2 » sont remplacés par les mots : « aux prescriptions des articles L. 52-11 et L. 52-12 ».

Art. 9. - Le chapitre V de la loi n° 77-729 du 7 juillet 1977 relative à l'élection des représentants à l'Assemblée des communautés européennes est complété par un article 19-1 ainsi rédigé :

« *Art. 19-1.* - Le plafond des dépenses électorales prévu par l'article L. 52-11 du code électoral est fixé à 80 millions de francs pour une liste de candidats à l'élection des représentants au Parlement européen. »

TITRE II

DISPOSITIONS RELATIVES AU FINANCEMENT DES PARTIS POLITIQUES

Art. 10. - L'article 8 de la loi n° 88-227 du 11 mars 1988 relative à la transparence financière de la vie politique est complété par un alinéa ainsi rédigé :

« Ce montant est divisé en deux fractions égales :

« 1° Une première fraction destinée au financement des partis et groupements en fonction de leurs résultats aux élections à l'Assemblée nationale ;

« 2° Une seconde fraction spécifiquement destinée au financement des partis et groupements représentés au Parlement. »

Art. 11. - I. - Le premier alinéa de l'article 9 de la loi n° 88-227 du 11 mars 1988 précitée est remplacé par trois alinéas ainsi rédigés :

« La première fraction des aides prévues à l'article 8 est attribuée aux partis et groupements politiques qui ont présenté des candidats dans au moins soixante-quinze circonscriptions lors du plus récent renouvellement de l'Assemblée nationale. Cette condition ne s'applique pas aux partis et groupements politiques n'ayant présenté de candidats aux élections législatives que dans un ou plusieurs départements ou territoires d'outre-mer. La répartition est effectuée proportionnellement au nombre de suffrages obtenus au premier tour de ces élections par chacun des partis et groupements en cause. [*Dispositions déclarées non conformes à la Constitution par décision du Conseil constitutionnel n° 89-271 DC du 11 janvier 1990.*]

« En vue d'effectuer la répartition prévue à l'alinéa précédent, les candidats à l'élection des députés indiquent, s'il y a lieu, dans leur déclaration de candidature, le parti ou groupement politique auquel ils se rattachent.

« La seconde fraction de ces aides est attribuée aux partis et groupements politiques proportionnellement au nombre de membres du Parlement qui ont déclaré au bureau de leur assemblée, dans le mois qui suit l'ouverture de la première session ordinaire de chaque année, y être inscrits ou s'y rattacher. »

II. - Dans le dernier alinéa du même article, les mots : « premier alinéa » sont remplacés par les mots : « troisième alinéa ».

III. - L'avant-dernier et le dernier alinéa du même article sont permutés.

Art. 12. - Dans le premier alinéa de l'article 10 de la loi n° 88-227 du 11 mars 1988 précitée, les mots : « au présent titre » sont remplacés par les mots : « mentionnés aux articles 8 et 9 ».

Art. 13. - L'article 11 de la loi n° 88-227 du 11 mars 1988 précitée est remplacé par neuf articles ainsi rédigés :

« *Art. 11.* - Les partis politiques et leurs organisations territoriales ou spécialisées qu'ils désignent à cet effet recueillent des fonds par l'intermédiaire d'un mandataire nommément désigné par eux, qui est soit une association de financement, soit une personne physique.

« *Art. 11-1.* - L'agrément en qualité d'association de financement d'un parti politique est donné par la Commission nationale des comptes de campagne et des financements politiques mentionnée à l'article L. 52-14 du code électoral, sous réserve de la limitation de l'objet social de l'association au seul financement d'un parti politique et de la conformité de ses statuts aux dispositions des alinéas suivants du présent article. L'agrément est publié au *Journal officiel.*

« Les statuts d'une association agréée en qualité d'association de financement d'un parti politique doivent comporter :

« 1° La définition de la circonscription territoriale à l'intérieur de laquelle l'association exerce ses activités ;

« 2° L'engagement d'ouvrir un compte bancaire ou postal unique pour y déposer tous les dons reçus en vue du financement d'un parti politique et de dresser un état récapitulatif annuel, des dons effectués par des personnes morales au 31 décembre de chaque année, qui est transmis dans les trois mois à l'autorité administrative.

« *Art. 11-2.* - Le parti politique déclare par écrit à la préfecture de son siège le nom de la personne physique, dénommée mandataire financier, qu'il choisit. La déclaration doit être accompagnée de l'accord exprès de la personne désignée et doit préciser la circonscription territoriale à l'intérieur de laquelle le mandataire financier exerce ses activités.

« Le mandataire financier est tenu d'ouvrir un compte bancaire ou postal unique pour y déposer tous les dons reçus en vue du financement du parti politique et de dresser un état récapitulatif annuel des dons effectués par des personnes morales au 31 décembre de chaque année, qui est transmis dans les trois mois à l'autorité administrative.

« *Art. 11-3.* – Le parti politique peut recourir successivement à deux ou plusieurs intermédiaires. Dans cette hypothèse, le parti doit mettre fin aux fonctions du mandataire financier ou demander le retrait de l'agrément de l'association de financement dans les mêmes formes que la désignation ou la demande d'agrément. Le compte bancaire ou postal unique est bloqué jusqu'au moment où le parti désigne un nouveau mandataire financier ou reçoit l'agrément d'une nouvelle association de financement. Chaque association ou chaque mandataire financier, sauf le cas de décès de ce dernier, établit le compte de sa gestion.

« *Art. 11-4.* – Les dons consentis par des personnes dûment identifiées à une ou plusieurs associations agréées en qualité d'association de financement ou à un ou plusieurs mandataires financiers d'un même parti politique ne peuvent annuellement excéder 50 000 F s'ils émanent d'une personne physique et 500 000 F s'ils émanent d'une personne morale.

« L'association de financement ou le mandataire financier délivre au donateur un reçu dont un décret en Conseil d'Etat fixe les conditions d'établissement et d'utilisation. Ce décret détermine également les modalités selon lesquelles les reçus délivrés pour les dons d'un montant égal ou inférieur à 20 000 F consentis par les personnes physiques ne mentionnent pas la dénomination du parti ou groupement bénéficiaire.

« Tout don de plus de 1 000 F consenti à une association de financement ou à un mandataire financier d'un parti politique doit être versé par chèque.

« Les personnes morales de droit public, les personnes morales de droit privé dont la majorité du capital appartient à une ou plusieurs personnes morales de droit public, les casinos, cercles et maisons de jeux ne peuvent effectuer aucun don à une association de financement ou à un mandataire financier d'un parti politique.

« Aucune association de financement ou aucun mandataire financier d'un parti politique ne peut recevoir, directement ou indirectement, des contributions ou aides matérielles d'un Etat étranger ou d'une personne morale de droit étranger.

« Les actes et documents émanant de l'association de financement ou du mandataire financier, destinés aux tiers, et qui ont pour objet de provoquer le versement de dons doivent indiquer, selon le cas, la dénomination de l'association et la date de l'agrément ou le nom du mandataire et la date de la déclaration à la préfecture, ainsi que le parti ou groupement politique destinataire des sommes collectées.

« *Art. 11-5.* – Ceux qui auront versé ou accepté des dons en violation des dispositions de l'article précédent seront punis d'une amende de 360 F à 15 000 F et d'un emprisonnement d'un mois à un an ou de l'une de ces deux peines seulement.

« *Art. 11-6.* – L'agrément est retiré à toute association qui n'a pas respecté les prescriptions prévues par les articles 11-1 et 11-4 de la présente loi.

« Dans ce cas, ou lorsqu'il est constaté que l'état récapitulatif mentionné à l'article 11-1 n'a pas été transmis, les suffrages recueillis dans le ressort territorial de l'association par le parti ou groupement politique qui a demandé son agrément sont retirés, pour l'année suivante, du décompte prévu au premier alinéa de l'article 9.

« *Art. 11-7.* – Les partis ou groupements bénéficiaires de tout ou partie des dispositions des articles 8 à 11-4 ont l'obligation de tenir une comptabilité. Cette comptabilité doit retracer tant les comptes du parti ou groupement politique que ceux de tous les organismes, sociétés ou entreprises dans lesquels le parti ou groupement détient la moitié du capital social ou des sièges de l'organe d'administration ou exerce un pouvoir prépondérant de décision ou de gestion.

« Les comptes de ces partis ou groupements sont arrêtés chaque année. Ils sont certifiés par deux commissaires aux comptes et déposés dans le premier semestre de l'année suivant celle de l'exercice à la Commission nationale des comptes de campagne et des financements politiques instituée à l'article L. 52-14 du code électoral, qui assure leur publication sommaire au *Journal officiel* de la République française.

« Si la commission constate un manquement aux obligations prévues au présent article, le parti ou groupement politique perd le droit, pour l'année suivante, au bénéfice des dispositions des articles 8 à 10 de la présente loi.

« *Art. 11-8.* – Tout parti ou groupement politique qui a obtenu l'agrément d'une association de financement ou qui a désigné un mandataire financier ne peut recevoir des dons de personnes identifiées que par l'intermédiaire de cette association ou de ce mandataire. Il est fait application, en cas de manquement, des dispositions du dernier alinéa de l'article 11-7.

TITRE III

DISPOSITIONS TENDANT À AMÉLIORER L'INFORMATION SUR LA GESTION DES COLLECTIVITÉS TERRITORIALES

Art. 14. – Les deux derniers alinéas de l'article 6 de la loi n° 82-594 du 10 juillet 1982 relative aux chambres régionales des comptes sont remplacés par un alinéa ainsi rédigé :

« Les propositions, les rapports et les travaux d'instruction de la chambre régionale des comptes sont couverts par le secret professionnel que les experts sont tenus de respecter en application de l'article 5 de la présente loi. »

Art. 15. – Le deuxième alinéa de l'article 84 de la loi n° 82-213 du 2 mars 1982 relative aux droits et libertés des communes, des départements et des régions est complété par les mots : « selon une procédure contradictoire ».

Art. 16. – I. – Dans la dernière phrase du dernier alinéa de l'article 87 de la loi n° 82-213 du 2 mars 1982 relative aux droits et libertés des communes, des départements et des régions, les mots : « et la confidentialité des observations qu'elle adresse aux représentants des collectivités et organismes contrôlés » sont supprimés.

II. – L'article 87 de la loi n° 82-213 du 2 mars 1982 précitée est complété par deux alinéas ainsi rédigés :

« Les observations définitives adressées aux représentants des établissements, sociétés, groupements et organismes mentionnés aux septième à dixième alinéas ci-dessus sont également transmises à l'exécutif de la collectivité territoriale qui leur a apporté un concours financier ou qui détient une partie du capital ou une partie des voix dans leurs instances de décision.

« Les observations définitives formulées par la chambre régionale des comptes sur la gestion d'une collectivité territoriale ou de l'un des organismes mentionnés à l'alinéa précédent sont communiquées par l'exécutif de la collectivité à son assemblée délibérante, dès sa plus proche réunion. »

TITRE IV

DISPOSITIONS DIVERSES

Art. 17. – Dans tous les textes législatifs et réglementaires, la référence à l'« Assemblée des communautés européennes » est remplacée par la référence au « Parlement européen ».

Art. 18. – La dernière phrase du premier alinéa du 1 de l'article 238 *bis* du code général des impôts est remplacée par deux phrases ainsi rédigées :

« Sont également déductibles, dans la même limite, les dons prévus à l'article L. 52-8 du code électoral versés à une association de financement électorale ou à un mandataire financier prévu à l'article L. 52-4 du même code qui sont consentis par chèque, à titre définitif et sans contrepartie, et dont il est justifié à l'appui du compte de campagne présenté par un candidat ou une liste. Il en va de même des dons mentionnnés à l'article 11-4 de la loi n° 88-227 du 11 mars 1988 relative à la transparence financière de la vie politique. »

Art. 19. – Sauf en cas d'enrichissement personnel de leurs auteurs, sont amnistiées toutes infractions commises avant le 15 juin 1989 en relation avec le financement direct ou indirect de campagnes électorales ou de partis et de groupements politiques, à l'exclusion des infractions prévues par les articles 132 à 138 et 175 à 179 du code pénal et de celles commises par une personne investie à cette date [*Dispositions déclarées non conformes à la Constitution par décision du Conseil constitutionnel n° 89-271 DC du 11 janvier 1990*] d'un mandat de parlementaire national.

Les dispositions de la loi n° 88-828 du 20 juillet 1988 portant amnistie sont applicables en ce qui concerne la constatation et les effets de l'amnistie et les contestations relatives à ceux-ci.

Art. 20. - I. - Sont réputés conformes à l'objet social, sauf disposition contraire des statuts, les dons consentis par une société civile ou commerciale à une ou plusieurs associations de financement électorales, à un ou plusieurs mandataires financiers, à une ou plusieurs associations de financement, ou à un ou plusieurs mandataires financiers d'un parti politique dans les conditions et les limites prévues à l'article L. 52-8 du code électoral et à l'article 11-4 de la loi n° 88-227 du 11 mars 1988 relative à la transparence financière de la vie politique.

II. - A la fin du dernier alinéa (5°) de l'article 168 de la loi n° 66-537 du 24 juillet 1966 sur les sociétés commerciales, les mots : « dans les conditions prévues à l'article L.O. 163-3 du code électoral » sont remplacés par les mots : « à des associations de financement électorales ou mandataires financiers prévus par l'article L. 52-4 du code électoral ou à un ou plusieurs partis ou groupements politiques, conformément aux dispositions de l'article 11 de la loi n° 88-227 du 11 mars 1988 relative à la transparence financière de la vie politique ».

Art. 21. - Les tribunaux correctionnels pourront prononcer l'exclusion des marchés publics pour une durée qui ne peut excéder cinq ans à l'encontre des personnes physiques ou morales ayant versé des dons excédant les plafonds mentionnés respectivement à l'article L. 52-8 du code électoral et à l'article 11-4 de la loi n° 88-227 du 11 mars 1988 relative à la transparence financière de la vie politique.

L'exclusion des marchés publics comporte l'interdiction de participer directement ou indirectement à tout marché conclu par l'Etat et ses établissements publics, les collectivités territoriales, leurs groupements et leurs établissements publics ainsi que par les entreprises concédées ou par les collectivités territoriales ou leurs groupements.

Art. 22. - Le deuxième alinéa de l'article 14 de la loi n° 86-1067 du 30 septembre 1986 relative à la liberté de communication est ainsi rédigé :

« Les émissions publicitaires à caractère politique sont interdites. »

Art. 23. - Jusqu'au prochain renouvellement intégral de l'Assemblée nationale, le montant des crédits prévus à l'article 8 de la loi n° 88-227 du 11 mars 1988 précitée et inscrits dans la loi de finances sera réparti conformément aux seules dispositions du troisième alinéa de l'article 9 de la même loi dans sa rédaction résultant de la présente loi.

Art. 24. - Les frais de transport maritime et aérien dûment justifiés, exposés par les candidats aux élections législatives à l'intérieur de chacun des différents départements et territoires d'outre-mer, ne sont pas inclus dans leur plafond de dépenses.

Art. 25. - Les dispositions du titre Ier de la présente loi, à l'exception de l'article L. 52-14 du code électoral, entreront en application le 1er septembre 1990.

Art. 26. - Dans les départements du Bas-Rhin, du Haut-Rhin et de la Moselle, les associations prévues par la présente loi sont créées dans les formes et conditions définies par le code civil local.

Art. 27. - Un décret en Conseil d'Etat fixera, en tant que de besoin, les modalités d'application de la présente loi.

La présente loi sera exécutée comme loi de l'Etat.

Fait à Paris, le 15 janvier 1990.

FRANÇOIS MITTERRAND

Par le Président de la République :

Le Premier ministre,

MICHEL ROCARD

Le ministre d'Etat, ministre de l'économie, des finances et du budget,

PIERRE BÉRÉGOVOY

Le garde des sceaux, ministre de la justice,

PIERRE ARPAILLANGE

Le ministre de l'intérieur,

PIERRE JOXE

Le ministre de la culture, de la communication, des grands travaux et du Bicentenaire,

JACK LANG

Le ministre des départements et territoires d'outre-mer, porte-parole du Gouvernement,

LOUIS LE PENSEC

Le ministre des postes, des télécommunications et de l'espace,

PAUL QUILÈS

Le ministre délégué auprès du ministre d'Etat, ministre de l'économie, des finances et du budget, chargé du budget,

MICHEL CHARASSE

(1) Travaux préparatoires : loi n° 90-55.

Assemblée nationale :

Projet de loi n° 798 ;

Rapport de M. Robert Savy, au nom de la commission des lois, n° 852 ;

Discussion les 4, 5 et 6 octobre 1989 et adoption le 6 octobre 1989.

Sénat :

Projet de loi, adopté par l'Assemblée nationale, n° 5 (1989-1990) ;

Rapport de M. Christian Bonnet au nom de la commission des lois, n° 48 (1989-1990) ;

Discussion les 14, 15 et 16 novembre 1989 et adoption le 16 novembre 1989.

Assemblée nationale :

Projet de loi, modifié par le Sénat, n° 1018 ;

Rapport de M. Robert Savy, au nom de la commission des lois, n° 1045 ;

Discussion et adoption le 6 décembre 1989.

Sénat :

Projet de loi, adopté avec modifications par l'Assemblée nationale en deuxième lecture, n° 113 ;

Rapport de M. Christian Bonnet, au nom de la commission des lois, n° 129 (1989-1990) ;

Discussion et adoption le 16 décembre 1989.

Assemblée nationale :

Projet de loi, modifié par le Sénat en deuxième lecture, n° 1114 ;

Rapport de M. Robert Savy, au nom de la commission mixte paritaire, n° 1131 ;

Discussion et adoption le 19 décembre 1989.

Sénat :

Rapport de M. Christian Bonnet, au nom de la commission mixte paritaire, n° 158 (1989-1990).

Assemblée nationale :

Projet de loi, modifié par le Sénat en deuxième lecture, n° 1114 ;

Rapport de M. Robert Savy, au nom de la commission des lois, n° 1170 ;

Discussion et adoption le 21 décembre 1989.

Sénat :

Projet de loi, adopté avec modifications par l'Assemblée nationale en nouvelle lecture, n° 168 (1989-1990) ;

Rapport de M. Christian Bonnet, au nom de la commission des lois, n° 169 (1989-1990) ;

Discussion et adoption le 21 décembre 1989

Assemblée nationale :

Projet de loi, modifié par le Sénat en deuxième lecture, n° 1173 ;

Rapport de M. Robert Savy, au nom de la commission des lois, n° 1174 ;

Discussion et adoption le 22 décembre 1989.

Conseil constitutionnel :

Décision n° 89-271 DC du 11 janvier 1990 publiée au *Journal officiel* du 13 janvier 1990.

Document 5

Décision n° 89-271 DC du Conseil constitutionnel du 11 janvier 1990 (*Journal officiel* du 13 janvier 1990)

conseil constitutionnel

Décision n° 89-271 DC du 11 janvier 1990

NOR : *CSCX9010572S*

LOI RELATIVE À LA LIMITATION DES DÉPENSES ÉLECTORALES ET À LA CLARIFICATION DES ACTIVITÉS POLITIQUES

Le Conseil constitutionnel a été saisi, le 26 décembre 1989, par le Premier ministre, dans les conditions prévues à l'article 61, alinéa 2, de la Constitution, de la conformité à celle-ci de la loi relative à la limitation des dépenses électorales et à la clarification des activités politiques ;

Le Conseil constitutionnel,

Vu la Constitution ;

Vu l'ordonnance n° 58-1067 du 7 novembre 1958 portant loi organique sur le Conseil constitutionnel, notamment le chapitre II du titre II de ladite ordonnance ;

Vu la loi n° 88-227 du 11 mars 1988 relative à la transparence financière de la vie politique ;

Le rapporteur ayant été entendu ;

Considérant que le texte soumis au Conseil constitutionnel comporte, sous quatre titres distincts, un ensemble de 27 articles ; que le Premier ministre ne soulève à leur encontre aucun moyen particulier ; qu'il appartient toutefois au Conseil constitutionnel de relever d'office toute disposition de la loi déférée qui méconnaît des règles ou principes de valeur constitutionnelle ;

Sur l'article 1er relatif au financement et au plafonnement des dépenses électorales :

Considérant que l'article 1er insère, dans le titre Ier du livre Ier du code électoral, un chapitre V *bis* intitulé « Financement et plafonnement des dépenses électorales » ; que ce nouveau chapitre est composé des articles L. 52-4 à L. 52-18 du code précité ; que l'article L. 52-14 institue une Commission nationale des comptes de campagne et des financements politiques dont il fixe la composition ; que ce même article dispose dans son quatrième alinéa que « la commission peut bénéficier, pour l'accomplissement de ses tâches, de la mise à disposition de fonctionnaires chargés de l'assister et recourir à des experts. Elle peut également demander à des officiers de police judiciaire de procéder à toute investigation qu'elle juge nécessaire pour l'exercice de sa mission » ; qu'en vertu du quatrième alinéa de l'article L. 52-15 du code électoral, dans le cas où la commission a relevé des irrégularités de nature à contrevenir aux dispositions des articles L. 52-4 à L. 52-13 et L. 52-16 du code électoral, « elle transmet le dossier au parquet » ;

Considérant que la Commission nationale des comptes de campagne et des financements politiques exerce un contrôle de nature administrative ; que, dans le cadre de ce contrôle, elle ne peut demander à des officiers de police judiciaire que de recueillir des éléments d'information nécessaires à l'exercice de ses missions sur l'origine des fonds d'une campagne électorale ainsi que sur leur emploi ; que la saisine par la commission du parquet, prévue par le quatrième alinéa de l'article L. 52-15, implique que le recours aux pouvoirs de coercition prévus par le code de procédure pénale n'est possible que dans le cadre de poursuites judiciaires ; qu'il suit de là que le quatrième alinéa de l'article L. 52-14 ne saurait, sur son seul fondement, permettre aux officiers de police judiciaire mandatés par la commission d'exercer des pouvoirs coercitifs ; que toute autre interprétation serait contraire aux dispositions de la Constitution qui garantissent la liberté individuelle ;

Sur l'article 6 relatif aux pouvoirs du juge de l'élection :

Considérant que l'article 6 de la loi a pour objet d'insérer dans le chapitre VIII du titre Ier du livre Ier du code électoral, des articles L. 118-2 et L. 118-3 ; qu'aux termes de l'article L. 118-2 : « Si le juge administratif est saisi de la contestation d'une élection dans une circonscription où le montant des dépenses électorales est plafonné, il surseoit à statuer jusqu'à réception des décisions de la commission instituée par l'article L. 52-14, qui doit se prononcer sur les comptes de campagne des candidats à cette élection dans le délai de deux mois suivant l'expiration du délai fixé au deuxième alinéa de l'article L. 52-12 » ; que l'article L. 118-3 comprend deux alinéas ainsi rédigés : « Saisi par la commission instituée par l'article L. 52-14, le juge de l'élection constate, le cas échéant, l'inéligibilité d'un candidat. S'il s'agit d'un candidat proclamé élu, il annule son élection ou, si l'élection n'a pas été contestée, le déclare démissionnaire d'office. - Le juge de l'élection peut également déclarer inéligible pendant un an le candidat dont le compte de campagne, le cas échéant après réformation, fait apparaître un dépassement du plafond des dépenses électorales » ;

Considérant que le régime des inéligibilités applicable à un député de même que les conditions d'intervention du Conseil constitutionnel en tant que juge des élections à l'Assemblée nationale sont du ressort de la loi organique en vertu respectivement des articles 25 et 63 de la Constitution ; qu'ainsi, et bien que figurant dans un titre du code électoral intitulé « Dispositions communes à l'élection des députés, des conseillers généraux et des conseillers municipaux », les articles L. 118-2 et L. 118-3 du code électoral ne sauraient en tout état de cause recevoir application pour l'élection des députés ;

Considérant qu'il résulte des dispositions de l'article 64 de la Constitution en ce qui concerne l'autorité judiciaire et des principes fondamentaux reconnus par les lois de la République en ce qui concerne, depuis la loi du 24 mai 1872, la juridiction administrative, que l'indépendance des juridictions est garantie ainsi que le caractère spécifique de leurs fonctions sur lesquelles ne peuvent empiéter ni le législateur, ni le Gouvernement, non plus qu'aucune autorité administrative ;

Considérant que la Commission nationale des comptes de campagne et des financements politiques est une autorité administrative et non une juridiction ; qu'il en résulte que la position que cette commission adopte, lors de l'examen des comptes de campagne d'un candidat, ne saurait en aucune façon s'imposer au juge administratif ; que celui-ci conserve toute liberté pour apprécier, au besoin par la voie de l'exception, si c'est à bon droit que la commission a constaté le dépassement par un candidat du plafond des dépenses électorales imposé par la loi et pour en tirer, le cas échéant, toutes conséquences de droit, notamment en ce qui concerne l'application des inéligibilités visées à l'article L. 118-3 ; qu'en outre, le non-respect par la commission du délai qui lui est imparti par l'article L. 118-2 fait tomber de plein droit l'obligation qui incombe au juge administratif en vertu de cet article de surseoir à statuer ; que toute autre interprétation serait contraire à la Constitution ;

Considérant que, sous cette expresse réserve d'interprétation, l'article 6 de la loi déférée n'est pas contraire à la Constitution ;

Sur les dispositions relatives au financement des partis politiques :

En ce qui concerne les articles 10 et 11 :

Considérant que l'article 10 de la loi déférée a pour objet de compléter l'article 8 de la loi n° 88-227 du 11 mars 1988 par un alinéa supplémentaire dont il ressort que le montant des crédits inscrits dans le projet de loi de finances de l'année pour être affecté au financement des partis et groupements politiques est divisé en deux fractions égales, une première fraction destinée au financement des partis et groupements en fonction de leurs résultats aux élections à l'Assemblée nationale, une seconde fraction spécifiquement destinée au financement des partis et groupements représentés au Parlement ;

Considérant que l'article 11 de la loi déférée, qui modifie à cet effet l'article 9 de la loi n° 88-227 du 11 mars 1988, définit les modalités de répartition de l'aide de l'Etat ; qu'il est spécifié au premier alinéa nouveau de l'article 9 de la loi du 11 mars 1988 que : « La première fraction des aides prévues à l'article 8 est attribuée aux partis et groupements politiques qui ont présenté des candidats dans au moins soixante-quinze circonscriptions lors du plus récent renouvellement de l'Assemblée nationale. Cette condition ne s'applique pas aux partis et groupements politiques n'ayant présenté de candidats aux élections législatives que dans un ou plusieurs départements ou territoires d'outre-mer. La répartition est effectuée proportionnellement au nombre de suffrages obtenus au premier tour par chacun des partis et groupements en cause. Il n'est tenu compte que des résultats égaux ou supérieurs à 5 p. 100 des suffrages exprimés dans chaque circonscription » ; qu'en vertu du troisième alinéa nouveau de l'article 9 de la loi du 11 mars 1988, la seconde fraction de l'aide de l'Etat « est attribuée aux partis et groupements politiques proportionnellement au nombre de membres du Parlement qui ont déclaré au bureau de leur assemblée, dans le mois qui suit l'ouverture de la première session ordinaire de chaque année, y être inscrits ou s'y rattacher » ;

Considérant qu'aux termes de l'article 2, premier alinéa, de la Constitution la République « assure l'égalité devant la loi de tous les citoyens sans distinction d'origine, de race ou de religion » ; que l'article 3 de la Constitution énonce, dans son premier alinéa, que : « La souveraineté nationale appartient au peuple qui l'exerce par ses représentants et par la voie du référendum » et, dans son troisième alinéa, que le suffrage « est toujours universel, égal et secret » ; qu'enfin l'article 4 de la Constitution dispose que : « Les partis et groupements politiques concourent à l'expression du suffrage. Ils se forment et exercent leur activité librement. Ils doivent respecter les principes de la souveraineté nationale et de la démocratie » ;

Considérant que ces dispositions ne font pas obstacle à ce que l'Etat accorde une aide financière aux partis ou groupements politiques qui concourent à l'expression du suffrage ; que l'aide allouée doit, pour être conforme aux principes d'égalité et de liberté, obéir à des critères objectifs ; qu'en outre, le mécanisme d'aide retenu ne doit aboutir, ni à établir un lien de dépendance d'un parti politique vis-à-vis de l'Etat, ni à compromettre l'expression démocratique des divers courants d'idées et d'opinions ; que si l'octroi d'une aide à des partis ou groupements du seul fait qu'ils présentent des candidats aux élections à l'Assemblée nationale peut être subordonné à la condition qu'ils justifient d'un minimum d'audience, les critères retenus par le législateur ne doivent pas conduire à méconnaître l'exigence du pluralisme des courants d'idées et d'opinions qui constitue le fondement de la démocratie ;

Considérant que les articles 10 et 11 de la loi déférée satisfont à ces exigences constitutionnelles dans la mesure où ils prévoient que l'aide de l'Etat est accordée non seulement aux partis et groupements représentés au Parlement, mais également aux partis et groupements politiques « en fonction de leurs résultats aux élections à l'Assemblée nationale » ; que n'est pas contraire à la Constitution le fait de poser en principe que, dans ce dernier cas, l'aide sera répartie « proportionnellement au nombre de suffrages obtenus au premier tour par chacun des partis et groupements » qui, sous réserve des dispositions spécifiques aux départements et territoires d'outre-mer, ont présenté des candidats dans « au moins soixante-quinze circonscriptions lors du plus récent renouvellement de l'Assemblée nationale » ;

Considérant en revanche, que le fait de ne prendre en compte pour la détermination de l'aide de l'Etat allouée aux partis en fonction de leurs résultats aux élections que ceux de ces « résultats égaux ou supérieurs à 5 p. 100 des suffrages exprimés dans chaque circonscription » est, en raison du seuil choisi, de nature à entraver l'expression de nouveaux courants d'idées et d'opinions ; qu'ainsi, l'article 11 de la loi déférée, en tant qu'il impose cette condition, doit être déclaré contraire aux dispositions combinées des articles 2 et 4 de la Constitution ;

En ce qui concerne l'article 13 :

Considérant que l'article 13 de la loi déférée substitue à l'article 11 de la loi n° 88-227 du 11 mars 1988 qui définit les obligations pesant sur les partis politiques pour l'établissement de leurs comptes de nouvelles dispositions ; que ces dernières prennent la forme de l'insertion dans le texte de la loi du 11 mars 1988 d'un article 11 nouveau et d'articles 11-1 à 11-8 ;

Considérant que parmi ces dispositions il y a lieu de mentionner l'article 11 nouveau de la loi du 11 mars 1988 qui dispose que « les partis politiques et leurs organisations territoriales ou spécialisées qu'ils désignent à cet effet, recueillent des fonds par l'intermédiaire d'un mandataire nommément désigné par eux, qui est soit une association de financement, soit une personne physique » ; que, selon l'article 11-1, l'agrément en qualité d'association de financement d'un parti politique est donné par la Commission nationale des comptes de campagne et des financements politiques aux conditions définies par ledit article ; que l'article 11-4 réglemente l'attribution de dons à une association de financement d'un parti politique ou à la personne physique qui a la qualité de mandataire financier d'un parti ;

Considérant que ces diverses dispositions ne sont pas contraires à l'article 4 de la Constitution, non plus qu'à d'autres règles ou principes de valeur constitutionnelle dès lors, d'une part, qu'un parti politique n'est pas tenu de constituer une association de financement et conserve la faculté d'avoir recours uniquement à un mandataire financier, et, d'autre part, que l'exigence de l'agrément d'une association de financement doit s'entendre comme conférant seulement à la Commission nationale des comptes de campagne et des financements politiques le pouvoir de s'assurer que l'association de financement satisfait aux conditions limitativement énumérées par l'article 11-1 ajouté à la loi du 11 mars 1988 ;

Considérant par ailleurs que si l'article 11-6 ajouté à la loi du 11 mars 1988 prévoit que l'agrément est retiré à toute association qui n'a pas respecté les prescriptions prévues par les articles 11-1 et 11-4, ces dispositions ne sauraient être interprétées comme dispensant l'autorité administrative, lorsqu'elle se propose de retirer l'agrément, de veiller au respect des droits de la défense ;

Sur l'article 19 relatif à l'amnistie :

Considérant que le premier alinéa de l'article 19 dispose que : « Sauf en cas d'enrichissement personnel de leurs auteurs, sont amnistiées toutes infractions commises avant le 15 juin 1989 en relation avec le financement direct ou indirect de campagnes électorales ou de partis et de groupements politiques, à l'exclusion des infractions prévues par les articles 132 à 138 et 175 à 179 du code pénal et de celles commises par une personne investie à cette date, ou à celle des faits, d'un mandat de parlementaire national. » ; qu'aux termes du second alinéa de l'article 19 : « Les dispositions de la loi n° 88-828 du 20 juillet 1988 portant amnistie sont applicables en ce qui concerne la constatation et les effets de l'amnistie et les contestations relatives à ceux-ci. »

Considérant qu'aux termes de l'article 34 de la Constitution : « La loi fixe les règles concernant : ... l'amnistie » ;

Considérant qu'en vertu de cette compétence le législateur peut, dans un but d'apaisement politique ou social, enlever pour l'avenir tout caractère délictueux à certains faits pénalement répréhensibles, en interdisant toute poursuite à leur égard ou en effaçant les condamnations qui les ont frappés ; qu'il lui appartient, alors, d'apprécier quelles sont les infractions et, le cas échéant, les personnes auxquelles doit s'appliquer le bénéfice de l'amnistie ; que le principe d'égalité ne s'oppose pas à ce qu'il délimite ainsi le champ d'application de l'amnistie dès lors que les catégories retenues sont définies de manière objective ;

Considérant que pour être amnistiées en vertu de l'article 19 les infractions doivent avoir été commises avant le 15 juin 1989 et être « en relation avec le financement direct ou indirect de campagnes électorales ou de partis et de groupements politiques » et ne pas avoir permis « l'enrichissement personnel de leurs auteurs » ; que sont exclues du bénéfice de l'amnistie les infractions relatives à la fausse monnaie prévues par les articles 132 à 138 du code pénal ainsi que les délits d'ingérence et de corruption réprimés par les articles 175 à 178 du même code ; que la seconde exception apportée au bénéfice de l'amnistie concerne les parlementaires nationaux ; que, selon le législateur, cette dernière exception trouve sa justification dans le fait que le but d'apaisement politique et social poursuivi par la loi ne serait pas atteint si les membres du Parlement investis par la Constitution du pouvoir de voter l'amnistie en faisaient usage en leur faveur s'agissant d'infractions en relation avec le financement de campagnes électorales ou de partis politiques ;

Considérant que, dans son principe, la prise en compte par le législateur de ces critères d'appréciation pour la détermination du champ d'application de l'amnistie décidée par lui n'est pas contraire à la Constitution ; que, toutefois, la mise en œuvre de ces critères ne saurait conduire à exclure les parlementaires nationaux du bénéfice de l'amnistie qu'autant qu'ils avaient cette qualité à la date du 15 juin 1989 et se trouvaient par là même appelés à exercer les pouvoirs conférés au Parlement en matière d'amnistie par l'article 34 de la Constitution ; qu'en revanche, en retenant également la qualité des intéressés à la date des faits délictueux, alors qu'ils auraient cessé d'être parlementaires au 15 juin 1989, le législateur a introduit une discrimination entre les auteurs d'agissements identiques au regard de l'amnistie, qui ne trouve aucun fondement dans l'objectif d'apaisement politique et social poursuivi par la loi ; qu'il suit de là que doivent être déclarés contraires à la Constitution, dans le texte de l'article 19 de la loi déférée, les mots « ou à celle des faits » ;

Décide :

Art. 1er. - Sont déclarés contraires à la Constitution dans le texte de la loi relative à la limitation des dépenses électorales et à la clarification des activités politiques :

- à l'article 11, la phrase « il n'est tenu compte que des résultats égaux ou supérieurs à 5 p. 100 des suffrages exprimés dans chaque circonscription » ;
- à l'article 19, les mots « ou à celle des faits ».

Art. 2. - Sous les réserves d'interprétation énoncées ci-dessus visant les articles 1er et 6, les autres dispositions de la loi ne sont pas contraires à la Constitution.

Art. 3. - La présente décision sera publiée au *Journal officiel* de la République française.

Délibéré par le Conseil constitutionnel dans sa séance du 11 janvier 1990.

Le président,
ROBERT BADINTER

Commentaire

Première phase : découverte du dossier et mise en situation

Lecture du sujet

Que vous demande-t-on ?

Vous devez préparer pour votre chef de bureau une note d'information portant sur le régime des dépenses électorales et du financement des activités politiques.

Il vous faudra donc :

a

présenter l'information de façon synthétique mais assez détaillée pour permettre au lecteur de votre note :
- de comprendre la logique du dispositif existant,
- d'en connaître les modalités de façon suffisante pour ne pas avoir l'obligation de se reporter à un autre document ;

b

ne pas tomber dans le travers qui consisterait par exemple (et un sujet pareil expose en permanence à ce risque) à faire état de positions personnelles ou de remarques qui sortent du seul exposé « clinique » des dispositions en vigueur.

Analyse de la composition du dossier

Vérifiez si votre dossier est complet.

Parcourez les documents qui le composent :
- des extraits du code électoral (**document 1**) dont vous ne pouvez, pour l'instant, juger de l'utilité ;
- des extraits de la présentation du projet de loi à l'Assemblée nationale (**document 2**).
Un rapide survol de ces quelques pages permet de saisir les notions clés autour desquelles s'organise le projet de loi :
- la volonté de diminuer les dépenses ;
- la nécessité de clarifier les recettes ;
- les sanctions qui s'imposent pour faire respecter les règles nouvelles.
Par ailleurs, le document fait un bref exposé critique de quelques-unes des règles posées par la loi de 1988 ;
- la loi n° 88-227 du 11 mars 1988 relative à la transparence financière de la vie politique (**document 3**) et qui traite des déclarations de patrimoine, du financement des campagnes pour les élections législatives ainsi que du financement des partis et groupements politiques ;
- la loi n° 90-55 du 15 janvier 1990 relative à la limitation des dépenses électorales et à la clarification du financement des activités politiques (**document 4**).
- une décision n° 89-271 du Conseil constitutionnel en date du 11 janvier 1990 (**document 5**).

Dans quel ordre les lire ?

L'ordre qui vous est proposé n'est certainement pas le plus indiqué. Il est notamment peu commode de lire d'abord les articles du code électoral puisque leur rédaction prend vraisemblablement en compte les modifications résultant de la loi de 1990. Il est donc plus logique de lire la loi avant ceux-ci.

Parmi les ordres de lecture possibles on peut par exemple retenir le suivant :
- le projet de loi (travaux préparatoires de l'Assemblée nationale) pour prendre connaissance de l'esprit du texte et des buts poursuivis ;
- la loi n° 90-55 du 15 janvier 1990 ;
- les extraits du code électoral (il est d'ailleurs vraisemblable qu'il faudra lire certaines de ces dispositions en même temps que la loi) ;
- la décision du Conseil constitutionnel ;
- la loi n° 88-227 du 11 mars 1988.

Bien entendu, cet ordre n'est qu'indicatif et on peut tout aussi bien décider de lire d'abord la loi de 1988 dès lors que c'est le premier texte voté sur ce sujet. En outre, l'ordre de lecture choisi peut très bien être remis en cause lors de l'analyse des documents (c'est notamment le cas ici comme on le verra lors de la deuxième phase : il sera malaisé d'appliquer de façon rigide l'ordre initialement retenu ; la lecture de la loi de 1990 nécessitera de faire appel à plusieurs reprises à la loi de 1988 et au code électoral).

En conclusion de cette première phase, vous avez bien délimité le sujet :
- il ne s'agit pas de faire une comparaison des lois de 1988 et 1990 qui conduirait par exemple à établir un bilan critique de la loi de 1988 ;
- de même, on ne vous demande pas de faire la synthèse des deux lois. Vous ne devez traiter que des dépenses électorales et du financement des activités politiques ; vous seriez donc hors-sujet si vous consacriez des développements au problème du patrimoine des hommes politiques traité par la loi de 1988.

Vous savez quelles erreurs ne pas commettre :
- faire état d'opinions personnelles qui n'ont pas leur place ici ;
- rédiger une note composée de considérations générales alors que votre supérieur hiérarchique attend très certainement une note technique.

Vous avez reclassé le dossier dans l'ordre suivant :
document 2
document 4
document 1
document 5
document 3

Deuxième phase : lecture analytique du dossier

Document 2

Le projet de loi

Comme pour l'exercice 2, méfiez-vous de ce type de document. N'oubliez pas, lors de la lecture de la loi votée, de vérifier si certaines des indications contenues dans le projet et dont vous comptiez peut-être vous servir n'ont pas été modifiées au cours de la procédure parlementaire.
Ce que l'on peut retenir de ce document :
son introduction indique clairement dans sa dernière

phrase les trois objectifs de la loi :
- la diminution des dépenses ;
- la clarification des recettes ;
- l'aggravation des peines.

a
diminuer les dépenses
L'exposé des motifs explique d'abord les raisons d'une nécessaire limitation (volonté de moralisation de la vie publique ; nécessité de donner aux formations politiques les moyens de fonctionner...). Ces éléments sont importants pour bien comprendre le dispositif prévu par la loi mais ils seront sans doute de peu d'intérêt pour la note qui, encore une fois, exige que vous présentiez les règles désormais applicables, mais ne vous demande pas d'en analyser les causes dans le détail. Peut-être pourrez-vous utiliser ces informations dans l'introduction.
Par contre, la fin de ce point sur les dépenses vous apprend que le projet de 1990 va plus loin que celui de 1988 en fixant non seulement un plafond de dépenses mais encore en limitant le recours aux formes coûteuses de publicité.

b
clarifier les recettes
Ce chapitre contient plusieurs informations à relever :
- le mode d'attribution des fonds publics qui ne se limite plus aux seules formations déjà représentées au Parlement et qui fait l'objet d'une double clé de répartition ;
- l'autorisation du financement privé des partis et groupements assortie d'un plafonnement ;
- l'obligation qui leur est faite en contrepartie du financement public de tenir une comptabilité.

c
aggraver les sanctions
Cette partie du document ne fait que poser le principe de l'aggravation des peines.

La seconde partie de ce premier document analyse les insuffisances de la loi de 1988 en ce qui concerne le financement des campagnes et des partis. On peut donc penser que chacune de ces insuffisances trouve une amélioration dans la loi de 1990. Ces éléments vous serviront peut-être lors de la rédaction de votre note, mais n'oubliez pas que vous n'avez pas à comparer les deux textes. Par ailleurs, ces quelques lignes vous indiquent les plafonds de dépenses retenus par la loi organique du 11 mars 1988 (500 000 F pour les élections législatives ; 120 millions pour les présidentielles et 140 millions pour les deux candidats présents au second tour).

Document 4

La loi du 15 janvier 1990

Assez long (six pages au *Journal officiel*) ce texte est divisé en quatre titres que vous devez maintenant analyser tout en essayant d'organiser l'information au fur et à mesure de votre lecture.
L'étude du projet de loi vous a appris que le texte poursuit trois buts :
- diminuer les dépenses,
- clarifier les recettes,
- prévoir les contrôles et les sanctions nécessaires.
Dans ces conditions, pour faciliter votre travail exploratoire, vous avez tout intérêt à préparer trois fiches traitant chacune l'un de ces thèmes et à les compléter au fil de la lecture de la loi. À l'issue de l'exercice vous aurez ainsi une information déjà classée ce qui facilitera la compréhension des mécanismes prévus par le législateur et vous fera gagner un temps précieux lors de la préparation de votre plan détaillé.

Titre I

La lecture de cette première partie de la loi permet d'isoler les données suivantes :

Article 1
Articles L. 52-4 à L. 52-7 : il sera désormais obligatoire, pour la collecte des fonds nécessaires au financement d'une campagne, de passer par un intermédiaire financier, association de financement (personne morale) ou mandataire (personne physique), sauf pour les élections dans les cantons ou communes de moins de 9 000 habitants. Cet intermédiaire réglera toutes les dépenses à l'exception du cautionnement et de celles prises en charge par un parti.
Les dispositions suivantes imposent les mêmes obligations, que l'intermédiaire soit une association ou un mandataire :
- déclaration à la préfecture ;
- ouverture d'un compte unique retraçant **toutes** les opérations ;
- action limitée dans le temps (avant et après l'élection) ;
- dissolution ou fin de fonctions trois mois après le dépôt du compte de campagne ;
- nécessité de se prononcer sur la dévolution de l'actif net. A défaut, une procédure est prévue qui fait intervenir le Tribunal de Grande Instance.

Tous ces éléments peuvent être regroupés sous une même rubrique : assurer la clarification des financements.

Articles L. 52-8 à L. 52-11 : les dispositions suivantes mettent en place des règles destinées à assurer le suivi et le contrôle des recettes :
- limitation des dons émanant tant des personnes physiques que morales (avec des plafonds différents selon le cas) ;
- obligation de versement par chèque au-delà de 1 000 F ;
- limitation du pourcentage des dons en espèce et de la possibilité d'effectuer des dons confidentiels...
- interdiction de percevoir des fonds de certaines origines (personnes de droit public, casinos et maisons de jeux, États étrangers...).
En outre, l'article L. 52-11 précise que lorsque la circonscription compte moins de 80 000 habitants, le plafond des dépenses autorisées est ramené de 500 000 à 400 000 F.

Ces informations sont donc également à inscrire sur la fiche consacrée à la clarification des financements à l'exception du dernier élément.

Article L. 52-12 : cet article pose le principe de la nécessaire tenue d'un compte de campagne, compte unique qui doit retracer toutes les opérations de recettes et de dépenses (y compris les avantages en nature, prestations de services et avantages divers).
Le compte doit être déposé en préfecture.

Ces éléments sont à noter sur la fiche relative à la transparence des financements.

Articles L. 52-14 à L. 52-18 : la loi prévoit ensuite la mise en place d'une Commission nationale des comptes de campagne et expose :
- sa composition ;
- ses pouvoirs (approuve ou non les comptes de campagne, saisine du juge de l'élection, fixation de la somme à verser au Trésor en cas de dépassement du plafond, évaluation du coût réel de certaines dépenses sous-estimées ;
- ses moyens de fonctionnement (mise à sa disposition de fonctionnaires, d'experts, assistance d'officiers de police judiciaire) ;
- la procédure suivie (délais prescrits, modalités de saisine du juge...).

Tout cet ensemble constitue manifestement une partie de la fiche consacrée au contrôle de l'application de la loi et aux sanctions.

Articles 3 et 4

Ces deux articles proscrivent les formes les plus coûteuses de publicité et doivent donc être inscrits sur la fiche traitant de la maîtrise des dépenses.

Articles 5 à 8

Tous ces articles sont consacrés aux sanctions et aux modifications du code électoral qui en découlent ; ils serviront à construire la fiche consacrée aux procédures de contrôle et à l'aggravation des sanctions.

On peut notamment relever que la loi tente dans son article 5 de prévoir tous les cas possibles de violation en sanctionnant d'une peine d'amende et d'emprisonnement :
- le candidat qui aura recueilli ou accepté des fonds en violation des prescriptions législatives, dépassé le plafond autorisé, contrevenu aux règles concernant le compte de campagne ou l'usage des formes coûteuses de publicité...
- quiconque aura accordé un don sans respecter la loi ou aura effectué une dépense sans l'accord exprès du candidat.

En cas de contestation et lorsque le plafond de dépenses s'imposait, l'article 6 fait obligation au juge administratif de surseoir à statuer jusqu'à réception des décisions de la Commission nationale des comptes de campagne.

Le cas échéant, saisi par la Commission, il lui revient en outre de constater l'inéligibilité d'un candidat.

La loi prévoit par ailleurs plusieurs cas d'inéligibilité en son article 7 (méconnaissance des dispositions relatives au dépôt du compte de campagne).

Article 9

Cet article fixe à 80 millions de francs le plafond des dépenses pour les élections au Parlement européen.

Cet élément sera à intégrer dans la fiche sur la maîtrise des dépenses.

Titre II

Le titre II de la loi est consacré au financement des partis politiques.

Articles 10 et 11

Ces articles confirment le principe du financement public posé par la loi de 1988 et en exposant le mécanisme :

La somme à répartir est partagée en deux parties égales.

La première est accordée :
- proportionnellement au nombre de suffrages obtenus au premier tour des législatives ;
- à tout parti et groupement ayant présenté lors des dernières législatives des candidats dans au moins 75 circonscriptions, à l'exception de ceux qui n'en ont présenté que dans les DOM-TOM.

La seconde est accordée aux seuls partis et groupements représentés au Parlement en fonction du nombre de membres déclarés au bureau de leur Assemblée.

Attention : le texte de la loi mentionne à l'article 11 que les règles d'attribution ont fait l'objet d'une déclaration de non conformité à la constitution par le Conseil constitutionnel.

Vous pouvez donc aller lire immédiatement la décision (document 5) ou poursuivre l'analyse de la loi.

Article 13

Ce long article reconnaît le financement privé des partis et reprend à peu de chose près le dispositif déjà rencontré plus haut (obligation de désigner un mandataire, tenue d'un compte unique, limitation des dons, interdiction des dons provenant de personnes de droit public, de casinos ou d'États étrangers, sanctions prévues...).

Il est notamment prévu que les partis doivent tenir une comptabilité retraçant non seulement leurs propres comptes mais aussi ceux des organismes de toute nature dans lesquels le parti détient :
- la majorité du capital social ;
- des sièges de l'organe d'administration ;
- un pouvoir prépondérant de décision ou de gestion.

Titre III

Un coup d'œil rapide montre que les articles 14 à 16 sont sans réelle utilité pour notre note ; ils sont donc éliminés de notre analyse.

Titre IV

Ce titre contient des dispositions diverses dont le désormais célèbre article 19 relatif à l'amnistie des infractions commises avant le 15 juin 1989.

L'erreur (commise par nombre de candidats sur ce sujet) est de vouloir à tout prix parler de cet article et des discussions qu'il a soulevées alors que votre sujet est précis et ne vous le permet pas.

Plus intéressantes pour la note à rédiger sont les indications suivantes :
- possibilité pour une société civile ou commerciale, sauf disposition contraire dans ses statuts, de consentir des dons à des associations de financement ou à des mandataires (article 20).
- au titre des sanctions pour manquement à la loi, les tribunaux correctionnels peuvent prononcer, pour 5 ans maximum, l'exclusion des marchés publics des personnes physiques ou morales.

Document 1

Les extraits du code électoral

Ce document peut être très vite parcouru dans la mesure où son utilité pour la note à élaborer est plus que réduite.
La loi du 15 janvier 1990 ajoute des alinéas à certains articles (L. 113 par exemple) et en supprime d'autres (L.O. 163-2 à L.O 163-4) sans nécessiter pour autant la lecture complète des articles concernés.
Ainsi, tous les articles de L. 93 à L. 118-1 peuvent être rapidement évacués de l'étude, dès lors que l'on a compris qu'ils traitent des sanctions en cas de fraude électorale, ce qui n'entre pas dans le champ de nos recherches.
De même, les articles L.O 119 à L.O 165 ne nous concernent pas.
En définitive, nous n'avons d'intérêt à accorder qu'aux articles L. 166 à L. 167-1 qui complètent notre information sur le financement public des campagnes.

Document 5

La décision du Conseil constitutionnel

Il faut, pour ce document comme pour les autres, essayer de trier rapidement l'information en analysant la structure de la décision pour repérer ce qui nous est utile et ne lire que cela.
Ceci nous permet de repérer cinq parties concernant :
- l'article 1er de la loi,
- l'article 6 (les pouvoirs du juge de l'élection) ;
- les articles 10 et 11 (répartition du financement public) ;
- l'article 13 (obligations s'imposant aux partis) ;
- l'article 19 (l'amnistie).

Seuls les quatre premiers peuvent nous concerner, l'amnistie n'entrant pas dans le cadre de l'étude comme nous l'avons vu précédemment.

Par ailleurs, toujours pour gagner du temps et déterminer correctement ce qui dans la décision nous intéresse, il est recommandé de commencer la lecture par la **fin** (cf. première partie « la composition des dossiers : les documents juridiques »). Ceci permet de noter que seuls les articles 11 et 19 ont été déclarés non conformes par le Conseil (or, nous savons déjà que l'article 19 n'entre pas dans le cadre de l'étude).
Nous avons donc élaboré en quelques instants une grille de lecture et défini un ordre de priorité :
- il convient d'abord de lire ce qui a été sanctionné par le Conseil,
- puis de vérifier rapidement ce qui était en cause mais n'a pas fait l'objet d'une déclaration de non conformité.

Ce qui a été sanctionné :
le dispositif initialement prévu par la loi prévoyait de n'octroyer la première partie de l'aide publique qu'aux partis ayant obtenu au moins 5 % des suffrages exprimés dans chaque circonscription.
Jugeant que cette disposition pouvait entraver l'émergence de courants d'opinions nouveaux, le Conseil l'a déclarée non conforme à la Constitution.

Cet élément pourra être rappelé dans la note.

Ce qui a été déclaré conforme à la Constitution :
- l'article 1er : le Conseil reconnaît que les pouvoirs dévolus à la Commission nationale n'excèdent pas ce qui est acceptable.
Par contre, il en fait une lecture volontairement très **restrictive** : dans le cadre des missions qui leur sont confiées par la Commission, les officiers de police judiciaire ne peuvent exercer de pouvoirs coercitifs. La mise en œuvre de tels pouvoirs n'est possible que dans le cas de poursuites judiciaires. Le juge constitutionnel protège ainsi les libertés publiques.
- l'article 6 : le Conseil impose là encore une lecture stricte en réaffirmant l'indépendance du juge de l'élection. Ce dernier n'est pas tenu par les décisions de la Commission nationale.
- s'agissant enfin de l'article 13, le juge constitutionnel ne trouve rien à redire à la loi soumise à son contrôle de conformité.

Document 3

La loi 88-227 du 11 mars 1988

Ce dernier document (qui pouvait tout à fait être lu avant certains des documents déjà analysés) peut être vite dépouillé.

Titre I

Ce titre n'a pas d'intérêt pour nous puisqu'il traite du problème du patrimoine « des membres du gouvernement et des titulaires de certaines fonctions électives ».
Ceci n'entre pas dans notre sujet.

Titre II

L'article 6 a déjà été examiné lors de la lecture du document 1 (extraits du code électoral).

Titre III

Les articles 8 et 9 ont été modifiés par la loi de 1990 ; ils ne présentent donc plus d'intérêt. Quant à l'article 11, il a été entièrement remplacé par l'article 13 de la loi de 1990.

Titre IV

Les dispositions de ce titre n'ont pas d'utilité pour traiter le sujet.

Troisième phase : élaboration du raisonnement

Le dossier étant dépouillé, nous choisissons la ligne directrice de la note en reprenant le sujet et en récapitulant une dernière fois les erreurs à ne pas commettre ; ensuite il sera trop tard.
Nous devons :
- présenter de façon synthétique les dispositions concernant le régime des dépenses électorales et du financement des partis mis en place par la loi de 1990.
Nous ne devons pas :
- comparer les lois de 1988 et de 1990 ;
- prendre parti d'une façon ou d'autre ; nous devons simplement dresser un constat.
Il serait ainsi maladroit d'utiliser ce type de langage utilisé dans une copie « Le scandale des fausses

factures dans lequel ont trempé nombre d'hommes politiques... »

De même, vous devez être immédiatement compris. Pour ce faire, adoptez un style simple sans tomber dans l'erreur de cet autre candidat :

« Lorsque le discrédit guette le responsable politique dans son intégrité alors que ses convictions et son combat le mettent face à la tentation et l'exposent au doute, il faut donc établir des règles pour effacer ceux-ci en étudiant avec rigueur le besoin de l'homme politique, face aux dépenses qu'il engage dans le cadre de son activité politique ou dans celui d'une période élective dans laquelle il est partie prenante ».

Sans doute l'intéressé a-t-il voulu imiter le style de l'administrateur des débats qui a rédigé l'exposé des motifs du projet de loi. Il aurait mieux fait de s'abstenir, la comparaison des deux rédactions étant cruelle pour lui. Sa phrase, interminable, mal construite, n'a plus de sens.

Quatrième phase : construction du plan

Les plans à éviter

1er plan

- les apports de la loi de 1988,
- le régime issu de la loi de 1990.

Pour une très large part ce plan sera hors-sujet.

2e plan

- les données du problème ;
- les mesures prises en 1988 ;
- les mesures prises en 1990.

Le défaut est le même que dans le plan précédent.

3e plan

Examiner successivement les quatre titres de la loi de 1990.
Ce type de plan n'a aucun intérêt car il conduit directement à la paraphrase et ne permet pas de présenter une synthèse organisée.

Le plan à retenir

Sans que ce soit le seul acceptable, le plan suivant a le mérite de traiter tout le sujet mais que le sujet.

Introduction

- rappel d'un premier essai en 1988 ;
- nécessité d'en élaborer un second pour combler les lacunes du précédent ;
- annonce du plan : le dispositif issu de la loi n° 90-55 du 15 janvier 1990 met en place un ensemble cohérent de mesures concernant d'abord le financement des campagnes, ensuite, le financement des partis politiques et prévoyant enfin les contrôles et les sanctions nécessaires.

Première partie

Le financement des campagnes :
- les mesures permettant la maîtrise des dépenses ;
- les dispositions assurant la clarification des recettes ;
- les règles imposant la transparence des financements.

Deuxième partie

Le financement des partis :
- le principe du financement public ;
- le bénéfice nouveau d'un financement privé ;
- la transparence du financement.

Troisième partie

Les contrôles et les sanctions :
- le rôle de la Commission nationale des comptes de campagne ;
- les sanctions prévues.

Corrigé proposé

La numérotation des différentes parties de la note n'est là que pour en souligner la structure ; elle n'a pas à apparaître dans un devoir.

Note pour le chef de bureau
Objet : le régime des dépenses électorales et du financement des activités politiques prévu par la loi n° 90-55 du 15 janvier 1990.

Le régime des dépenses électorales et du financement des activités politiques a fait l'objet d'une première loi en France en 1988 (loi n° 88-227 du 11 mars 1988) dont le but était d'assurer la transparence financière de la vie politique. Compte tenu des lacunes de ce texte, un nouveau projet a été mis à l'étude qui a abouti au vote de la loi n° 90-55 du 15 janvier 1990 relative à la limitation des dépenses électorales et à la clarification du financement des activités politiques. Sans modifier les dispositions de la loi de 1988 assurant la transparence du patrimoine des hommes politiques, la loi du 15 janvier 1990 complète le dispositif existant en établissant un statut cohérent du financement des campagnes électorales d'une part et des partis politiques d'autre part, et en confiant enfin à des organes administratifs et juridictionnels le soin d'appliquer les sanctions prévues.

I - S'agissant en premier lieu du régime financier des campagnes électorales, celui-ci couvre désormais toutes les élections politiques et poursuit un triple objectif : maîtriser les dépenses, clarifier les recettes et assurer la transparence des financements.

a) La maîtrise des dépenses est rendue possible par deux séries de dispositions.

La première plafonne les dépenses électorales à 120 millions de francs par candidat aux élections présidentielles et à 140 millions pour les deux candidats présents au second tour ; pour les législatives, le plafond est fixé à 500 000 francs par candidat (400 000 lorsque la circonscription compte moins de 80 000 habitants) ; il passe à 80 millions de francs par liste pour les élections au Parlement européen. Pour les élections locales, enfin, il est fonction de la population de la circonscription.

La seconde série de dispositions limite l'usage des formes les plus coûteuses de publicité soit de façon permanente, soit pendant un délai préfixé avant l'ouverture de la campagne. Ainsi sont proscrites les émissions publicitaires à caractère politique à la radio et à la télévision.
De même, pendant les trois mois précédant le premier jour du mois d'une élection et jusqu'à la date du tour de scrutin où celle-ci est acquise, est interdit l'usage à des fins de propagande électorale de toute publicité audiovisuelle ou par voie de presse. Dans le même délai, il est proscrit de communiquer au public un numéro téléphonique ou télématique gratuit. Enfin, à compter du sixième mois précédant le mois d'élections générales, il est interdit d'utiliser le mobilier urbain comme support d'une campagne de promotion publicitaire.

b) La clarification des recettes constitue le deuxième objectif de la loi.

Celle-ci assure le remboursement partiel de certains frais de campagne et du cautionnement, parfois sous réserve d'un seuil de suffrages exprimés obtenu par le candidat. Pour les élections présidentielles et législatives, le remboursement des frais de campagne est forfaitaire mais ne doit pas excéder les dépenses réelles engagées.
La loi, outre ce financement public, autorise en le réglementant, pour éviter les abus, le financement privé des campagnes. Les dons prévus sont désormais admis pour toutes les campagnes et sont déductibles des revenus imposables s'ils sont consentis par chèque, sans contrepartie, et à titre définitif. S'ils sont inférieurs à 20 000 francs et émanent d'une personne physique, ils peuvent être confidentiels. En contrepartie ils sont plafonnés à 30 000 francs s'ils émanent d'une personne physique et à 10 % du plafond des dépenses électorales, dans la limite de 500 000 francs, pour les personnes morales autres qu'un parti ou un groupement politique. De plus, tout don supérieur à 1 000 francs doit être versé par chèque et les dons en espèce ne peuvent excéder 20 % du montant des dépenses autorisées si celles-ci sont égales ou supérieures à 100 000 francs. Enfin, pour éviter tout risque de pression, sont interdits les dons des personnes morales de droit public ou de droit privé dont la majorité du capital appartient à une ou plusieurs personnes morales de droit public ainsi que les dons des « casinos, cercles ou maisons de jeux » et ceux des États ou des personnes morales de droit étranger.

c) Quant à la transparence des financements, elle est assurée par l'obligation faite au candidat d'une part d'établir un compte de campagne, et d'autre part, d'effectuer les dépenses par le biais d'un intermédiaire financier.
Le compte de campagne est désormais obligatoire quelle que soit l'élection et doit retracer l'ensemble des recettes et des dépenses du candidat, y compris celles effectuées pour son compte par les personnes, groupements ou partis qui le soutiennent. Ce compte doit inclure par ailleurs tous les avantages directs ou non dont le candidat a bénéficié, ainsi que les prestations de services et les dons en nature.
L'innovation la plus marquante réside dans le recours à un intermédiaire financier, soit association de financement, soit personne physique, seul habilité à recueillir les fonds pendant l'année qui précède le premier jour du mois d'une élection. En outre, cet intermédiaire doit ouvrir un compte bancaire ou postal unique retraçant la totalité des opérations.
Dans les trois mois suivant le dépôt du compte de campagne, le mandataire doit cesser ses fonctions. Si le solde du compte est positif, il doit être attribué à une autre association de financement électoral, soit à une association de financement d'un parti, soit à un ou plusieurs établissements d'utilité publique. Si ceci n'est pas fait dans les délais, le président du tribunal de grande instance, sur requête du procureur, choisit les établissements bénéficiaires.

II - Le financement des partis constitue le deuxième volet des dispositions législatives.

a) Les partis politiques peuvent bénéficier en premier lieu d'un financement public ainsi que l'a reconnu le Conseil constitutionnel dans sa décision du 11 janvier 1990, sous réserve que ce financement soit conforme aux principes d'égalité et de liberté et obéisse à des critères objectifs. Le système retenu prévoit que l'aide est constituée de deux parts. La première est attribuée aux partis et groupements en fonction du nombre de leurs membres au Parlement, la seconde est répartie proportionnellement au nombre de suffrages obtenus au premier tour par chacun des partis ou groupements qui ont présenté des candidats dans au moins 75 circonscriptions lors du plus récent renouvellement de l'Assemblée nationale. La condition initialement posée (prise en compte pour la détermination de l'aide seulement des résultats égaux ou supérieurs à 5 % des suffrages exprimés dans chaque circonscription) a en effet été jugée inconstitutionnelle par le Conseil.

b) Les partis peuvent par ailleurs bénéficier d'un financement privé qui n'était pas réglementé par la loi de 1988.
Ce mode de financement est désormais autorisé et permet les dons des personnes physiques et des sociétés civiles et commerciales. Ces dons sont déductibles des revenus imposables et les dispositions relatives à l'anonymat des dons des personnes physiques sont applicables au financement des partis.
En contrepartie de cet accès aux fonds privés, le financement des partis est réglementé. Comme pour les campagnes électorales, sont interdits les dons de personnes morales de droit public, de casinos, cercles ou maisons de jeux et d'États étrangers. Par ailleurs, les dons sont plafonnés et ne peuvent excéder 50 000 francs pour les personnes physiques et 500 000 francs pour les personnes morales ; ils doivent être versés par chèque au-delà de 1 000 francs. Mais surtout, ils ne peuvent être recueillis que par l'intermédiaire d'un mandataire agréé par la Commission nationale des comptes de campagne, personne physique ou association de financement désignée par le parti.

c) Comme le financement des campagnes, celui des partis est soumis à l'obligation pour les partis ou groupements politiques de tenir une comptabilité retraçant leurs comptes ainsi que ceux des organismes, sociétés ou entreprises dans lesquels ils détiennent la moitié du capital social, ou des sièges de l'organe d'administration où ils exercent un pouvoir prépondérant de décision ou de gestion. Les comptes doivent être arrêtés chaque année et certifiés par deux commissaires aux comptes et être déposés dans le premier semestre de l'année suivant celle de l'exercice à la Commission nationale des comptes de campagne qui assure leur publication au *Journal officiel*. Dans l'hypothèse d'un manquement aux obligations prévues, le parti concerné perd alors le bénéfice du financement public l'année suivante.

III - La loi a enfin confié à des organes administratifs et juridictionnels le soin d'appliquer les sanctions prévues après avoir contrôlé l'application des règles posées.

a) À l'intervention du Conseil constitutionnel, du bureau des Assemblées et d'une commission de hauts magistrats prévue par la loi de 1988 pour le contrôle des déclarations de patrimoine, la loi du 15 janvier 1990 a ajouté celle d'une Commission nationale des comptes de campagne et des financements politiques. Composée de 3 membres du Conseil d'État, de 3 membres de la Cour de cassation et de 3 magistrats de la Cour des comptes nommés pour 5 ans par décret, la Commission contrôle l'application des dispositions relatives aux financements publics et privés des campagnes et des partis. Pour l'exercice de ses missions, la Commission peut demander l'aide d'officiers de police judiciaire afin de procéder aux investigations qu'elle juge nécessaire. Dangereuse pour les libertés publiques, cette disposition a été limitée par le Conseil constitutionnel de façon très stricte. Dans le cadre de la mission que leur confie la Commission, les officiers de police judiciaire ne peuvent exercer de pouvoir coercitifs, ceux-ci ne pouvant intervenir que dans le cadre de poursuites judiciaires.

La Commission dispose de compétences étendues. Elle agrée les mandataires désignés pour recueillir les fonds et, après procédure contradictoire, approuve, rejette ou réforme les comptes de campagne. Lorsque, par exemple, le montant d'une dépense déclarée est inférieur aux prix habituellement pratiqués, la Commission évalue la différence et l'inscrit d'office dans les dépenses de campagne. Quand une décision a constaté un dépassement du plafond, la Commission fixe une somme équivalente au dépassement constaté que le candidat doit verser au Trésor public. Enfin, quand le compte n'a pas été déposé dans les délais ou a été rejeté ou encore a fait apparaître un dépassement après réformation, la Commission saisit le juge de l'élection et transmet le dossier au parquet si les irrégularités contreviennent à la loi. Comme l'a affirmé le Conseil constitutionnel, le juge de l'élection n'est pas lié par les constatations de la Commission, toute autre attitude remettant en cause le principe de l'indépendance des juridictions.

b) Afin de faire respecter les dispositions relatives au financement des campagnes et des partis, la loi a enfin mis en place toute une gamme de sanctions.

Il s'agit d'abord de sanctions administratives et pénales. La Commission peut ainsi retirer l'agrément donné à une société de financement pour méconnaissance des prescriptions législatives. Ensuite, le juge pénal peut prononcer des amendes de 360 à 15 000 francs assortis ou non d'une peine d'emprisonnement d'un mois à un an contre les auteurs d'infraction aux dispositions relatives d'une part, aux acceptations de dons, au dépassement de plafond, aux affichages et à la publicité commerciale, à l'établissement des comptes de campagne et aux dépenses illicites et, d'autre part, au financement privé des partis et groupements politiques. Enfin, les tribunaux correctionnels peuvent prononcer l'exclusion des marchés publics, pour une durée qui ne peut excéder 5 ans, des personnes ayant versé des dons excédant les plafonds prévus par la loi.

À ce premier groupe s'ajoutent les sanctions électorales prononcées par le juge de l'élection. Saisis par la Commission nationale des comptes, ou un candidat battu, le Conseil constitutionnel ou le juge administratif pourront annuler l'élection et déclarer inéligible pendant un an le candidat qui n'aurait pas soit déclaré son patrimoine, soit déposé son compte de campagne dans les délais prescrits, ou dont le compte ferait apparaître un dépassement du plafond des dépenses électorales.

Annexes

Rédaction et langage administratif

Sujets de concours

Intitulés d'épreuves

Les concours : où vous renseigner ?

Où se préparer ?

Rédaction et langage administratif

Quelques fautes à éviter

Quelques rappels

« voici » annonce ce qui va suivre
« voilà » résume ce qui vient d'être dit
« ceci » résume ce qui va suivre
« cela » rappelle ce qui précède
« celui-ci » fait référence à l'élément le plus proche dans la phrase
« celui-là » fait référence à l'élément le plus éloigné

Deux néologismes fréquents

« solutionner » pour « résoudre »
« s'avérer faux » pour « se révéler faux »

Quelques barbarismes souvent rencontrés

« ressortir de la compétence » pour « ressortir à la compétence »
« réajuster » pour « rajuster »
« réouvrir » pour « rouvrir »

Les fautes de construction courantes

« pallier à » pour « pallier » (faute souvent rencontrée)
« dans le but de » pour « afin de »
« de façon à ce que » pour « de façon que »
« convenir de » pour « être convenu de »
« préjuger de la suite à donner » pour « préjuger la suite »
...

Les pléonasmes à éviter

voire même (faute extrêmement fréquente)
collaborer ensemble
le but final
deux alternatives
car en effet
puis ensuite
comme par exemple
prévoir d'avance
et puis ensuite
abolir totalement
ajouter en plus
...

Conseils au rédacteur

Les formules d'exposition

Pour introduire un raisonnement, vous pouvez :
noter, constater, observer, préciser, ajouter, confirmer, rappeler, considérer, estimer, signaler, souligner...

Pour annoncer votre conclusion

en conclusion
en conséquence
en définitive
en résumé

Les formules énumératives

d'une part... d'autre part (méfiez-vous de bien conserver les deux termes de l'énumération)
en premier lieu... en second lieu...
à titre principal... à titre subsidiaire...
tout d'abord... ensuite... enfin...

Les locutions

pour préciser une idée ou en restreindre la portée

à cet égard	en l'objet
en effet	entre autres
à ce sujet	en d'autres termes
en fait	en l'espèce
en particulier	en outre
notamment	

Les locutions restrictives

à l'exception de	pour autant que
en dépit de	sous réserve que
sans préjudice de	dans la mesure où
à l'exclusion de	sous le bénéfice de

Les locutions indiquant une conséquence

à cet effet	afin de
à titre de	dans le but de
de façon à	par suite
pour ces motifs	en conséquence
de nature à	

Les transitions

mais	de plus
en outre	enfin
par ailleurs	dans ces conditions
cependant	au surplus
néanmoins	toutefois
en revanche	

Le sens des mots

L'administration use de termes particuliers ou de mots usuels en leur donnant un sens parfois différent du sens commun. Il est utile que vous connaissiez les plus fréquents.

Abrogation : abolition d'une disposition législative ou réglementaire

Adopter : approuver, voter

Afférent : qui se rapporte à

Ajourner : reporter un jugement ou une décision à une date ultérieure

Amender : modifier un projet de texte

Ampliation : copie authentique d'un acte

Assujettir : soumettre à une taxe ou à un impôt

Astreinte : condamnation judiciaire au paiement d'une somme journalière jusqu'à ce que le condamné ait rempli ses obligations

Avenant : acte modifiant les clauses d'un contrat

Ayant droit : personne à qui sa qualité ou ses titres permettent d'exercer une action

Citation : sommation à comparaître devant les tribunaux

Compétence : droit d'une autorité à connaître d'une action

Contreseing : deuxième signature apposée sur un acte pour authentifier la première ou indiquer un engagement solidaire

Débet : somme dont un comptable est déclaré débiteur

Déchéance : perte d'un droit par inaccomplissement d'une formalité ou inexécution d'une obligation

Déférer : traduire devant une juridiction

Dégrèvement : diminution d'impôt accordée soit à la suite d'une erreur soit par remise grâcieuse

Dessaisir : retirer à un juge ou à une autorité administrative une affaire préalablement soumise à sa décision

Dispositif : partie d'un jugement contenant la décision du juge

Errements : manière habituelle d'agir

Évocation : pouvoir donné à une autorité supérieure de se saisir d'une affaire traitée par une autorité subordonnée

Exercice : durée dans laquelle s'inscrit normalement une procédure (exemple : un exercice comptable)

Exonérer : dispenser d'un paiement ou d'une obligation de faire

Forclos : situation de celui qui est déchu de ses droits de poursuivre une action

Liquider : calculer

Mandater : payer

Moyen : argument juridique invoqué à l'appui d'une demande ou d'une défense en justice

Notifier : porter une décision à la connaissance de l'intéressé

Pourvoi : voie ouverte par la loi pour attaquer les décisions judiciaires insusceptibles d'une autre voie de recours

Rapporter : annuler pour l'avenir les dispositions d'un acte ; exposer un texte

Requête : demande

Ressort : territoire sur lequel s'exerce la compétence d'une autorité ou d'un juge

Sanctionner : approuver une décision

Saisir : demander à une autorité ou un juge de se prononcer

Statuer : se prononcer

Surseoir : interrompre momentanément les effets d'une décision

Suspendre : interrompre les effets d'un texte

Viser : attester par une signature que l'on a pris connaissance d'un document ; se référer à

10 sujets de concours

A titre d'exemple, voici quelques sujets de note administrative rencontrés dans des concours de la fonction publique.

Le point sur un problème

Sujet 1

Le sujet

Instituées par la loi du 2 mars 1982 relative aux droits et libertés des communes, des départements et des régions, les chambres régionales des comptes ont maintenant l'expérience de quatre années d'activité. Pour la première fois, en 1986, la Cour des comptes a d'ailleurs rédigé, à partir de leurs propositions, portant sur des critiques ponctuelles, la partie de son rapport public traditionnellement consacrée aux collectivités locales.
Vous êtes attaché de préfecture, et il vous appartient d'établir à l'intention du commissaire de la République de votre département une note dans laquelle vous rappellerez les compétences des chambres régionales des comptes et dresserez le bilan de leurs quatre premières années d'activité.

Les pièces jointes

Pièce 1 — Extraits de la loi n° 82-213 du 2 mars 1982 modifiée.

Pièce 2 — Les compétences des chambres régionales des comptes (extraits de l'ouvrage de Pierre Grandjeat et Yves Détraigne : Les chambres régionales des comptes - Analyse d'une pratique, Notes et études documentaires - La Documentation française).

Pièce 3 — L'activité des chambres régionales des comptes (extraits de l'ouvrage de Pierre Grandjeat et Yves Détraigne : Les chambres régionales des comptes - Analyse d'une pratique, Notes et études documentaires - La Documentation française).

Pièce 4 — Le contrôle des comptes des collectivités locales par les chambres régionales des comptes (extrait du rapport de la Cour des comptes au président de la République, 1986).

Pièce 5 — La chambre régionale des comptes (extrait de la Revue de l'École nationale d'administration).

Sujet 2

Le sujet

Établissez une note administrative indiquant les modifications ou innovations apportées par la loi n° 84-53 du 27 janvier 1984 aux organes de la fonction publique territoriale et aux principes et modalités du recrutement des agents communaux.

Les pièces jointes

Pièce 1 — Extraits de la loi n° 84-53 du 27 janvier 1984 portant dispositions statutaires relatives à la fonction publique territoriale ;

Pièce 2 — Extraits du livre IV du Code des communes (partie législative) antérieurement applicable.

Sujet 3

Le sujet

Pour répondre à de nombreuses questions d'instituteurs et de parents d'élèves de l'enseignement primaire, votre inspecteur d'Académie vous demande de rédiger une note précisant les conditions d'organisation matérielle et les modalités pratiques qui s'appliquent aux sorties d'élèves et aux voyages collectifs. Vous insisterez particulièrement sur la responsabilité des accompagnateurs.

Les pièces jointes

Document 1 — Circulaire n° IV 68-380 du 30/09/1968
Document 2 — Circulaire n° I 68-527 du 31/12/1968
Document 3 — Circulaire n° 74-328 du 16/09/1974
Document 4 — Circulaire n° 76-260 du 20/08/1976
Document 5 — Lettre de S/Dion DGPC du 12/06/1979
Document 6 — Question/Réponse du 062/09/1984
Document 7 — Note de service n° 86-101 du 5/03/1986
Document 8 — Lettre DAGEN 12 du 26/10/1986
Document 9 — Circulaire n° 86-317 du 22/10/1986

Sujet 4

Le sujet

Dans le cadre du projet de renouveau du service public, et en vue d'une réunion d'information et de sensibilisation de chacune des structures de votre direction consacrée à l'intérêt et à la nécessité de la formation professionnelle continue, vous devez préparer une note présentant les principaux aspects de la politique de formation professionnelle dans la fonction publique et les possibilités offertes aux agents.

Les pièces jointes

Document 1 — Décret n° 85-807 du 14 juin 1985 relatif à la formation professionnelle des fonctionnaires de l'Etat (J.O. du 18 juin 1985).

Document 2 — Circulaire du 16 novembre 1987 relative à la formation professionnelle des fonctions de l'Etat.

Document 3 — Note du 15 novembre 1988 relative à l'institution d'une fiche de formation dans le dossier des fonctionnaires.

Document 4 — Circulaire du Premier ministre du 23 février 1989 relative au renouveau du service public.

Document 5 — Accord-cadre du 29 juin 1989 sur la formation continue dans la fonction publique de l'Etat.

Sujet 5

Le sujet

En votre qualité d'attaché d'administration et d'intendance des services extérieurs de l'administration pénitentiaire, vous êtes chargé de rédiger un rapport présentant le nouveau système de gestion et de financement des hôpitaux publics à compter du 1er janvier 1985.

Les pièces jointes

Pièce 1 — Extraits du décret 58-1202 du 11 décembre 1958 relatif aux hôpitaux et hospices publics.

Pièce 2 — Extraits du décret n° 59-1510 du 29 décembre 1959 relatif aux dispositions financières et comptables à adopter à l'égard des hôpitaux et hospices civils.

Pièce 3 — Extraits de la loi n° 84-5 du 3 janvier 1984 portant diverses mesures relatives à l'organisation du service public hospitalier.

Pièce 4 — Extraits du décret n° 83-744 du 11 août 1983 relatif à la gestion et au financement des établissements d'hospitalisation publics et privés participant au service public hospitalier.

Pièce 5 — Extraits de la circulaire n° 84-H 1298 du 23 octobre 1984.

Pièce 6 — Extraits de la circulaire n° 00748 du 5 décembre 1984.

Pièce 7 — Extraits de la circulaire n° 82 du 12 décembre 1984.

Pièce 8 — Extraits de l'arrêté du 28 décembre 1984 relatif à la participation des régimes d'assurance maladie au versement des douzièmes de la dotation globale prévue par le décret n° 83-744 du 11 août 1983.

Pièce 9 — Extraits de la loi n° 83-25 du 19 janvier 1983 portant diverses mesures relatives à la sécurité sociale.

Un cas particulier...

*Au concours interministériel d'accès à l'emploi d'**attaché d'administration centrale** (concours interne, session de 1989), la rédaction de la note administrative (durée : 4 heures, coefficient : 4) était à concevoir à partir d'un dossier composé uniquement d'**articles de presse** (**20 documents**). Ce cas reste cependant tout à fait exceptionnel...*

Sujet 6

Vous êtes attaché(e) au ministère de l'Industrie et de l'Aménagement du Territoire, chargé du tourisme ; il vous est demandé de recevoir une délégation étrangère à qui vous devez présenter le projet français Euro Disneyland.
A l'aide des documents figurant dans le dossier ci-joint vous exposez les caractéristiques, les avantages et les inconvénients de cette réalisation.

Quelques pièces du dossier

Document 1 : Avec Disneyland, une centaine de projets pour l'an 2000
Article paru dans LES ÉCHOS le 8 août 1985.

Document 2 : Disney débarque en France...
Article paru dans LIBÉRATION le 19 décembre 1985.

Document 3 : Disneyland à Marne-la-Vallée
Article paru dans LES ÉCHOS le 23 décembre 1985.

Document 4 : Le Disneyland français inquiète les élus locaux
Article paru dans LE MONDE le 24 décembre 1985.

Document 5 : Disneyland : la flexibilité à la mode Picsou
Article paru dans LE QUOTIDIEN DE PARIS le 27 décembre 1985.

Document 6 : Quand Mickey réécrit le code du travail
Article paru dans LIBÉRATION le 27 décembre 1985.

Document 7 : Mickey sur Marne
Article paru dans L'EXPRESS le 27 décembre 1985.

Les notes assorties de propositions

Sujet 7

Le sujet

La loi n° 89-432 du 28 juin 1989 modifie de façon sensible la législation applicable en matière de dopage. Attaché d'administration centrale à la Direction des Sports, vous êtes chargé de rédiger, à l'intention d'un nouveau membre du cabinet du secrétaire d'Etat chargé de la Jeunesse et des Sports, une note analysant les innovations introduites par la loi du 28 juin 1989, compte tenu des modifications apportées au projet lors de l'examen par le Parlement, en indiquant les dispositions réglementaires qu'il conviendrait d'élaborer pour sa mise en œuvre.

Les pièces jointes

Document 1 — Loi n° 65-412 du 1er juin 1965.

Document 2 — Décret n° 77-554 du 27 mai 1977.

Document 3 — Loi n° 84-610 du 16 juillet 1984 : Extraits (articles 16, 17, 35 et 36).

Document 4 — Décret n° 87-473 du 1er juillet 1987.

Document 5 — Projet de loi avec exposé des motifs.

Document 6 — Compte rendu de la première lecture au Sénat (présentation du projet de loi par le Secrétaire d'Etat).

Document 7 — Loi n° 89-432 du 28 juin 1989.

Sujet 8

Le sujet

A la suite d'une demande de subvention adressée au Ministre par une association qui mène, en direction du milieu scolaire, une politique d'action culturelle dans le domaine scientifique et technique, M. Dupont, conseiller technique au Cabinet du ministre, sollicite l'avis du Directeur des Lycées et Collèges.
Rédacteur dans un bureau de cette direction pédagogique, vous êtes chargé(e) de rédiger une note à l'attention de M. Dupont.
A partir des documents ci-joints, vous devez renseigner le conseiller technique du Ministre :
- sur l'opportunité d'un soutien financier à l'organisme demandeur ;
- sur les modalités d'attribution de l'aide du ministère de l'Education nationale, de la Jeunesse et des Sports. En justifiant votre réponse, vous vous prononcerez sur la nécessité de la signature d'une convention entre le ministère de l'Education nationale, de la Jeunesse et des Sports et l'association et vous répertorierez les pièces à fournir pour la constitution éventuelle du dossier financier.

Les pièces jointes

Pièce 1 — Lettre de l'association accompagnée de son budget prévisionnel pour 1989.

Pièce 2 — Circulaire du Premier ministre n° 3300/SG du 15 janvier 1988.

Pièce 3 — Circulaire de la Direction du budget IB n° 142 du 1er février 1988.

Pièce 4 — Article 123 du Code des marchés publics.

Les notes imposant l'élaboration de documents (circulaires, lettres...)

Sujet 9

Le sujet

Vous êtes attaché d'administration et d'intendance dans une Direction régionale. Vous avez reçu de l'Administration centrale des instructions en ce qui concerne l'application des textes relatifs à la décentralisation. Au vu de ces divers documents, vous êtes chargé d'établir un projet de circulaire destinée aux directeurs des établissements autonomes dépendant de votre Direction régionale.
Vous aurez soin d'inclure, dans cette circulaire, toutes les informations susceptibles d'aider les Directeurs à faire face à la nouvelle situation administrative.

Les pièces jointes

Pièce 1 — Note de service destinée aux Directeurs régionaux des services pénitentiaires ayant pour objet les pouvoirs des commissaires de la République et l'organisation des services de l'Etat dans les départements et les régions.

Pièce 2 — Décrets n° 82-389 du 10 mai 1982
n° 82-390 du 10 mai 1982
relatifs aux pouvoirs des commissaires de la République.

Pièce 3 — Circulaire du 2 juin 1982 concernant l'application des décrets n° 82-331 et 82-332 du 13 avril 1982 relatifs à la mise à disposition des services extérieurs de l'Etat.

Pièce 4 — Circulaire du 3 juin 1982 émanant du ministre de l'Intérieur et de la Décentralisation ayant pour objet la nouvelle appellation des représentants de l'Etat dans les régions et les départements.

Pièce 5 — Notes des 29 novembre 1982 et 6 janvier 1983 ayant pour objet l'aménagement du circuit de délégation de crédits.

Sujet 10

Le sujet

Secrétaire d'administration et d'intendance dans un établissement pénitentiaire, vous êtes chargé, par votre directeur, de rédiger un projet de réponse à une demande de renseignements, concernant le concours de recrutement d'éducateur de l'administration pénitentiaire.
Vous donnerez également des éléments d'information sur le déroulement de carrière dans le corps concerné.

Les pièces jointes

Pièce 1 — Décret n° 77-1143 relatif au statut particulier du personnel éducatif (3 pages).

Pièce 2 — Arrêté du 9 mars 1978 fixant les modalités d'organisation, le programme et la nature des épreuves du concours d'éducateur (1 page).

Pièce 3 — Arrêté du 17 novembre 1977 fixant les modalités d'organisation de la scolarité d'élève éducateur (2 pages).

Pièce 4 — Arrêté du 30 mars 1978 fixant les conditions d'aptitude physique et pédagogique pour l'admission à certains emplois de l'administration pénitentiaire (1 page).

Intitulés d'épreuves

Concours internes de catégorie A

Attaché d'administration centrale : « rédaction d'une note administrative » (*4 heures ; coefficient 4*).

Concours interministériel d'accès aux instituts régionaux d'administration : « rédaction d'une note administrative » (*4 heures ; coefficient 4*).

Attaché d'administration de la ville de Paris : « rédaction d'une note administrative faisant appel à l'esprit d'analyse du candidat et à son aptitude à situer le sujet dans un contexte général » (*4 heures ; coefficient 4*).

Attaché des services extérieurs de la ville de Paris : « rédaction d'une note administrative faisant appel à l'esprit d'analyse du candidat et à son aptitude à situer le sujet traité dans un contexte général (*4 heures ; coefficient 4/10, soit 40 % du total*).

Attaché d'administration et d'intendance au ministère de l'Agriculture et de la Forêt : « rédaction d'une note, d'un rapport, d'une instruction ou d'une lettre administrative à l'aide des éléments d'un dossier » (*4 heures ; coefficient 4/10, soit 40 % du total*).

Attaché administratif de l'Office national des forêts : « rédaction d'un rapport, d'une circulaire, d'une instruction ou d'une lettre administrative à partir d'un dossier remis au candidat » (*4 heures ; coefficient 4/10, soit 40 % du total*).

Attaché territorial : « rédaction, à l'aide des éléments d'un dossier, d'un rapport faisant appel à l'esprit d'analyse du candidat, à son aptitude à situer le sujet traité dans son contexte général et à ses capacités de composition » (*4 heures ; coefficient 4/12, soit 33 % du total*).

Attaché du cadre départemental : « rédaction d'un document administratif à l'aide des éléments d'un dossier » (*4 heures ; coefficient 4*).

Attaché d'administration scolaire et universitaire (spécial analyste) : « rédaction d'une note à partir d'un dossier portant sur les tâches habituellement dévolues à un attaché » (*4 heures ; coefficient 4*).

Attaché d'administration et d'intendance des services pénitentiaires : « rédaction d'un rapport, d'une circulaire, d'une instruction ou d'une lettre administrative, à l'aide des éléments d'un dossier remis aux candidats » (*4 heures ; coefficient 4*).

Concours de catégorie B

Contrôleur des lois sociales au ministère de l'Agriculture et de la Forêt : « rédaction d'une note à partir d'un dossier ou résumé d'un texte à caractère administratif, au choix du candidat, ce choix s'effectuant après communication des sujets » (*3 heures ; coefficient 2/8, soit 25 %*).

Secrétaire d'administration et d'intendance au ministère de l'Agriculture : « rédaction d'une note, d'un rapport ou d'une lettre de service après étude d'un dossier administratif (*2 heures ; coefficient 3/6, soit 50 %*).

Secrétaire d'administration et d'intendance au ministère de la Justice : « rédaction d'un document administratif à partir d'un dossier remis aux candidats » (*3 heures ; coefficient 3/7*).

Secrétaire d'administration et d'intendance des services pénitentiaires : *id. supra*.

Secrétaire administratif de l'Office national des forêts : « rédaction d'un rapport, d'une circulaire, d'une instruction ou d'une lettre administrative à partir d'un dossier remis aux candidats » (*2 heures 30 ; coefficient 3/7*).

Secrétaire administratif de la ville de Paris : « rédaction d'un document administratif (note, rapport, lettre...) à partir d'un dossier remis aux candidats et permettant d'apprécier leurs qualités d'analyse et de rédaction » (*3 heures : coefficient 4/7*).

Secrétaire administratif du bureau d'aide sociale de la ville de Paris : *id. supra*.

Secrétaire administratif de préfecture : « rédaction d'un document administratif après étude d'un dossier remis aux candidats et permettant d'apprécier leurs qualités d'analyse et de rédaction » (*3 heures ; coefficient 4/7*).

Secrétaire d'administration scolaire et universitaire : « rédaction d'une note administrative après étude d'un dossier remis aux candidats et permettant d'apprécier leurs qualités d'analyse et de rédaction » (*2 heures 30 ; coefficient 3/7*).

Secrétaire en chef d'administration scolaire et universitaire : « rédaction d'une note, d'un rapport ou d'une lettre administrative à l'aide des éléments d'un dossier ». Deux dossiers seront proposés au choix du candidat : l'un portant sur des tâches d'administration générale, l'autre portant sur la gestion des établissements publics d'enseignement (*3 heures : note de 0 à 20 points, toute note inférieure à 5/20 est éliminatoire*, seule épreuve de l'écrit).

Secrétaire administratif des services extérieurs de la Défense : « rédaction d'un ou plusieurs documents administratifs (note, rapport, lettre...) à partir d'un dossier ou d'instructions remis aux candidats » (*3 heures ; coefficient 3/13*).

Secrétaire administratif des services extérieurs de l'Équipement : « rédaction d'une note faisant la synthèse des éléments d'un dossier » (*3 heures ; coefficient 5*).

Les concours

Où vous renseigner?

Les services du personnel des ministères et organismes publics

Ces services vous informeront sur les différents concours ouverts dans leurs ministères, les conditions d'accès, le type d'épreuves (matières...) et recevront vos dossiers d'inscription.

Premier ministre
Secrétariat général du Gouvernement
(services du Premier ministre)
Direction des services administratifs et financiers
18, rue Vaneau, 75700 Paris
Tél. 01.42.75.80.00

Ministère des Affaires étrangères
Direction des ressources humaines
23, rue La Pérouse, 75775 Paris Cedex 16
Tél. 01.43.17.66.99
Fax 01.43.17.75.41

Ministère des Affaires étrangères
Coopération et Francophonie
Direction de l'administration générale
57, boulevard des Invalides, 75700 Paris
Tél. 01.53.69.30.00
Fax 01.53.69.37.38

Ministère de l'Emploi et de la Solidarité
Direction de l'Administration générale
et de la Modernisation des services
Section concours
39-43, quai André-Citroën, 75739 Paris Cedex 15
Tél. 01.44.38.39.41 et 01.44.38.36.50
Fax 01.44.38.37.77

Ministère de l'Agriculture et de la Pêche
Direction générale de l'administration
Cellule des concours
78, rue de Varenne, 75349 Paris 07 SP
Tél. 01.49.55.83.43 et 01.49.55.42.26
Fax 01.49.55.50.82

Ministère de la Défense
Secrétariat d'État aux Anciens combattants
Direction de l'administration générale
Sous-direction des ressources humaines
37, rue de Bellechasse, 75700 Paris
Tél. 01.44.42.12.09
Fax 01.44.42.12.10

Ministère de l'Économie, des Finances
et de l'Industrie
Direction du personnel et de l'administration
Sous-direction du personnel
Bureaux P1 et P3
139, rue de Bercy, 75572 Cedex 12
Tél. 01.40.04.04.04
Fax 01.40.04.32.54

Ministère de la Défense
Pour le personnel civil
Direction de la fonction militaire et du personnel civil
Sous-direction de la gestion du personnel civil
26, boulevard Victor, 75015 Paris
Tél. 01.45.52.43.21

Pour les carrières militaires
Service d'information et de relations publiques des armées (SIRPA)
Ecole militaire, 1, place Joffre, 75007 Paris
Tél. 01.44.42.30.11
Fax 01.47.05.55.85
Télétel 3615 ARMEE
AP : 14, rue Saint-Dominique, 00450 Armées

Ministère de l'Outre-Mer
Bureau des personnels de l'administration centrale et de la formation
27, rue Oudinot, 75358 Paris 07 SP
Tél. 01.53.69.20.00
Fax 01.47.83.00.60

Ministère de la Culture et de la Communication
Direction de l'administration générale
Service du personnel et des affaires sociales
4, rue de la Banque, 75002 Paris
Tél. 01.40.15.80.00
Fax 01.40.15.85.64

Ministère de l'Éducation nationale, de la Recherche et de la Technologie
Direction de l'administration du personnel
Bureau des concours
110, rue de Grenelle, 75357 Paris 07 SP
Tél. 01.49.55.10.20
Fax 01.44.07.26.42

Ministère de l'Équipement, des Transports et du Logement

- Direction du personnel et des services
Tour Pascal B,
92055 La Défense Cedex
Tél. 01.40.81.21.22
Fax 01.40.81.65.01

- Direction générale de l'aviation civile
Service des ressources humaines
48, rue Camille-Desmoulins,
92452 Issy-les-Moulineaux
Tél. 01.41.09.43.21
Fax 01.41.09.38.40

Ministère de la Fonction publique, de la Réforme de l'État et de la Décentralisation
Direction générale de l'administration et de la fonction publique
32, rue de Babylone, 75007 Paris
Tél. 01.42.75.80.00
Fax 01.42.75.88.62
Télétel 3616 Fonctionnaire

Ministère de l'Intérieur

- Direction générale de l'administration
Direction des personnels, de la formation et de l'action sociale
7, rue Nélaton, 75015 Paris
Tél. 01.40.57.57.57
Fax 01.40.57.54.27

- Direction générale de la police nationale
Direction de l'administration de la police nationale
Même adresse
Tél. 01.40.57.57.57
Fax 01.45.77.46.40

Ministère de la Jeunesse et des Sports
Direction de l'administration générale
78, rue Olivier-de-Serres
75739 Paris Cedex 15
Tél. 01.40.45.96.19
Fax 01.40.45.98.45

Ministère de la Justice
Direction de l'administration générale et de l'équipement
Sous-direction des ressources humaines
13, place Vendôme, 75042 Paris Cedex 01
Tél. 01.44.77.60.60

Ville de Paris
Mairie de Paris, direction de l'administration générale, sous-direction de l'organisation des ressources humaines
2, rue Lobau, 75004 Paris
Tél. 01.42.76.40.40

Assemblée nationale
Services administratifs
Division du recrutement
126, rue de l'Université, 75355 Paris Cedex 07 SP
Tél. 01.40.63.60.00
Fax 01.42.60.99.03
Télétel 3617 Asnat

Sénat
Service du personnel
15, rue de Vaugirard, 75291 Paris Cedex 06
Tél. 01.42.34.25.62
Télétel 3615 ou 3616 Senatel

Centre national de la Fonction publique territoriale
10-12, rue d'Anjou, 75008 Paris
Tél. 01.55.27.44.00
Fax 01.55.27.44.01

Les services télématiques

L'ONISEP
Un service télématique a été mis en place par l'Office national d'information sur les enseignements et les professions qui propose des informations détaillées et mises à jour sur chaque concours. Tapez sur minitel 36-15 ONISEP puis la rubrique CONC. Vous y trouverez les rubriques suivantes :
1. Concours ouverts ou annoncés (liste avec les adresses et les dates de clôture des inscriptions) ;
2. Être fonctionnaire : quel concours choisir ? (liste des concours possibles classés par formation, par métier ou activité et par école) ;
3. Infos pratiques (conditions d'inscription aux concours) ;
4. Publications.

Le Journal officiel
Les avis de concours des recrutements de la fonction publique de l'Etat, des Armées et de la Ville de Paris peuvent être consultés chaque année sur minitel 36-16 code JOEL (rubrique JOEL Pratique).

Les Cellules d'information et d'orientation des universités (CIO)
Elles peuvent fournir aux étudiants de la documentation sur les concours administratifs (avis de concours, listes d'adresses utiles, etc.).
C'est également le cas des agences pour l'emploi et des différents centres ou écoles assurant la préparation aux concours (voir ci-dessous).

Les brochures d'information

Le Journal officiel
Il publie régulièrement les avis de concours concernant les concours nationaux ainsi qu'un calendrier prévisionnel des recrutements (fonction publique de l'Etat, Armées, Ville de Paris).
Ce calendrier indique par administration et par catégorie (A, B, C) le type de concours, la date prévue des épreuves, la date limite des retraits et des dépôts de dossiers, les adresses et numéros de téléphone des administrations à contacter pour confirmation des dates, programme des épreuves, etc.
Direction des Journaux officiels
26, rue Desaix, 75727 Paris Cedex 15
Tél. 01.40.58.75.00
01.40.58.76.00
Télétel 3616 Joel et 3617 Joeleco

Les bulletins officiels des ministères
Pour les concours que ces derniers organisent.

Les brochures de l'ONISEP
« ONISEP communique », périodique bimensuel présentant les avis de concours administratifs nationaux au fur et à mesure de leur publication.
Dans la collection « Les Cahiers » :
Etre fonctionnaire avec le brevet, un CAP, un BEP, le BAC, etc.
Dans la collection « Avenirs » :
Travailler dans la fonction publique, n° 405.
Un certain nombre de publications traitent des emplois dans la fonction publique et informent sur certains concours spécialisés.

Où se préparer ?

Pour réussir un concours, il est nécessaire de le préparer. De nombreux établissements publics et privés proposent des préparations aux concours externes et internes de la fonction publique. Les concours externes sont ouverts aux étudiants et à tout candidat remplissant les conditions exigées (nationalité française, âge, diplôme, etc.). Les concours internes sont réservés aux agents de la fonction publique ayant plusieurs années d'ancienneté et qui souhaitent changer de corps. Voici une liste d'adresses qui peuvent vous être utiles. Etant donné le nombre des organismes concernés, elle ne peut être exhaustive.

Les administrations

De façon générale, elles n'organisent pas de préparations aux concours externes. En revanche, elles proposent à leurs fonctionnaires des formations aux concours internes (concours interministériels et concours de leur propre ministère). Les services du personnel et les services de formation de chaque ministère peuvent vous renseigner à ce sujet (voir précédemment « Où vous renseigner »).

Les universités

Toutes les académies ont des centres de préparation.

Les IPAG
Les Instituts de préparation à l'administration générale remplissent différentes fonctions dont la préparation aux concours externes ouverts aux candidats justifiant d'un DEUG ou d'une licence, et la préparation aux concours internes. L'admission se fait sur dossier et sur tests (se renseigner sur les modalités précises d'inscription).

IPAG de l'université d'Amiens
Université de Picardie
CAMPUS
80025 Amiens Cedex 1
Tél. 03.22.82.72.62

IPAG de l'université des Antilles et de la Guyane
Campus universitaire de Schœlcher
BP 513
97206 Fort-de-France Cedex
Tél. 05.96.64.31.47

IPAG de l'université de Besançon
Université de Franche-Comté
30, avenue de l'Observatoire
25030 Besançon Cedex
Tél. 03.81.66.61.45

IPAG de l'université de Brest
Université de Bretagne occidentale
Faculté des lettres et sciences sociales
20, rue Duquesne
BP 814
29285 Brest Cedex
Tél. 02.98.01.63.34

IPAG de l'université de Caen
Esplanade de La Paix
14032 Caen Cedex
Tél. 02.31.45.55.40

IPAG de l'Université de Cergy-Pontoise
Site des Chênes
33, boulevard du Port
95011 Cergy-Pontoise
Tél. 01.34.25.61.66

IPAG de l'université de Clermont-Ferrand
Université de Clermont I
36, boulevard Cote-Blatin
63000 Clermont-Ferrand Cedex
Tél. 04.73.35.22.88

IPAG de l'université de Dijon
4, boulevard Gabriel
21000 Dijon
Tél. 03.80.39.53.59

IPAG de l'université de Lille
Université de Lille II
Faculté des sciences juridiques, politiques et sociales
Faculté de droit
Le Pont de Bois
BP 169
59653 Villeneuve-d'Ascq Cedex
Tél. 03.20.05.74.39

IPAG de l'université de Limoges
39, rue Camille-Guérin
BP 1727
87025 Limoges Cedex
Tél. 05.55.43.56.48

IPAG de l'université de Montpellier
39, rue de l'Université
34060 Montpellier Cedex 1
Tél. 04.67.61.51.33

La Documentation française

La Documentation française, service du Premier ministre, est chargée de deux missions très différentes mais complémentaires : l'édition d'une part, la documentation d'autre part. Pour aider les fonctionnaires et les étudiants à préparer les concours administratifs, elle propose différents services.

Des publications

6 500 titres sur la France et les pays étrangers, sur les questions politiques, économiques, sociales et culturelles.
200 ouvrages nouveaux chaque année.
40 périodiques.

Regards sur l'actualité
L'actualité de la vie publique en France.
mensuel (le numéro : 38,05 F/5,80€, abonnement : 295,18 F/45€).

Les cahiers français
Dossiers de synthèse sur l'actualité économique et sociale.
bimestriel (le numéro : 57,72 F/8,80€, abonnement : 262,38 F/40€).

Les notices
Recueils d'articles sur des thèmes de nature juridique, institutionnelle ou sociale (le recueil : de 75 à 98,39 F/15€).

Problèmes politiques et sociaux
Le point sur les problèmes de société et les grandes questions internationales.
bimensuel (le numéro : 44,61 F/6,80€, abonnement : 524,77 F/80€).

Les études de la DF
Des ouvrages de référence pour comprendre la société contemporaine (économie, institutions, société, vie internationale).
(le numéro : 81,99 F/12,50€ et 124,63 F/19€).

Problèmes économiques
L'essentiel de la théorie et de la pratique économiques.
hebdomadaire (le numéro : 16 F/2,44€, abonnement : 432,93 F/66€).

Une bibliothèque

210 000 ouvrages, 8 000 titres de périodiques dans les domaines économique, social et politique (dont 2 300 titres en cours).
Ouverte les lundi, mardi, mercredi et vendredi de 10 h à 18 h ; le jeudi de 10 h à 13 h.
29, quai Voltaire, Paris 7e.

Des centres de documentation

Le CIDIC
Centre d'information et de documentation internationale contemporaine.
6 000 dossiers thématiques sur les pays étrangers régulièrement mis à jour.
Ouvert sur rendez-vous du lundi au vendredi de 10 h à 18 h, le jeudi de 10 h à 13 h.
Tél. 01.40.15.72.18
29, quai Voltaire, Paris 7e

Le CEDUCEE
Centre d'études et de documentation sur l'ex-URSS, la Chine et l'Europe de l'Est.
Ouvert sur rendez-vous du lundi au vendredi de 10 h à 18 h, le jeudi de 10 h à 13 h.
Tél. 01.40.15.71.47
29, quai Voltaire, Paris 7e

Des banques de données et des sites Internet

La BIPA
Banque d'Information Politique et d'Actualité
Base LOGOS : 300 000 références bibliographiques (publications administratives, articles de presse, discours et déclarations de personnalités politiques et syndicales...).
Du lundi au vendredi de 10 h à 18 h,
le jeudi de 10 h à 13 h.
Tél. 01.40.15.72.77
29, quai Voltaire, Paris 7e

Les sites Internet
www.ladocfrancaise.gouv.fr
La Documentation française sur Internet.
www.admifrance.gouv.fr
Le portail d'accès à l'information administrative et à l'administration française.

Pour en savoir plus...
Catalogue étudiant sur simple demande
Tél. 01.40.15.72.66

IPAG de l'université de Nancy
Université de Nancy II
4, rue de la Ravinelle, CO 26
54035 Nancy Cedex
Tél. 03.83.32.05.10

IPAG de l'université de Nantes
Chemin de la Censive-du-Tertre
BP 1004
44036 Nantes Cedex 01
Tél. 02.40.29.22.28 poste 458

IPAG de l'université de Paris II
14, rue Corvisart
75013 Paris
Tél. 01.44.08.51.22

IPAG de l'université de Paris X
200, avenue de la République
92001 Nanterre Cedex 01
Tél. 01.40.97.74.13

IPAG de l'université de Paris XI
Faculté de droit Jean Monnet
54, boulevard Desgranges
92331 Sceaux Cedex
Tél. 01.40.91.17.00 et 17.57

IPAG de l'université de Paris XII
61, avenue du Général-de-Gaulle
94010 Créteil Cedex
Tél. 01.45.17.18.95

IPAG de l'université de Poitiers
22, rue Guillaume-VII-le-Troubadour
86000 Poitiers Cedex
Tél. 05.49.45.44.19

IPAG de l'université de Rennes
Université de Rennes I
3A, place Saint-Mélaine
35000 Rennes
Tél. 02.99.25.36.10

IPAG de l'université de Rouen
Université de Rouen
Boulevard André-Siegfried
76821 Mont-Saint-Aignan Cedex
Tél. 02.35.14.60.13

IPAG de l'université de Strasbourg
Université de Strasbourg III
1, place d'Athènes
BP 66
67045 Strasbourg Cedex
Tél. 03.88.41.43.20

IPAG de l'université de Valenciennes
Université de Valenciennes
Les Tertiales
Rue des Cent-Têtes
BP 311
59304 Valenciennes Cedex
Tél. 03.27.14.76.18

Les CPAG

Les centres de préparation à l'administration générale ont généralement été remplacés par les IPAG. Certains continuent provisoirement de fonctionner au sein des Instituts d'études politiques.

CPAG de l'Institut d'études politiques d'Aix-en-Provence
25, rue Gaston-de-Saporta
13625 Aix-en-Provence Cedex 1
Tél. 04.42.17.01.70

CPAG de l'Institut d'études politiques de Bordeaux
Domaine universitaire
Allée Ausone
BP 101
33405 Talence Cedex
Tél. 05.56.37.43.44

CPAG de l'Institut d'études politiques de Grenoble
Domaine universitaire
1030, avenue Centrale
BP 45
38402 Saint-Martin-d'Hères Cedex
Tél. 04.76.80.60.11 (concours internes)
04.76.80.60.35 (concours externes)

CPAG de l'Institut d'études politiques de Lyon
1, rue Raulin
69365 Lyon Cedex 07
Tél. 04.78.69.72.33

CPAG de l'Institut d'études politiques de Toulouse
2 ter, rue des Puits-Creusés
31070 Toulouse Cedex
Tél. 05.61.11.02.81

Les préparations générales

Pour les concours à caractère administratif, économique, etc., une formation juridique est souvent nécessaire, tant

Le Centre national d'enseignement à distance (CNED)

Un établissement public...

Dirigé par un Recteur d'académie, le Centre national d'enseignement à distance est un établissement public à caractère administratif dépendant du Ministère de l'Éducation nationale. Sa mission est de dispenser à tous, en France et à l'étranger, un enseignement à distance, à tous les niveaux de formation initiale et continue, en ayant recours aux moyens multimédias, écrit, audio-oral, audiovisuel, télématique et informatique.

Des centres spécialisés...

Le CNED se compose d'une Direction générale à Poitiers et de huit centres répartis sur le territoire national, chacun ayant en charge des enseignements spécialisés : Grenoble (industriel, SNCF, sports, hôtellerie, tourisme), Lille (concours administratifs, enseignement juridique supérieur), Lyon (tertiaire et médical), Poitiers (sur le site du Futuroscope : production vidéo, accueil téléphonique national, langues, BTS), Rennes (lycée, biotechnologies...), Rouen (collège, communication), Toulouse (élémentaire, instituteurs, bac G et F8), Vanves (enseignement supérieur, professeur...).

350000 inscrits... 2500 formations...

C'est le plus important établissement scolaire et universitaire de France par ses effectifs : 350000 inscrits chaque année, dont 80 % d'adultes qui l'ont choisi pour leur formation générale ou professionnelle, et aussi 4 à 5000 conventions avec les entreprises. L'inscription s'accompagne d'un droit annuel variable selon les préparations, droit pouvant être pris en charge par l'entreprise pour les salariés.

Une dimension internationale...

Le CNED est présent dans 150 pays.
10000 élèves francophones vivant à l'étranger ont choisi d'étudier avec le CNED. Au niveau européen, le CNED participe aux projets COMETT et DELTA ; en Afrique francophone, il met en place des formations pour enseignants, en biotechnologies, en santé publique ; dans les pays de l'Est (République tchèque, Pologne, Hongrie...), il développe le transfert de l'ingénierie de l'enseignement à distance.

Pour en savoir plus sur les formations du CNED :
Tél. 05.49.49.94.94
ou Minitel : 36-14 CNED.

pour les concours de catégorie A que pour ceux de catégorie B. Certaines universités offrent aujourd'hui des formations plus particulièrement dirigées vers l'administration (licence d'administration publique, maîtrise de droit public ou de sciences politiques mention administration générale ou locale ou publique, etc.). Vous avez intérêt à vous renseigner auprès des CIO (voir plus haut) pour savoir si de telles filières existent.

Les préparations par correspondance

Le CFPP

Centre de formation professionnelle et de perfectionnement du ministère de l'Économie et des Finances
6, rue Louise-Weiss, 75703 Paris Cedex 13
Tél. 01.44.87.17.17

Le CFPP assure chaque année des préparations à la plupart des concours de ce département ministériel ainsi qu'aux concours interministériels suivants :
- concours d'entrée à l'École nationale d'administration ;
- concours d'admission au cycle préparatoire aux concours d'entrée à l'École nationale d'administration (ou pré-concours) ;
- concours interne d'accès à l'emploi d'attaché d'administration centrale ;
- second concours d'accès aux instituts régionaux d'administration (IRA) ;
- second concours spécial d'accès aux IRA, organisé en vue de recruter des personnels ayant les qualifications requises pour être affectés au traitement de l'information et exercer des fonctions d'analyste.

Le CFPP assure également une préparation au concours interne d'accès à l'École nationale de la magistrature (ENM).

Le CNED de Lille

Une spécificité administrative et juridique...
Depuis près de 30 ans, le centre de Lille est, au sein du CNED, le centre spécialisé dans la préparation aux concours administratifs et depuis peu, il développe, en liaison avec l'Université de Lille II, un enseignement juridique supérieur (Capacité en droit, DEUG de droit, Droit européen...).

Près de 100 formations spécifiques ou interministérielles, de tout niveau (A, B, C), et selon 4 formules au choix :
- des préparations complètes ;
- des pré-préparations qui permettent aux élèves d'accéder au niveau des précédentes en renforçant leurs connaissances dans des disciplines d'enseignement général et en les initiant à certaines disciplines spécialisées qu'ils n'ont pas eu la possibilité d'aborder au cours de leurs études antérieures ;
- une préparation par épreuve à l'intention des candidats à des concours de niveaux A et B ne figurant pas au catalogue. Ce matériel pédagogique est constitué par un ensemble de matières (portant sur le cycle écoulé) parmi lesquelles les intéressés peuvent opérer un choix en fonction de leur formation initiale ;
- enfin, des unités de formation permettent aux intéressés de parfaire leurs connaissances professionnelles dans différents domaines (achat public, informatique, Europe...).

Une mosaïque d'administrations adhérentes...
Intérieur pour la préfectorale et la police, Défense pour les agents civils, Affaires étrangères pour les personnels d'ambassade, Éducation nationale « de l'agent chef au chef d'établissement », Justice pour la pénitentiaire, Agriculture et Forêt pour l'ONF et l'ONIC, PTE « du préposé au contrôleur », Fonction publique pour l'administration centrale et les IRA, Solidarité et Santé pour l'action sanitaire et sociale. Travail, Emploi et Formation professionnelle pour les inspecteurs et les contrôleurs, Culture, Économie pour le Trésor, l'INSEE, les Douanes, ainsi que SNCF et Hôpitaux.
Mais aussi les collectivités territoriales, régions, départements, communes, et notamment la Ville de Paris.

20000 inscrits chaque année...
Des études méticuleusement organisées par le Centre, l'appel à environ 300 enseignants vacataires imprégnés du vécu administratif et en relation suivie avec les élèves... contribuent à une prise en compte personnalisée des besoins des inscrits et sont une garantie d'adaptation professionnelle.

Pour en savoir plus :
CNED - Centre de Lille
34, rue Jean-Bart, 59046 Lille Cedex
Téléphone : 05.49.49.94.94
Fax 03.20.57.13.92
ou Minitel : 36-14 CNED.

Autres préparations

Le CNFPT

Le Centre national de la fonction publique territoriale assure avec ses délégations régionales la préparation et l'organisation des concours externes et internes permettant d'accéder aux emplois de la fonction publique territoriale.
Les enseignements sont dispensés dans les CURET (Centres universitaires régionaux d'études territoriales) et les CETET (Centres d'enseignement technique d'études territoriales). Le CNFPT est également éditeur ou co-éditeur d'ouvrages, de brochures et de cours destinés à la préparation aux concours territoriaux.

Pour en savoir plus :
CNFPT
10-12, rue d'Anjou
75381 Paris Cedex 08
Tél. 01.55.27.44.00
Fax 01.55.27.44.01

DF